古典文獻研究輯刊

三七編

潘美月・杜潔祥 主編

第5冊

《葉八白易傳》疏證（上）

陳開林 著

國家圖書館出版品預行編目資料

《葉八白易傳》疏證（上）／陳開林 著 -- 初版 -- 新北市：
花木蘭文化事業有限公司，2023〔民 112〕
目 4+176 面；19×26 公分
（古典文獻研究輯刊 三七編；第 5 冊）
ISBN 978-626-344-468-3（精裝）
1.CST：（明）葉山 2.CST：葉八白易傳 3.CST：易學
4.CST：研究考訂
011.08 112010506

古典文獻研究輯刊
三七編 第五冊 ISBN：978-626-344-468-3

《葉八白易傳》疏證（上）

作　　者　陳開林
主　　編　潘美月、杜潔祥
總 編 輯　杜潔祥
副總編輯　楊嘉樂
編輯主任　許郁翎
編　　輯　張雅淋、潘玟靜　美術編輯　陳逸婷
出　　版　花木蘭文化事業有限公司
發 行 人　高小娟
聯絡地址　235 新北市中和區中安街七二號十三樓
電話：02-2923-1455／傳真：02-2923-1452
網　　址　http://www.huamulan.tw 信箱 service@huamulans.com
印　　刷　普羅文化出版廣告事業
初　　版　2023 年 9 月
定　　價　三七編 58 冊（精裝）新台幣 150,000 元

《葉八白易傳》疏證（上）

陳開林 著

作者簡介

陳開林（1985～），湖北麻城人。2009 年畢業於重慶工商大學商務策劃學院，獲管理學學士學位（市場營銷專業商務策劃管理方向）。2012 年畢業於湖北大學文學院，獲文學碩士學位（中國古代文學先秦方向）。2015 年畢業於華中師範大學文學院，獲文學博士學位（中國古代文學元明清方向）。現為鹽城師範學院文學院副教授、江蘇省「青藍工程」優秀青年骨幹教師培養對象。主要研究元明清文學、經學文獻學。完成江蘇高校哲學社會科學基金項目「錢穆佚文輯補與研究」（2017SJB1529），在研國家社科基金後期資助「《古周易訂詁》整理與史源學考辨」（21FZXB017）。出版《〈全元文〉補正》《劉毓崧文集校證》《〈周易玩辭困學記〉校證》《〈純常子枝語〉校證》《杜詩闡》《陳玉澍詩文集箋證》《詩經世本古義》《〈青學齋集〉校證》《〈讀易述〉校證》《陸繼輅集》《〈曝書亭集詩注〉校證》，並在《圖書館雜誌》、《文獻》、《中國典籍與文化》、《古典文獻研究》、《圖書館理論與實踐》、《中國詩學》等刊物發表論文百餘篇，另有「史源學考易」系列、元明清《春秋》系列、明清《詩經》系列、清代別集系列等待刊。

提　　要

《周易》作為群經之首，歷代研《易》之書層出不窮，形成了「兩派六宗」的局面。其中李光、楊萬里「參證史事」以解《易》，即為史事宗一派。自宋肇其端，至明清而極盛。學界對史事宗極為用力，研究成果輩出。但基礎文獻的整理則頗為滯後，僅楊萬里《誠齋易傳》、曹為霖《易學史鏡》有新式標校本。

葉山《葉八白易傳》十六卷，「其書專釋六十四卦爻詞，而於《彖》、《象》、《文言》、《十翼》皆不之及。大旨以誠齋《易傳》為主，出入子史，佐以博辨。蓋借《易》以言人事，不必盡為《經》義之所有，然其所言亦往往可以昭法戒也」。（《四庫全書總目提要》卷五）書中廣引史事，亦屬史事宗一脈。

本書為著者「史源學考易」系列第八種，為該書首個整理本。同時，出注千餘條，內容包括主要對書中所涉人事加以注解，對所引文獻未加標注者補充史源，對其訛誤加以辨正，以便讀者參考。

目次

上冊

整理前言

《周易》乃群經之首，在中國傳統文化中佔有重要地位。特別是其玄妙的體系，便於進行引申發揮，更是備受學人青睞。因此，歷代學者投注了大量的精力，從事《周易》的相關研究，涉及到箋字、釋義、詮理等諸多方面，留下了豐碩的研究成果。

《四庫全書總目》易類小敘稱：

> 聖人覺世牖民，大抵因事以寓教。《詩》寓於風謠，《禮》寓於節文，《尚書》、《春秋》寓於史，而《易》則寓於卜筮。故《易》之為書，推天道以明人事者也。《左傳》所記諸占，蓋猶太卜之遺法。漢儒言象數，去古未遠也。一變而為京、焦，入於機祥，再變而為陳、邵，務窮造化，《易》遂不切於民用。王弼盡黜象數，說以老莊。一變而胡瑗、程子，始闡明儒理，再變而李光、楊萬里，又參證史事，《易》遂日啟其論端。此兩派六宗，已互相攻駁。

所謂「參證史事」，即後世所謂史事宗易學。此派不注重探究《周易》文本異同，字句訓釋，也不著眼於義理、象數，而是援史證易。黃忠天《史事宗易學研究方法析論・摘要》〔註1〕指出：

> 夫援史證《易》本為易家釋《易》普遍之現象，然自趙宋三李一楊（李光、李杞、李中正、楊萬里）開宗奠基後，歷宋元明三朝而踵繼者眾，至有清一朝，更以超邁往古之姿，創猗歟盛哉之勢，將史事易學推至極盛。

〔註 1〕《周易研究》，2007 年第 5 期。

學界關於史事宗易學的研究，臺灣學者關注較多，成果豐碩，如黃忠天《宋代史事易學研究》（臺灣高雄師範大學 1995 年博士學位論文）〔註 2〕、胡楚生《引史證經義取鑒戒——楊萬里〈誠齋易傳〉試探》（《經學研究論集》，學生書局 2002 年版）、劉秀蘭《宋代史事易之義理風華》（麗文文化事業 2011 年版）等。近年來，大陸學者對此也頗有論列，專著就有三部：曾華東《以史證易——楊萬里易學哲學研究》（人民出版社 2011 年版）、《史事宗易學研究》（江西人民出版社 2021 年版）、續曉瓊《南宋史事易學研究》（人民出版社 2016 年版）。

與豐碩的研究成果形成鮮明對比的是，史事易籍的基礎文獻整理則較為滯後。除楊萬里《誠齋易傳》有數種整理本〔註 3〕外，僅見《易學史鏡》（清·曹為霖撰，問永寧、鍾國點校，上海古籍出版社 2021 年版）。職是之故，史事易籍的基礎文獻整理工作還有很大的開發空間。

關於葉山及《葉八白易傳》，學界尚無相關研究。《四庫全書總目》卷五經部五（武英殿刻本）介紹其人其書稱：

> 《八白易傳》·十六卷　湖北巡撫採進本
>
> 明葉山撰。山字八白，里貫未詳。《經義考》引張雲章之言曰：「八白本末無所考見，詳其《自序》，當是一老諸生。」是書屢易其稿，《自序》凡四。其《初序》略云「予十歲讀《周易》。越十年，能厭學究語。又十四年，為嘉靖丁卯。又六年，從鹿田精舍見楊誠齋《易傳》。又九年，為今壬子」云云。《再序》題癸丑六月。《三序》題丁巳三月。《四序》題嘉靖三十九年七月。考壬子為嘉靖三十一年，由壬子逆數十六年，當為丁酉。《序》云丁卯者，由原本酉字用古體作丣，故傳寫誤也。據其所言，此書始於壬子，迄於庚申，凡九年而蕆事。以《初序》年月考之，山當生於弘治十七年甲子。至庚申書成時，年已五十七矣。其書專釋六十四卦爻詞，而於《彖》、《象》、

〔註 2〕黃忠天另有多篇考論史事易籍的專篇論文，如《葉矯然〈易史參錄〉述要》（《周易研究》2008 年第 05 期）等。

〔註 3〕現有幾種，都以四庫本為底本。我在《〈周易玩辭困學記〉校證》一書的《後記》裏曾指出：「《誠齋易傳》一書版本較多（中國基本古籍庫收錄宋刻本《張先生校正楊寶學易傳》、山東友誼書社的《孔子文化大全》影印明嘉靖二十一年尹耕療鶴亭刻本《誠齋先生易傳》，此外還有明萬曆刻本，等等），從這個角度而言，一部全面的匯校本的整理還是很有必要的。」

《文言》、《十翼》皆不之及。大旨以誠齋《易傳》為主，出入子史，佐以博辨。蓋借《易》以言人事，不必盡為《經》義之所有，然其所言亦往往可以昭法戒也。

其人生平不詳。其書版本單一，今僅見四庫全書本。故本書的整理，以《景印文淵閣四庫全書》本為底本。

本書的工作主要集中在三個方面。

一是查明史源。書中有些文字標注了某某曰，但有些文字屬於引用他人之說，卻未加注明。比如《損》六五，探源如下：

葉子曰：崔實有言：「皋陶陳謨而唐虞以興，伊箕作訓而殷周再隆。」出《後漢書》卷五十二《崔實傳》。則人君之福利莫大於得賢才，得賢之徵莫急於獲善。《論語》曰：善行興邦，嘉言作則。法緣之以格奸，人依之而建德。是以聞一言之當，如得萬人之兵；獲一士之言，如得千乘之國。出宋濂《文憲集》卷二十七《演連珠》，「論語曰」作「蓋聞」，此非《論語》之說。又曰：「要域荒城重譯而獻珍，非寶也；腹心之人匍匐而獻善，寶之至矣。」出《申鑒·雜言上》。唐太宗亦曰：「朕貴為天子，所乏者非財也，但恨無嘉言可以利民耳。與其多得數百萬緡，何如得一賢才？」出《資治通鑒》卷一百九十四《唐紀十》。

二是疏證史事。書中所援引的史事甚多，有些史料常見，但有些史料較為陌生，如不加以注解，則很難知曉所指和事。如《无妄》六三，疏證如下：

城門火而池魚殃，《太平廣記》卷四六六《水族三·魚·池中魚》：「《風俗通》曰：『城門失火，禍及池魚。舊說池仲魚，人姓字也。居宋城門，城門失火，延及其家，仲魚燒死。又云：宋城門失火，人汲取池中水以沃灌之，池中空竭，魚悉露死。喻惡之滋，並傷良謹也。』出《風俗通》。」楚猿亡而林木災，《淮南子·說山訓》：「楚王亡其猨，而林木為之殘。」越國兵而獻魯女，宋馳出而驟園葵，二事並見《韓詩外傳》卷二第二章：「魯監門之女嬰相從績，中夜而泣涕，其偶曰：『何謂而泣也？』嬰曰：『吾聞衛世子不肖，所以泣也。』其偶曰：『衛世子不肖，諸侯之憂也，子曷為泣也？』嬰曰：『吾聞之，異乎子之言也。昔者宋之桓司馬得罪於宋君，出奔於魯，其馬佚而驟吾園，而食吾園之葵。是歲，吾聞園人亡利之半。越王句踐起兵而攻吳，諸侯畏其威。魯往獻女，吾姊與焉。兄往視之，道畏而死。越兵威者吳也，兄死者，我也。由是觀之，禍與福相及也。今衛世子甚不肖，好兵，吾男弟三人，能無憂乎？』《詩》曰：『大夫跋涉，我心則憂。』是非

類與乎？」**武氏王而君羨死**，《舊唐書》卷六十九《李君羨傳》：「貞觀初，太白頻晝見，太史占曰：『女主昌。』又有謠言：『當有女武王者。』太宗惡之。時君羨為左武衛將軍，在玄武門。太宗因武官內宴，作酒令，各言小名。君羨自稱小名『五娘子』，太宗愕然，因大笑曰：『何物女子，如此勇猛！』又以君羨封邑及屬縣皆有武字，深惡之。會御史奏君羨與妖人員道信潛相謀結，將為不軌，遂下詔誅之。天授二年，其家屬詣闕稱冤，則天乃追復其官爵，以禮改葬。」《新唐書》卷九十四《李君羨傳》：「先是，貞觀初，太白數晝見，太史占曰：『女主昌。』又謠言『當有女武王者』。會內宴，為酒令，各言小字，君羨自陳曰『五娘子』。帝愕然，因笑曰：『何物女子，乃此健邪！』又君羨官邑屬縣皆武也，忌之。未幾，出為華州刺史。會御史劾奏君羨與狂人為妖言，謀不軌，下詔誅之。天授中，家屬詣闕訴冤，武后亦欲自詫，詔復其官爵，以禮改葬。」**魯酒薄而邯鄲圍**，《莊子．外篇．胠篋第十》：「故曰：脣竭則齒寒，魯酒薄而邯鄲圍，聖人生而大盜起。」《疏》：「邯鄲，趙城也。昔楚宣王朝會諸侯，魯恭公後至而酒薄。宣王怒，將辱之。恭公曰：『我周公之胤，行天子禮樂，勳在周室。今送酒已失禮，方責其薄，無乃太甚乎！』遂不辭而還。宣王怒，興兵伐魯。梁惠王恒欲伐趙，畏魯救之。今楚魯有事，梁遂伐趙而邯鄲圍。亦由聖人生，非欲起大盜而大盜起，勢使之然也。」《淮南子》卷十六《繆稱訓》：「故傳曰：魯酒薄而邯鄲圍。」許慎注：「魯與趙俱朝楚，獻酒於楚。魯酒薄而趙酒厚，楚之主酒吏求酒於趙，不與。楚吏恐，以趙所獻酒於楚王易魯薄酒。楚王以為趙酒薄而圍邯鄲。一曰趙、魯獻酒於周也。」**老龜刳而枯桑禍**，(南朝宋)劉敬叔《異苑》卷三：「吳孫權時，永康縣有人入山，遇一大龜，即束之以歸。龜便言曰：『遊不量時，為君所得。』人甚怪之，擔出欲上吳王。夜泊越里，纜舟於大桑樹。宵中樹忽呼龜曰：『勞乎元緒，奚事爾耶？』龜曰：『我被拘繫，方見烹臛。雖然，盡南山之樵不能潰我。』樹曰：『諸葛元遜博識，必致相苦。今求如我之徒，計從安簿？』龜曰：『子明無多辭，禍將及爾。』樹寂而止。既至建業，權命煮之，焚柴萬車，語猶如故。諸葛恪曰：『燃以老桑樹乃熟。』獻者乃說龜樹共言，權使人伐桑樹煮之，龜乃立爛。今烹龜猶多用桑薪，野人故呼龜為元緒。」**天長陷而黃鍔摧**，李心傳《建炎以來繫年要錄》卷二十：「壬子，金人陷天長軍，上遣左右內侍鄺詢往天長軍覘事，知為金人至，遽奔還。上得詢報，即介胄走馬出門，惟御營都統制王淵、內侍省押班康履五六騎隨之過市。市人指之曰：『大家去也。』俄有宮人自大內星散而出，城中大亂，上與行人並轡而馳。黃潛善、汪伯彥方會都堂，或有問邊耗者，猶以不足畏告之。堂吏呼曰：『駕行矣！』二人

乃戎服鞭馬南騖，軍民爭門而出，死者不可勝數。上次揚子橋，一衛士出語不遜，上掣手劍刺殺之。時軍民怨黃潛善刻骨。司農卿黃鍔至江上，軍士呼曰：『黃相公在此。』數之曰：『誤國害民，皆汝之罪。』鍔方辨其非是，而首已斷矣。」天下不又有外至之禍、不期之變乎？

此外，對書中的疏漏亦有所補正。如《謙》九四：

王允與士孫端按：士孫端乃士孫瑞之誤。《三國志·魏書·董二袁劉傳》：「三年四月，司徒王允、尚書僕射士孫瑞、卓將呂布共謀誅卓。」又：「孫瑞為亂兵所害。」裴松之《注》引《三輔決錄注》曰：「瑞字君榮，扶風人」云云。《呂布傳》：「時允與僕射士孫瑞密謀誅卓，是以告布使為內應。」謀討董卓，而允自專討賊之榮，士孫端歸功不侯，故得免於難。《後漢書》卷六十六《王允傳》：「允見卓禍毒方深，篡逆已兆，密與司隸校尉黃琬、尚書鄭公業等謀共誅之。乃上護羌校尉楊瓚行左將軍事，執金吾士孫瑞為南陽太守，並將兵出武關道，以討袁術為名，實欲分路徵卓，而後拔天子還洛陽。卓疑而留之，允乃引內瑞為僕射，瓚為尚書。二年，卓還長安，錄入關之功，封允為溫侯，食邑五千戶。固讓不受。士孫瑞說允曰：『夫執謙守約，存乎其時。公與董太師並位俱封，而獨崇高節，豈和光之道邪？』允納其言，乃受二千戶。三年春，連雨六十餘日，允與士孫瑞、楊瓚登臺請霽，復結前謀。瑞曰：『自歲末以來，太陽不照，霖雨積時，月犯執法，彗孛仍見，晝陰夜陽，霧氣交侵，此期應促盡，內發者勝。幾不可後，公其圖之！』允然其言，乃潛結卓將呂布，使為內應。會卓入賀，呂布因刺殺之。語在《卓傳》。……允性剛棱疾惡，初懼董卓豺狼，故折節圖之。卓既殲滅，自謂無復患難，及在際會，每乏溫潤之色，杖正持重，不循權宜之計，是以群下不甚附之。……傕乃收允及翼、宏，並殺之。」

結合《三國志》、《後漢書》，可知此處有誤。

以上就本書主要內容條舉加以指陳。但限於聞見，書中有些條目還未能完全考辨，尚待進一步查考，如《大畜》九二：

宋真宗以官爵驕其臣，而錢若水則示之急流勇退；周密《齊東野語》卷五：「錢若水為舉子時，見陳希夷於華山。希夷曰：『明日當再來。』若水如期往，見一老僧與希夷擁地爐坐。僧熟視若水，久之不語，以火箸畫灰，作『做不得』三字，徐曰：『急流勇退人也。』若水辭去，後為樞密副使，年才四十，致仕。老僧者，麻衣道者也。〔《邵氏聞見錄》。〕又，若水謁華山陳摶，曰：『目如點漆，黑白分明，當作神仙。』有紫衣老僧曰：『不然。他日但能富貴，急流中勇退人也。』

〔《明道雜志》。〕」唐代宗以鄙嗇矜其臣，而楊綰則示之以沖淡樸素；《舊唐書》卷一百一十九《楊綰傳》:「綰素以德行著聞，質性貞廉，車服儉樸，居廟堂未數月，人心自化。」《新唐書》卷一百四十二《楊綰傳》:「綰儉約，未嘗問生事，祿稟分姻舊，隨多寡輒盡。造之者，清談終晷，而不及榮利，欲干以私，聞其言，必內愧止。經誥微趣，學家疑晦者，一見既詣其極。始輔政，御史中丞崔寬本豪侈，城南別墅池觀堂皇，為當時第一，即日遣人毀之；京兆尹黎幹，出入從騶馭百數，省損才留十餘騎；中書令郭子儀在邠州行營，方大會，除書至，音樂散五之四；它聞風靡然自化者，不可勝紀。世以比楊震、山濤、謝安云。」宋太宗以怠褻臨其臣，而竇儀則示之卻立不進。《宋史》卷二百六十三《竇儀傳》:「儀學問優博，風度峻整。」

三則史事，但後兩則疏證文字與《葉八百易傳》所言尚有隔閡。《葉八百易傳》所依據之材料不明。

提要

臣等謹案：《葉八白易傳》十六卷，明葉山撰。山字八白，里貫未詳。朱彝尊《經義考》引張雲章之言曰：「八白本末無所考見，詳其自序，當是一老諸生。」是書屢易其稿，自序凡四。其略云：「予十歲讀《周易》。越十年，能厭學究語。又十四年，為嘉靖丁卯。又六年，從鹿田精舍見楊誠齋《易傳》。又九年，為今壬子」云云。《再序》題癸丑六月。《三序》題丁巳三月。《四序》題嘉靖三十九年七月。考壬子為嘉靖三十一年，由壬子逆數十六年，當為丁酉。嘉靖無丁卯，序云丁卯者，蓋傳寫誤也。書始於壬子，迄於嘉靖三十九年為庚申，凡九年而成。以自序年月考之，山當生於弘治十七年甲子，至庚申書成時為五十七歲。其書專釋六十四卦爻詞，而於《彖》、《象》、《文言》、《十翼》皆不之及，大旨以《誠齋易傳》為主，出入子史，佐以博辨，蓋借《易》以言人事，而不盡為經義之所有。易道廣大，無所不包，即其所言，固往往可以昭法戒也。乾隆四十二年十月恭校上。

總纂官臣紀昀臣陸錫熊臣孫士毅

總校官臣陸費墀

葉八白易傳自序

蓋予十歲讀《周易》云，而盲聾未之覺也。越十年，能厭學究語，顧其所自為說，累七八十萬，而終之流弊於科舉。三五讀之，自省其不可以知新也。又十四年，為嘉靖丁卯。下第，將北出關，故人王君留之，清話踰月。其子廷卿，門人也。間問《易》，猛然欲援筆焉。未幾，而方外之士翩然至，談玄解妙，令人飄飄忽忽，羽化在掌。回瞻六籍，我將曷之籍焉。又六年，從鹿田精舍見楊誠齋《易傳》，乍頃欣喜。戚戚北關之念，適以科舉廢。又九年，為今壬子，復適科舉期，而春二月早為校文先生之所擯，不知此果予厭學究科舉之為累乎？抑於聖人之旨猶未精也？夏四月，門人陳言忠偶遺《誠齋易傳》，得厭觀焉，悅之而未盡，是因著《八白易傳》一十六卷云，五越月得脫稿，為之陳序其所以。

夫說天之撰未辨，而感心之故良勤；積日之思屢損，而象罔之得一旦。雖雍門之琴以末，而微飆之俟維深。嗚呼！悲夫！古今有旃，毛錐不橫。野草天憐，汁盡金壺。橫目眯眇，繭章畏壘。陳列俎豆，追誦罪我之言，以蘄筆削之再。九月五日，葉山書。

重改易傳序

《八白易傳》成，十越月又易稿，初說幾略盡焉。夫聖人之畫確定不易，而天地之變化無窮。聖人之言，自古以宣。而吾心之應感萬起，溫由故用，則知以時新，心同化感，故神隨精入。莊生之言曰：「其應於化而解於物也，其理不竭，其來不蛻。芒乎昧乎，未之盡者。」豈不信哉！追感韋編之絕，以為歎息。癸丑六月二十六日又書。

重改易傳序

予小子不顯世業，妄意衿帶，遂逃牧田子。乃自家塾迤運鄉之校，私竊經史百家與諸子，二三十年之間，遂無一間日子焉。昨年入兗州，拜吾夫子。南還出彭城，考霸業之灰廢，傷重瞳子。秋復往返三吳，施從於戈中觀夷夏之戰鬥又爾，參錯《孫武子》、《吳子》、《尉繚子》，磨墨盾上，為人草劄子。冬，乃逃遁走趙，如內黃，乞買山錢於慕泉子。嗚呼！突斯不得黔於墨子矣，無乃非得已而崇伯子已乎？坐越月，荒怖略定，柴骨且復嵛，而關門面壁，摩衲穿榻，若禪子；卻耳目之聞見，若聾瞽子；不出閾，若女子；入春半來，未有一草一木之色以牽動其悲懷愁思，若癡絕子。而時聞絛鷹羈馬，淒然出其鳴飆嘶冽之聲，則泣下沾襟，若孟嘗之遇雍門子，便欲騷賦積滿，擲地作聲，以震四壁鄰人之子，則恐奏韶充耳，無所用之。其愚若宋人適越，覓章甫之子。亦欲荒湛一醉，眯亂其天地古今、上下四方，而忘彼小人君子，則縱心敗矩，不可以其身為乾坤不肖之子。將養木雞之鬥於紀渻子，而魯雞自謂能伏鵠子。將運斤以刊堊鼻子，觀濠梁之遊魚，以偕五六七子，而質亡久矣，徒哭惠子。棼紛外務，不得其情。均之為風波之民，若擊鼓而求亡子。嗚呼！樹功揚名，進之乏其公侯伯子；而耕田鑿井，退之離其庶民小子。官齋坐食，吾其益譽，集亢以自墮於陳人廢子乎？孟子曰：「乃所願，則學孔子。」而孔子之言曰：「加我數年，五十以學《易》，則可以無大過矣。」易道微矣，不惟九師子。後有作者，負荷未堪，多尾雅之子。吾懼於數十百子焉，乃取舊著《易傳》，刊削詳定，以究大始於希夷子，凡四十日，斷不敢傲羲皇而效文學子。亦曰說聖人之言，發聖人之蘊，庶幾顏氏之子則已矣。嗚呼！日居月諸，閔予小子，則吾豈

誕曰繙七十二經以說老子乎？始以為溫故知新，庶可以告夫二三子，而亦使夫二三子自今無曰不言如子則何述？小子已矣。丁巳三月晦日，書於內黃官舍之後東小廳。

改錄易傳序

夫機衡立極，而雨風露雷之變現時出，鼇極不動而走飛，草木之呈吐刻殊，何則？敦化攸厚而川流四奔，渾爾者融而繽紛雜起，其理然也。故曰：「藏諸用，顯諸仁。」又曰：富有之業大無外，日新之德久無窮。豈不信哉！己未之秋，予遊金陵，客久稍暇，則取《易傳》改修之。未幾而東返，易春再至而再業，則踰月而復歸，雖間畢業於家塾，而亦略略矣。六月七日再既，至越八日乃行行改削，而手謄之，積四十日而止，束之錦囊，藏之石匱，云：夫薰椒木蘭，蔽乘之照；文姝雅女，賤公之女。經生之通患，乃自古而記之矣。吾我之間，烏獲其免？然而敝帚之享，靳靳千金；百朋之丐，嗇啟十襲。豈固周公之驕吝哉？亦端木之所不得而聞者矣。蜉蝣之撼，夫何尤焉？傳曰：苟不固聰明聖知達天德者，其孰能知之？則夫啟天奪秘之奧，非仲尼，人皆大笑之，而韋編不絕，則羲皇、文、旦之誥亦鬼語童諺而已矣。故曰：「百世以俟聖人而不惑。」太史公曰：「伯夷得孔子而名益彰。」吾於羲皇、文、旦亦云。嘉靖三十九年七月二十五日，書於都城西北偏之民舍。

葉八白易傳卷一

乾〔註1〕☰

乾：元，亨，利，貞。何也？葉子曰：「天道運而無所積，故萬物成；帝道運而無所積，故天下歸；聖道運而無所積，故海內服。」〔註2〕莊生之至言也。是故天道運而春夏秋冬之不窮，陰陽升降於其間矣；帝道運而化教勸率之不窮，經權神明於其間矣；聖道運而仁義禮知之不窮，體用經緯於其間矣。是故道之道盡之於天矣，天之道盡之於帝矣，帝之道盡之於聖矣。天之能盡道，故曰動之始則陽生焉，動之極則陰生焉。一陰一陽交，而天之用盡之矣。動之大者為太陽，靜之大者為太陰，動之少者為少陽，靜之少者為少陰。太陽為日，太陰為月，少陽為星，少陰為辰。日月星辰交，而天之體盡之矣。日為暑，月為寒，星為晝，辰為夜。暑寒晝夜交，而天之變盡之矣。暑變物之性，寒變物之情，晝變物之形，夜變物之體。性情形體交，而動植之感盡之矣。天之道盡之於帝，故曰謂其能以心代天意，口代天言，手代天工，身代天事者焉；謂其能上識天時，下察地理，中盡物情，通照人事者焉；謂其能彌綸天地，出入造化，進退古今，表裏人物者焉。帝之道盡之於聖，故曰謂其能以一心觀萬心，以一身觀萬身，以一物觀萬物，以一世觀萬世者焉。「革而革者，一世之事業也；革而因者，十世之事業也；因而革者，百世之事業也；因而因者，千世之事業也；可以因則因，可以革則革者，萬世之事業也。一世之事業，非五霸之道而何？十世之事業，非三王之道而何？百世之事業，非五帝之道而何？千世

〔註1〕按：乾，底本無。下六十三卦均無卦名，為清眉目，特為補充。
〔註2〕《莊子・天道》。

之事業，非三皇之道而何？萬世之事業，非仲尼之道而何？是故五帝三王者，命世之謂也；仲尼者，不世之謂也。」〔註3〕嗚呼！天開於子，此伏羲、神農、黃帝、堯、舜、禹、湯、文、武所以為繼天立極之主，而孔子為繼往開來之聖歟？天行始則始焉，天行終則終焉。終始隨乎天行，而元會運世之不窮，皇帝王霸之無盡，《易》、《書》、《詩》、《春秋》之不知其所終也。《易》曰：「乾：元，亨，利，貞。」

初九：潛龍勿用。何也？葉子曰：天下之事，時為大；隨時之義，順為安。大哉時乎！君子之所以順而隨之者乎？時未至，神龍困縛，大舜泣歷山之田，伊尹耕有莘之野，太公伏東海之濱，非捐世也。下至公孫、卜式皆以鴻漸之翼，困於燕雀，遠跡羊豕之間。未遇其時，焉能蠕蠕以自動乎？時既至，腐草光榮，或解縛而相，或釋褐而傅，或立談間而封侯，或枉千乘而勸駕，群然而起，以際時也。然則聖賢非能違時，順時而已矣。是故七十說而不遇，歷群雄而不省，如以水投石，莫之受也；拔之於芻牧，擢之於豎賈，奮之於奴僕，用之於降虜，如以石投水，莫之拒也。夫曷知夫時之所為哉？《易》曰：「潛龍勿用。」

九二：見龍在田，利見大人。何也？葉子曰：方白龍之魚服也，〔註4〕余且得而困之，鱔鰍得而狎侮之。及其駕風雲，吸百川，霍然變化於原畝阡隴之間，而萬物風斯下矣。聞奇見異，天下有不爭先而快睹者乎？昔者聖人之未遇也，毀於叔孫，議於武叔，困於匡，訾於東門，所在厭見，而射遣之矣。及其遇大行之會，會天人之契，舒聖人之道，發康濟之略，天下將謂我何哉？無事則以手加額，曰：「此司馬相公也。」所至民遮道聚觀，曰：「公無歸洛，留相天子。」蘇軾自登州召還，緣道人相聚號呼曰：「寄謝司馬相公，毋去朝廷，厚自愛，以活我！」有事則曰：「君胡不胄？國人望君如望慈母焉，盜賊之矢若傷君，是絕民望也。」又曰：「君胡胄？國人望君如望歲焉，日月以幾。若見君面，是得艾也。民知不死，其亦夫有奮心，將旌君以徇於國。而猶掩面以絕民望，不亦甚乎？」嗚呼！我也鼓動陶鑄而不以為功，彼也仰觀瞻企而不能自已，此冥契之會，而天機之孚無間然也。伊尹、周公以之，而蕭、曹、房、杜弗與焉。《易》曰：「見龍在田，利見大人。」

九三：君子終日乾乾，夕惕若，厲无咎。何也？葉子曰：聖人以天下為己任，則嘗為人之所不敢為，是以或危殆而不安。故曰：「矛頭淅米劍頭炊」，「百

〔註 3〕出邵雍《皇極經世・觀物篇四十五》。

〔註 4〕潘安仁《西征賦》：「彼白龍之魚服，掛豫且之密網。」

歲老翁攀枯枝」,「盲人騎瞎馬,夜半臨深池。」〔註5〕然惟聖人以德義為心師,則又謹人之所不能謹,是以雖履危而不墜,故曰「弔者在門,賀者在閭」〔註6〕,「懼以始終,其要无咎」〔註7〕。昔者伊尹、周公為商、周之大臣,舉放攝之大事,此豈恒人耳目所睹記哉?故曰昔之登高者,下之人代之悛,手足為之汗出,而上之人乃始轉折枝而趨操木。則二公之身且不保,天下其謂我何哉?然而伊尹曰:「若虞機張,往省括於度則釋。欽厥止」〔註8〕。周公曰:「予手拮据,予口卒瘏。予羽譙譙,予尾翛翛。予音嘵嘵。」〔註9〕虔其始而厚其終,挈其心而提其志,勤於德而懼於位。《詩》曰:「夙夜匪懈」〔註10〕、「不遑寢處」〔註11〕。二公以之,斯其卒成天下之大忠大孝乎?太甲賴匡救之德於終,成王行新迎之禮於國,天下安而二公亦以安矣。霍子孟承周公之託,而不「匪其彭」〔註12〕,既以萌驂乘之禍〔註13〕,行伊尹之事,而不斂其德,卒不免赤族之誅,〔註14〕豈易言也哉!豈易言也哉!《易》曰:「君子終日乾乾,夕惕若,厲无咎。」

九四:或躍在淵,无咎。何也?葉子曰:天下擾擾,生民之塗炭極矣。聞

〔註5〕《世說新語·排調第二十五》:「桓南郡與殷荊州語次,因共作了語。顧愷之曰:『火燒平原無遺燎。』桓曰:『白布纏棺豎旒旐。』殷曰:『投魚深淵放飛鳥。』次復作危語。桓曰:『矛頭淅米劍頭炊。』殷曰:『百歲老翁攀枯枝。』顧曰:『井上轆轤臥嬰兒。』殷有一參軍在坐,云:『盲人騎瞎馬,夜半臨深池。』殷曰:『咄咄逼人!』仲堪眇目故也。」

〔註6〕劉向《戒子歆書》。

〔註7〕《周易·繫辭下》。

〔註8〕《書·太甲上》。

〔註9〕《鴟鴞》:「予手拮据,予所捋荼。予所蓄租,予口卒瘏,曰予未有室家。予羽譙譙,予尾翛翛,予室翹翹。風雨所漂搖,予維音嘵嘵!」

〔註10〕《大雅·烝民》:「夙夜匪解,以事一人。」

〔註11〕《小雅·采薇》:「王事靡盬,不遑啟處。」

〔註12〕《大有》九四:「匪其彭,无咎。」

〔註13〕《漢書》卷六十八《霍光傳》:「宣帝始立,謁見高廟,大將軍光從驂乘,上內嚴憚之,若有芒刺在背。後車騎將軍張安世代光驂乘,天子從容肆體,甚安近焉。及光身死而宗族竟誅,故俗傳之曰:『威震主者不畜。霍氏之禍,萌於驂乘。』」

〔註14〕《漢書》卷六十八《霍光傳》:「贊曰:霍光以結髮內侍,起於階闥之間,確然秉志,誼形於主。受襁褓之託,任漢室之寄,當廟堂,擁幼君,摧燕王,僕上官,因權制敵,以成其忠。處廢置之際,臨大節而不可奪,遂匡國家,安社稷。擁昭立宣,光為師保,雖周公、阿衡,何以加此!然光不學亡術,暗於大理,陰妻邪謀,立女為后,湛溺淫溢之欲,以增顛覆之禍,死財三年,宗族誅夷,哀哉!」

雞起舞，非豪傑之志乎？而高臥北窗，〔註 15〕抱膝長嘯，〔註 16〕未可以誚隱也。天下擾擾，禮樂之崩壞極矣。洗耳長往，非貞士之守乎？而逡巡隴畝，遷延阡陌，未可以卜任也。察盈虛消息之機，審進退存亡之道，觀吉凶得失之數，考成敗利鈍之原，龍興而雲屬，虎嘯而風馳，堯、舜立而二八升，湯、武起而伊、呂至。不爾，則蟄焉。蟄之存其身，不蟄光其化，故曰龍生於水，被五色而遊。故神欲小則化如蠶蠋，欲大則藏於天下，欲上則凌於雲氣，欲下則入於深泉。上下無時謂之神。中古以來，斯道替矣。諸葛孔明其庶幾乎？抱管、樂之宏略，感真主之屢勤，痛明堂之不祀，許先主以馳驅，捐身而起，出處潔矣。夫何間然之有哉？《易》曰：「或躍在淵，无咎。」

九五：飛龍在天，利見大人。何也？葉子曰：天下之不容或已者，好德爾。靡之良而使人之不可諠者，天德王道之備。是故儀封人請見矣。〔註 17〕見者能幾何哉？道在而位不在焉，彼欲見而不知也，泄柳閉門而不納矣。〔註 18〕位在而道不在焉，我欲見而不能也，其惟堯、舜乎？德與位並，運與時隆，應天而興，與日俱融，斯圓穹垂象而列宿昭符，滄溟西下而江漢朝宗者乎？燦然勃然，夫誰能禦之？《易》曰：「飛龍在天，利見大人。」

上九：亢龍有悔。何也？葉子曰：天高地下，萬物散殊，而時為物之極。「卑高以陳，貴賤位矣」〔註 19〕，而君為位之極。履乎時之極，則命之去，我牛不如礿矣。〔註 20〕故雖貴而無位，雖高而無民，雖有賢人而無輔，大命近止，不絕如線，不將寄空身於天下乎？過乎君之上，則我墜厥命，瘠可僨肥矣。〔註 21〕故雖有位而不貴，雖有民而不高，雖有輔而不賢，危若綴旒，險若膠舟，不將取實禍於目前乎？是雖負變化之形，而實無變化之靈；是雖

〔註 15〕陶潛《與子儼等疏》：「常言五六月中，北窗下臥，遇涼風暫至，自謂是羲皇上人。」

〔註 16〕《三國志》卷三十五《蜀書五．諸葛亮傳》裴松之《注》引《魏略》曰：「每晨夜從容，常抱膝長嘯。」

〔註 17〕《論語．八佾》：「儀封人請見，曰：『君子之至於斯也，吾未嘗不得見也。』從者見之。出曰：『二三子何患於喪乎？天下之無道也久矣，天將以夫子為木鐸。』」

〔註 18〕《孟子．滕文公下》：「孟子曰：『古者不為臣不見。段干木逾垣而闢之，泄柳閉門而不內，是皆已甚。』」

〔註 19〕《周易．繫辭上》。

〔註 20〕《既濟》：「九五：東鄰殺牛，不如西鄰之禴祭。」

〔註 21〕《左傳．昭公十三年》：「寡君有甲車四千乘在，雖以無道行之，必可畏也，況其率道，其何敵之有！牛雖瘠，僨於豚上，其畏不死。」

冒崇高之名，而實彰卑賤之征。故曰：「天之廢商久矣，君將興之」〔註22〕，不亦難乎？又曰：「天之所廢，誰能興之？」此齊愍眾棄之暴，楚靈投龜之詬，夏桀日亡之狂，而商紂不知命之在周而以為己有也，不亡何待？《易》曰：「亢龍有悔。」

坤䷁

坤：元，亨，利牝馬之貞。君子有攸往，先迷後得，主利。西南得朋，東北喪朋，安貞吉。何也？葉子曰：君德以剛為主，臣道奉天而行，奚以有是云也？不以天下之至順，不能配天下之至健也。晉陽之難，將士歡呼，惟高赫不失君臣之禮，而襄子以為賞先。〔註23〕至德之初，制度草創，惟李勉能為朝廷之尊，而肅宗以為倚重。〔註24〕不順而能之乎？雖然，順則順矣，虔其始而不厚其終，恭乎前而少肆於後，非純臣也。霍光、李德裕可以鑒矣。其惟周公乎！負成王於襁褓而不以權勢加天下，復少子以明辟而不以寵利居成功，一人之身而三變焉，皆不失節於臣子，斯順之至也。順則哲，哲則何患於迷？順則安，安則奚患不得？是故天生地成，則萬寶告成，而天下歸地之德；君令臣行，則庶績咸熙，而天下歸臣之功。斯之謂不言所利而利聚焉，不施其勞而勞並焉。然則為臣者，亦何憚於居後以從事，而必取於爭先以犯分哉？知乎此，則為順、為悅、為巽、為麗者，全身之道也；為動、為止、為險、為健者，傾覆之基也。君子宜知所擇矣。《易》曰：「坤：元，亨，利牝馬之貞。君子有攸往，先迷後得，主利。西南得朋，東北喪朋，安貞吉。」

初六：履霜，堅冰至。何也？葉子曰：物必有兆，事貴審機。能謹其始則福致，辨之不早則禍隨。是以將萌之際，聖人有隱憂焉。故曰「蛩蠛一出，潛

〔註22〕《左傳．僖公二十二年》：「宋公將戰，大司馬固諫曰：『天之棄商久矣，君將興之，弗可赦也已。』弗聽。」

〔註23〕《淮南子．氾論訓》：「趙襄子圍於晉陽，罷圍而賞有功者五人，高赫為賞首，左右曰：『晉陽之難，赫無大功，今為賞首，何也？』襄子曰：『晉陽之圍，寡人社稷危，國家殆，群臣無不有驕侮之心，唯赫不失君臣之禮。』故賞一人，而天下為忠之臣者莫不願忠於其君。」

〔註24〕《舊唐書》卷一百三十一《李勉傳》：「至德初，從至靈武，拜監察御史。屬朝廷右武，勳臣恃寵，多不知禮。大將管崇嗣於行在朝堂背闕而坐，言笑自若，勉劾之，拘於有司，肅宗特原之，歎曰：『吾有李勉，始知朝廷尊也。』」《新唐書》卷一百三十一《宗室宰相列傳．李勉傳》：「從肅宗於靈武，擢監察御史。時武臣崛興，無法度，大將管崇嗣背闕坐，笑語嘩縱，勉劾不恭，帝歎曰：『吾有勉，乃知朝廷之尊！』」

魚盡怖」，〔註25〕霜鐘初動，巢鳥咸驚。〔註26〕何也？鼠牙雖尖而有害象之技，豺舌雖狹而有殺虎之能，〔註27〕君子不可以不慎也。昔者王莽謙恭之始，曹操夷難之初，司馬懿恭命之日，識微之士蓋三致意焉，不有由然者乎？不然，秦不過一西戎之國耳，何夫子定《書》而附以《秦誓》？蓋駸駸乎王之後矣。刪《詩》而列以《秦風》，蓋勃勃乎夏之漸矣。天下之勢，日趨於秦，聖人蓋有以知之。知之而憂焉，而示警於周，惜周之圖回，無其人也。嗚呼！維此聖人，瞻言百里；維彼愚人，覆狂以喜。是故金人之銘曰：「勿謂何傷，其禍將長。勿謂何害，其禍將大。勿謂何淺，其禍將然。勿謂莫聞，夭妖伺人。熒熒不滅，炎炎奈何。涓涓不壅，將成江河。綿綿不絕，將成網羅。青青不伐，將尋斧柯。」言不能慎始之禍也。是故齊襄之無道，文姜之淫亂，莊公不察，以為常事，朝廷處之而不疑，大臣順之而不諫，百姓安之而無忿疾之心，使人慾大肆，天理滅亡，由是叔牙之弒械成於前，慶父之無君動於後，圉人犖、卜齮之賊交發於黨氏〔註28〕、武闈〔註29〕之間。哀姜以國君之母，「與聞乎故」〔註30〕而不忌也。魯君再弒幾至亡國，其禍豈淺淺哉？而況於始而會鄭以伐宋，「固請而行」〔註31〕；繼而會宋以伐鄭，先期而往〔註32〕。不待鍾巫之變〔註33〕，知其有無君之心者乎？此《春秋》之所以謹於微也。《易》曰：「履霜，堅冰至。」

六二：直方大，不習无不利。何也？葉子曰：立天下之正位，以禮而制心；

〔註25〕宋濂《文憲集》卷二十七《演連珠》。

〔註26〕劉基《誠意伯文集》卷十八《郁離子二．枸櫞第六》：「吾聞之，水泉縮而潛魚驚，霜鐘鳴而巢鳥悲，畏夫川之竭、林之落也。」

〔註27〕宋濂《文憲集》卷二十七《演連珠》：「是以豺舌雖狹而有殺虎之能，鼠牙雖尖而有害象之技。」

〔註28〕《左傳．莊公三十二年》：「冬十月己未，共仲使圉人犖賊子般於黨氏。」

〔註29〕《左傳．閔公二年》：「秋八月辛丑，共仲使卜齮賊公於武闈。」

〔註30〕《穀梁傳．宣公元年》：「元年春，王正月，公即位。繼故而言即位，與聞乎故也。」

〔註31〕《左傳．隱公四年》：「秋，諸侯復伐鄭。宋公使來乞師，公辭之。羽父請以師會之，公弗許，固請而行。故書曰『翬帥師』，疾之也。諸侯之師敗鄭徒兵，取其禾而還。」

〔註32〕《左傳．隱公十年》：「夏五月，羽父先會齊侯、鄭伯伐宋。」

〔註33〕《左傳．隱公十一年》：「羽父請殺桓公，將以求大宰。公曰：『為其少故也，吾將授之矣。使營菟裘，吾將老焉。』羽父懼，反譖公於桓公，而請弒之。公之為公子也，與鄭人戰於狐壤，止焉。鄭人囚諸尹氏，賂尹氏，而禱於其主鍾巫，遂與尹氏歸，而立其主。十一月，公祭鍾巫，齊於社圃，館於寫氏。壬辰，羽父使賊弒公於寫氏，立桓公，而討寫氏，有死者。」

行天下之大道，以義而制事。充諸內而見乎外，根於心而生於色，是之謂履繩而蹈矩，光明而正大，內有青天白日之心志，外有高山大川之規模，此臣道之純而厚德之至也，主不疑而萬民服，何不利之有哉？周公之於成王，伊尹之於太甲，孔明之於後主，皆不疑其所行者也。故曰中正行險，往且有功，雖危无咎，能自信也，伊尹以之；剛健主豫，動而有應，群疑乃亡，能自強也，周公以之。又曰：「劉後授之無疑心，武侯受之無懼色，繼體納之無貳情，百姓信之無異志。」〔註34〕《易》曰：「直方大，不習无不利。」

六三：含章可貞，或從王事，無成有終。何也？葉子曰：臣道貴恭而戒驕。逞馳而焜耀，驕之大者也。臣道尚讓而忌專。斷制而裁割，專之大者也。禰衡、諸葛恪之殺其身，李德裕、令狐綯之疑其主，豈盡夫人之過哉？是故韜藏知技而不露，有善則歸之於君，持身不變之道也；隨事補拾而無成，有勞則任之於己，守職終身之分也。高而曷以危，滿而何所溢哉？信非大禹之不矜不伐、周公之不驕且吝，不足以語此？田興幼孤，兄融長養而教之。興常於軍中角射，一軍莫及。融退而抶之曰：「爾不自悔，禍將及矣。」故興能自全於田季安淫虐猜暴之時，而卒為魏博節度使，為晚唐忠順之臣。許存歸王建，建忌其勇略，欲殺之。王宗綰密言存謙厚，有良將才，乃舍之。更姓名曰王宗播。柳脩每勸宗播慎靜以免禍。後遇強敵，諸將所憚者，宗播以身先之。及有功，輒稱病，不自伐，由是得以功名終。嗚呼！亦庶乎知恭順之義矣。《易》曰：「含章可貞，或從王事，無成有終。」

六四：括囊，无咎，无譽。何也？葉子曰：聖賢之進退以其道，而君子之語默因乎時。士未可以言而言，是以言取名也。侯生、盧生非乎？〔註35〕是士

〔註34〕出袁宏《三國名臣頌》，見《晉書》卷九十二《文苑傳．袁宏傳》。

〔註35〕《史記》卷六《秦始皇本紀》：「侯生盧生相與謀曰：『始皇為人，天性剛戾自用，起諸侯，併天下，意得欲從，以為自古莫及己。專任獄吏，獄吏得親幸。博士雖七十人，特備員弗用。丞相諸大臣皆受成事，倚辨於上。上樂以刑殺為威，天下畏罪持祿，莫敢盡忠。上不聞過而日驕，下懾伏謾欺以取容。秦法，不得兼方不驗，輒死。然候星氣者至三百人，皆良士，畏忌諱諛，不敢端言其過。天下之事無小大皆決於上，上至以衡石量書，日夜有呈，不中呈不得休息。貪於權勢至如此，未可為求仙藥。』於是乃亡去。始皇聞亡，乃大怒曰：『吾前收天下書不中用者盡去之。悉召文學方術士甚眾，欲以興太平，方士欲練以求奇藥。今聞韓眾去不報，徐市等費以鉅萬計，終不得藥，徒姦利相告日聞。盧生等吾尊賜之甚厚，今乃誹謗我，以重吾不德也。諸生在咸陽者，吾使人廉問，或為訞言以亂黔首。』於是使御史悉案問諸生，諸生傳相告引，乃自除犯禁者四百六十餘人，皆阬之咸陽，使天下知之，以懲後。」

之罪也。而韋裕之因見殺於唐懿〔註 36〕，抑又甚矣。可以言而不言，是以默取容也。胡廣、張禹非乎？〔註 37〕是士之恥也。而關播之不敢發口於盧杞〔註 38〕，又其每下矣。慎哉！其惟時乎。天下有道，危言危行。天下無道，危行言孫。〔註 39〕是之謂聖人之時焉，而出處進退繫之矣。非夫子與顏淵用之行而舍之藏，〔註 40〕言足興而默足容〔註 41〕，何得以語此？而比干之剖心〔註 42〕、伯夷之扣馬〔註 43〕弗與焉。《易》曰：「括囊，无咎，无譽。」

六五：黃裳，元吉。何也？葉子曰：昔者天根之治天下也，「遊心於淡，合氣於漠，順物自然而無容私焉」〔註 44〕耳。此至文之治，盛德無為之化也。故《淮南子》曰「古有鍪而卷領，以王天下」〔註 45〕者矣。天下不非其服，

〔註 36〕《舊唐書》卷十九上《懿宗本紀上》:「乙亥，國子司業韋殷裕於閣門進狀，論淑妃弟郭敬述陰事。上怒甚，即日下京兆府決殺殷裕，籍沒其家。」

〔註 37〕《後漢書》卷四十四《鄧張徐張胡列傳》:「論曰：爵任之於人重矣，全喪之於生大矣。懷祿以圖存者，仕子之恒情；審能而就列者，出身之常體。大紆於物則非己，直於志則犯俗，辭其艱則乖義，徇其節則失身。統之，方軌易因，險塗難御。故昔人明慎於所受之分，遲遲於岐路之間也。如令志行無牽於物，臨生不先其存，後世何貶焉？古人以宴安為戒，豈數公之謂乎？贊曰：鄧、張作傳，无咎无譽。斂正疑律，防議章句，胡公庸庸，飾情恭貌。朝章雖理，據正或橈。」

〔註 38〕《舊唐書》卷一百三十《關播傳》:「建中三年十月，拜銀青光祿大夫、中書侍郎、同中書門下平章事、集賢殿崇文館大學士、修國史。時政事決在盧杞，播但斂衽取容而已。」《新唐書》卷一百五十一《關播傳》:「帝求宰相，盧杞雅知播韋柔可制，因從容言播材任宰相，其儒厚可鎮浮動。乃拜中書侍郎、同中書門下平章事，政一決於杞。嘗論事帝前，播意不可，避坐欲有所言，杞目禁輒止，退讓播曰：『以君寡言，故至此，奈何欲開口爭事邪！』播即喑畏毋敢與。」

〔註 39〕《論語・憲問》:「子曰：『邦有道，危言危行。邦無道，危行言孫。』」

〔註 40〕《論語・述而》:「子謂顏淵曰：『用之則行，舍之則藏，惟我與爾有是夫！』」

〔註 41〕《中庸》:「國有道，共言足以興；國無道，其默足以容。」

〔註 42〕《史記》卷三《殷本紀》:「紂愈淫亂不止。微子數諫不聽，乃與大師、少師謀，遂去。比干曰：『為人臣者，不得不以死爭。』乃強諫紂。紂怒曰：『吾聞聖人心有七竅。』剖比干，觀其心。」

〔註 43〕《史記》卷六十一《伯夷列傳》:「及至，西伯卒，武王載木主，號為文王，東伐紂。伯夷、叔齊叩馬而諫曰：『父死不葬，爰及干戈，可謂孝乎？以臣弒君，可謂仁乎？』左右欲兵之。太公曰：『此義人也。』扶而去之。」

〔註 44〕《莊子・應帝王第七》。

〔註 45〕《初學記》卷九《帝王部》:「垂衣卷領。《易》曰：『黃帝、堯、舜垂衣裳而治天下，蓋取諸乾坤。』《淮南子》曰：『古有鍪頭而卷領，以王天下。』注曰：古者蓋三皇以前，鍪頭著兜帽，言未知制冠，卷領，皮衣屈而袂之。如今朝韋襲反攝以為領。」

同懷其德，況服之衷而飾之盛、稱其德而民所望者乎！黃帝、堯、舜垂衣裳而天下治，有由然矣。何也？長民者衣服不貳，從容有常，以齊其民，則民德歸一矣。此「正位凝命」〔註46〕，恭己以正南面之事，非唐、虞、三代何足以語此？故曰「欽明文思安安，允恭克讓」〔註47〕；曰「濬哲文明，溫恭允塞」〔註48〕；曰「克勤克儉」〔註49〕，「不矜不伐」〔註50〕；曰「聖敬日躋。上帝是祗」〔註51〕；曰「徽柔懿恭」〔註52〕，「小心翼翼」〔註53〕。《易》曰：「黃裳，元吉。」

上六：龍戰於野，其血玄黃。何也？葉子曰：陰極抗陽，臣盛逼君，小人壯而病君子，天下之勢也。相抗則爭，相逼則鬥，相病則擊，天下之情也。鬥無兩全，爭無兩活，擊無兩存，天下之理也。漢宦官盛而誅黨人，黨人盡而趙忠、張讓等捕殺凡二千餘人。唐宦官恣而毒南司，南司盡而第五可範等數百人悉誅殺。宋之小人群起而攻道學，道學斃而韓侂胄、賈似道等皆死於憤憤不平之手。秦始皇篡周，周滅而秦亦斃。李斯、趙高覆秦，秦亡而斯、高亦誅。王莽盜漢，漢微而莽亦敗。變所從來久矣，君子亦慎其初乎！《易》曰：「龍戰於野，其血玄黃。」

屯䷂

屯：元，亨，利，貞。勿用有攸往，利建侯。何也？葉子曰：資始之餘，物不能不稚也，「雲行雨施」而「品物流行」矣。蠱壞之極，時不能不亂也，「首出庶物」而「萬國咸寧」矣。然則難也者，其時之所值乎？難無不通者，其天運人事之不容或已者乎？然天機雖必有所動，而人為不可以不臧。以燕伐燕〔註54〕，以暴易暴〔註55〕，不臧孰甚焉？若之何其臧之？舉仁義以濟時艱，大德也；鎮安靜以俟天命，大順也；扶宏義以致英俊，大略也。大德以先天

〔註46〕《鼎・大象》。
〔註47〕《尚書・堯典》。
〔註48〕《尚書・舜典》。
〔註49〕《尚書・大禹謨》：「克勤於邦，克儉於家。」
〔註50〕《尚書・大禹謨》：「汝惟不矜，天下莫與汝爭能；汝惟不伐，天下莫與汝爭功。」
〔註51〕《商頌・長發》。
〔註52〕《尚書・無逸》。
〔註53〕《大雅・大明》。
〔註54〕《孟子・公孫丑下》：「今以燕伐燕，何為勸之哉？」
〔註55〕《史記・伯夷列傳》：「以暴易暴兮，不知其非矣。」

下，何不服？大順以應時宜，何不散？大略以任武勇，何不誅？漢高帝除秦苛暴，約法三章，德莫加焉；以天下城邑封功臣，捐數千里之地以與信、越而不惜，略莫加焉。五載而成帝業，夫豈偶然而已乎？《易》曰：「屯：元，亨，利，貞。勿用有攸往，利建侯。」

初九：盤桓，利居貞，利建侯。何也？葉子曰：處平安則率履易，故順事而能適；遭蹇難則操心危，故遇變而能通。東坡有言：君子之厄於難也，強偶在外，不得紓其並驅之志也，則堅執必抗之心而不挫，不憚徵繕以為輔，是為備其危而絕其望，知所以為社稷之權也；強敵在前，不得遂其剪除之願也，則大奮必勝之氣而不委，若將改立以改圖，是為折其驕而沮其銳，知所以為君之道也。昔者秦王使告趙王，願與王為好會於西河外澠池。趙王行，藺相如從。廉頗送至境，與王訣曰：「王行，度道里會遇之禮，畢，還不過三十日。三十日不還，則請立太子，以絕秦望。」王許之。宋真宗時，契丹犯邊。王旦從幸澶州，雍王元份留守東京。遇暴疾，命旦馳還，權留守事。旦曰：「願宣寇準。臣有所陳。」寇準至，旦奏曰：「十日之間，未有捷報，時當如何？」帝默然良久，曰：「立皇太子。」嗚呼！澠池之會強偶，不可不備其危也；澶淵之行強敵，不可不折其驕也。我備其危，而後彼之非望塞；我折其驕，而後彼之暴銳阻。為社稷之權與為君之道，宜無出於此者。天下之大難，曷患其不濟哉？噫！非天下之至變，其孰能與於此？其次則惟居德以順民，合黨以懼敵。若劉玄德艱難許潁之間，逃遁荊吳之際，跼蹐甚矣。然能與操為水火，操以急，我以寬；操以暴，吾以仁；操以詐，吾以誠。雖操之強，莫能害也。卒之與吳為合，赤壁一勝，而鼎足遂成，人心屬而天命昭矣。古之英雄所為蓋如此。《易》曰：「盤桓，利居貞，利建侯。」

六二：屯如邅如，乘馬班如。匪寇，婚媾。女子貞不字，十年乃字。何也？葉子曰：三軍之眾可以奪帥，匹夫之微志不可取。是故古之君子，不遇真主則亦已矣。夫苟一定君臣之交，正其無所逃之義，則終其身而不變，歷九死以不回，雖值艱難而窘迫，夫安能以易其志乎？曹操壯關侯之為人，而察其心神，無久留之意，使張遼以其情問之。侯歎曰：「吾極知曹公待我厚，然吾受劉將軍恩，誓以共死，不可背之，吾終不留。」卒於歷九關，斬諸將，間關百計，求遂君臣之契。曹操以周瑜為心腹之疾，密遣蔣幹往說之，瑜立謂幹曰：「子翼良苦，遠涉江湖，為曹氏作說客耶？大丈夫處世，遇知己之主，外託君臣之義，內結骨肉之恩，言行計從，禍福共之。假使蘇、張更生，安

能移其意乎？」謝安於桓溫，初則伐其壁人之謀，而卒之寢其九錫之命，強臣自斃，而王室以寧。樂壽兵馬使傅良弼、博野鎮遏使李寰所戍，在幽鎮之間。朱克融、王庭湊互加誘脅，二人不從，各以其眾堅壁，賊竟不能取。故曰黃鵠反故鄉，狐死正首丘，壯夫之志也。又曰：「寒士之妻，弱國之臣，各安其正而已」〔註 56〕，生民之理也。惟王導則不然，遲回邪正之間，狐疑順逆之際，幸則王氏為天子，不幸則王馬共天下。天命不祐而大逆鬼誅，然後哭而追之。愚者以為忠，而哲人知其賊矣。寧能逃其誅於九地之下哉？王敦初據石頭，勢甚猖獗，其主有願歸琅琊以避賢路之語，刁協、劉隗等又屢敗，廢晉自立，在其掌中。王導蓋與陰謀，所以絕無半語片劄勸止敦逆。及敦以呂猗之譖欲殺戴淵，周顗問導，導又以私憾，三問而不答，竟使賊殺忠良，震盪社稷。其與王彬先哭周顗而後見敦者相去遠矣。及後敦病，至江寧，知其決不能起，事不可成，乃率子弟為之發哀，又移書與王含，稱「明目張膽，為六軍之首」等語，豫為不黨之地。吾誰欺乎？且其書曰「先承大將軍」，已不諱兄。此舉謂可如昔年之事乎？昔年佞臣亂朝，人懷不寧，如導之徒，心思外濟。今則不然，夫劉隗果姦邪也，亦當如謝琨「城狐社鼠」〔註 57〕之喻，為周顗不可舉兵脅天子〔註 58〕之言；敦果可除君側之惡也，亦當奉元帝「方朕太甲，欲見幽囚。是可忍也，孰不可忍」之詔；而乃欲思若此之濟乎？此其反心不覺自露，姦情鬼使章明。不謂導之與敦同謀，吾不信也。及溫嶠辭敦，至建康，盡以敦逆謀告帝，與庾亮畫計討之。敦聞之大怒，曰：「吾乃為小物所欺。」與導書曰：「太真別來幾日，作如此事，當募人生致之，自拔其舌。」此其往來告報，彼此犄角。不謂敦之與導同謀，吾不信也。又詔贈譙王承、戴淵、周顗等官。周札故吏為札訟冤，尚書卞壼議以札開門延寇，不當贈謚。王導以為往年之事，敦奸逆未彰，自臣等有識以上皆所未悟，與札無異。郤鑒曰：「敦之逆謀，履霜日久。若以往年之舉義同桓、文，則先帝可為幽、厲耶？」嗚呼！再觀此情，猶有以導賊為忠者，可謂心喪而神癡矣。

〔註 56〕《近思錄》卷七。

〔註 57〕《晉書》卷四十九《謝鯤傳》：「及敦將為逆，謂鯤曰：『劉隗姦邪，將危社稷。吾欲除君側之惡，匡主濟時，何如？』對曰：『隗誠始禍，然城狐社鼠也。』」

〔註 58〕《晉書》卷六十九《周顗傳》：「及王敦構逆，溫嶠謂顗曰：『大將軍此舉似有所在，當無濫邪？』顗曰：『君少年未更事。人主自非堯舜，何能無失，人臣豈可得舉兵以脅主！共相推戴，未能數年，一旦如此，豈云非亂乎！處仲剛愎強忍，狼抗無上，其意寧有限邪！』」

安得起其腐骨，使皋陶、子路跽鞫而寸斬之乎？《易》曰：「屯如邅如，乘馬班如。匪寇，婚媾。女子貞不字，十年乃字。」

六三：即鹿無虞，惟入於林中。君子幾，不如舍，往吝。何也？葉子曰：天下無事，豪傑若庸人。天下多難，庸人逞豪傑。何則？睹湯、武之龍躍，謂戡亂在神功；聞孔、墨之挺生，謂英睿擅奇響；視韓、彭之豹變，謂鷙猛致人爵；見張、桓之朱紱，謂明經拾青紫。此皆不知義命之談、才德之說，而妄意富貴功名者也，又安知其有所以致之者乎？而又安知斗筲之子不秉帝王之器，節棁之材不荷棟樑之任者乎？齊儋、趙歇起於秦之末，公孫述、隗囂、王郎起於漢之微，公孫瓚、劉淵、袁術之徒起於三國之未定，皆此類也已。噫！知幾審己者，其竇融之歸光武乎？《易》曰：「即鹿無虞，惟入於林中。君子幾，不如舍，往吝。」

六四：乘馬班如，求婚媾，往吉，无不利。何也？葉子曰：君子貴平天下之難，然不必其自我平之也。我欲平之，奈無才何？君子貴成天下之功，然不必其自我成之也。我欲成之，奈無力何？吾不能平，吾與女平之；吾不能成，吾於女成之。天下之至明也。知此者，其唐之許遠乎？位本在巡上，授之柄而處其下，卒為唐氏之保障，天下稱才焉；卒為臣道立彝極，後世稱忠焉。孰謂遠也而固非巡匹耶？彼張浚自執己見，不聽王彥、劉子羽、吳玠、郭浩之諫，而輕師失律，致富平之敗；不聽岳飛之言，而致酈瓊之叛、呂祉之死；不制李顯忠、邵宏淵之不協，而致符離之潰。君子謂其量狹而不能下士，知暗而不能知人。且富平之役，李綱尚在，浚忌之而不能用；淮西之舉，岳飛在管，浚惡之，聽其歸，終母喪而不能留；符離之戰，虞允文遠在川陝，浚雖聞其賢，而不能舉以自副，乃以桀傲爭利之人自隨，與圖大事，夫安得不敗？噫！浚之為將如此，其視趙奢之下許歷，韓信之拜李左車，相去固亦遠矣，而曷知巡、遠之事耶？《易》曰：「乘馬班如，求婚媾，往吉，无不利。」

九五：屯其膏，小貞吉，大貞凶。何也？葉子曰：昔者先王之於民也，有風行草偃之勢焉。故其施之祿也，若澤之下於天，潰決而不可禦也；其導之利也，若高屋建瓴而注之水，奔流而莫能止也。是故以勞以佚，以生以死，無往而不利焉耳。故曰「沛然德教溢乎四海」〔註59〕者，其為政不難。若曰有所施焉而不果，有其德澤而不下，則威權去而利柄亡，其何以行之哉？雖非嗇施吝

〔註59〕《孟子・離婁上》。

賞，至刻印刓而不忍與〔註60〕；鄙心陋志，以敝褲而待有功者〔註61〕；矜資惜費，戔戔焉如販夫販婦然，為天下守財虜。然澤泥而不能施，與無澤同；惠塞而不得下，則如無惠。大勢已去，天下事其尚得為之乎？是故姑為有漸之謀，以延垂亡之命；僅守安常之分，以俟馴致之休。則高之可為盤庚、周宣之修德用賢，復先王之政而諸侯朝；卑之亦不失為周之平、桓，漢之元、成、桓、靈。不然，而強徇決起，欲復王者之氣勢，收天子之威權，驟而為之，妄意而圖之，不為魯昭、曹髦之自孽，則為靚、赧之亡周，燕丹之不祀矣，可不戒哉？《易》曰：「屯其膏，小貞吉，大貞凶。」

上六：乘馬班如，泣血漣如。何也？葉子曰：否窮反泰。反之者，克斷之才也。非其才，則濡首矣。難極復亨。復之者，果毅之資也。無其資，則入穴矣。進之無敢為之能、退之為無益之悼亡而已矣，將何以久長於天地之間哉？唐末諸帝苦宦官之逼，每對左右泣下，或悲不自勝。昭宗強杜讓能討李茂貞，卒之誅貶讓能以為解，至涕下不自禁。既為朱全忠逼幸洛陽，促百官東行，驅徙士民，號哭滿路。至華州，民夾道號萬歲。昭宗泣曰：「勿呼萬歲，朕不復為女主矣。」館於興德宮，謂侍臣曰：「諺云：『紇干山頭凍殺雀，何不飛去生處樂。』朕今飄泊，不知竟落何所。」因泣下沾襟，左右莫能仰視。東都宮闕未成，留止陝。朱全忠來朝，延入寢室，見何後，後泣曰：「大家夫婦，委身全忠矣。」嗚呼哀哉！而況帶汁孔明〔註62〕也哉！《易》曰：「乘馬班如，泣血漣如。」

〔註60〕《史記》卷九十七《酈生傳》：「為人刻印刓而不能授。」《漢書》卷三十四《韓信傳》：「至使人有功，當封爵，刻印刓，忍不能予。」

〔註61〕《韓非子．內儲說上》：「韓昭侯使人藏弊褲，侍者曰：『君亦不仁矣，弊褲不以賜左右而藏之。』昭侯曰：『非子之所知也，吾聞明主之愛，一嚬一笑，嚬有為嚬，而笑有為笑。今夫褲豈特嚬笑哉！褲之與嚬笑相去遠矣，吾必待有功者，故藏之未有予也。』」

〔註62〕《桯史》卷第十五《郭倪自比諸葛亮》：
郭棣帥淮東，實築二城，倪從焉。余兄周伯吏部，時在其幕府，每從東閣遊，見其論議自負，莫敢攖者。一日，持扇題其上，曰：「三顧頻煩天下計，兩朝開濟老臣心。」意蓋以孔明自許，竊怪之，以為少年戲劇，妄標置耳。嘉泰、開禧間，倪位殿巖，賓客日盛，相與慫恿，真以為臥龍復出，遂逢當軸意，以興六月之師。吳衡守盱眙，過見之於揚，倪迎謂曰：「君所謂洗腳上船也，予生西陲，如斜谷祁山，皆陝隘，可守而不可出；豈若得平衍夷曠之地，掉鞅成大功，顧不快耶！」陳景俊為隨軍漕先行，燕之中席，酌酒曰：「木牛流馬，則以煩公。」眾咸笑之。余至泗，正暑，見其坐上客扇，果皆有此兩句，然後知所聞為不誣也。倬既潰於符離，倎又敗於儀真，自度不復振，對客泣數行。時彭〔瀍〕傳師為法曹，好謔，適在坐，謂人曰：「此帶汁諸葛亮也。」傳者

蒙䷃

蒙：亨。匪我求童蒙，童蒙求我。初筮告。再三瀆，瀆則不告。利貞。

何也？葉子曰：天生昏，亦生明。天生愚，亦生哲。伊尹曰：「天之生斯民也，使先知覺後知，使先覺覺後覺也。予，天民之先覺者也。」〔註63〕予將以先知覺後知，以先覺覺後覺也。覺之矣，而有不明不哲者乎？上能覺，下能學，天下其無昏與愚矣。何也？上智通乎下愚，善學不如善教。「是故學之道，嚴師為難。師嚴然後道尊，道尊然後民知敬學。」〔註64〕故「太學之禮，雖詔於天子，無北面，尊師尚道也」〔註65〕。孟嘗君請學於閔子，使車往逆，〔註66〕非嚴師矣。「善歌者使人繼其聲，善教者使人繼其志。」〔註67〕不憤則不啟，不悱則不發。〔註68〕故子夏問詩，學一而知二；〔註69〕子貢論學，問一而得三。〔註70〕敬學遜志也。樊遲未達而不悟〔註71〕，非尊道矣。不嚴則狎玩之心生，弗尊則暴棄之儆寡。雖與聖賢處，何自而入聖乎？雖然，陸象山有言：「學者不求師，與求師而不能虛心退聽，此固學者之罪。學者知求師矣，能退聽矣，所以道之者或非其道，又誰之過乎？」〔註72〕故程子曰：「學者必求師，記問文章不足以為人師，以所學者外也。所謂師者，何也？曰理也，

莫不拊掌，倪知而怒，將罪之，會罷去，遂止。傳師，豪士，以恩科得官，依錢東巖之門，不伈伈顧宦，督府嘗欲舉以使虜，而不克遣，終老於選調云。

〔註63〕《孟子．萬章上》。

〔註64〕《禮記．學記》。

〔註65〕《禮記．學記》。

〔註66〕《韓詩外傳》卷三：「孟嘗君請學於閔子；使車往迎閔子。閔子曰：『禮有來學，而無往教。致師而學，不能學；往教，則不能化君也。君所謂不能學者也，臣所謂不能化者也。』於是孟嘗君曰：『敬聞命矣。』」

〔註67〕《禮記．學記》。

〔註68〕《論語．述而》：「不憤不啟，不悱不發。」

〔註69〕《論語．八佾》：「子夏問曰：『巧笑倩兮，美目盼兮，素以為絢兮。何謂也？』子曰：『繪事後素。』曰：『禮後乎？』子曰：『起予者商也，始可與言詩已矣。』」

〔註70〕《論語．公冶長》：「賜也何敢望回？回也聞一以知十，賜也聞一以知二。」《論語．學而》：「子貢曰：『貧而無諂，富而無驕，何如？』子曰：『可也。未若貧而樂，富而好禮者也。』子貢曰：『《詩》云：如切如磋，如琢如磨。其斯之謂與？』子曰：『賜也，始可與言《詩》已矣，告諸往而知來者。』」

〔註71〕《論語．顏淵》：「樊遲問仁，子曰：『愛人。』問知，子曰：『知人。』樊遲未達。」

〔註72〕《象山先生全集》卷一《與李省幹》之二：「雖然，學者不求師，與求而不能虛心，不能退聽，此固學者之罪。學者知求師矣，能退聽矣，所以導之者乃非其道，此則師之罪也。」

義也。」〔註 73〕然則道必足以師世而範俗，德必可以繼往而開來，信非孔、孟不足以當之矣。東漢而下，師道益嚴，皆不足以勝其任。雖以韓愈之賢，且不足為籍、湜範，況其他乎！宋朝理學遠過漢、唐，胡安定公首倡體用之學，以淑其徒，使學者明於經義，講於時勢，篤於踐履，而不為口耳之習，故一時賢士大夫多出其門。師道之立，蓋昉乎此。是後周子建圖屬書，以覺來學，而程子兄弟實紹其傳，文公又從而光大之，淵源所漸，遍及海內。有志之士探討服行，而推其所得以尊主庇民者，不絕於時，能使大義既乖而復正，公道久屈而復伸，皆夫人之力也。師道之立，於是為盛。嗚呼！孔、孟之後，非是曷庶幾耶？《易》曰：「蒙：亨。匪我求童蒙，童蒙求我。初筮告。再三瀆，瀆則不告。利貞。」

初六：發蒙，利用刑人，用說桎梏，以往吝。何也？葉子曰：設刑罰以齊眾，明教化以善俗者，聖王為治之大要也。威嚴以惕眾，志在寬以敷五教者，聖人教人之大法也。故曰：「庶頑讒說，若不在時，侯以明之，撻以記之。」〔註 74〕又曰：「夏、楚二物，收其威也。」〔註 75〕君子開發天下之冥頑也，而可以徒然已乎？不威不懲，無法則惰，非聖人之得已也。故曰君子以情用，小人以形用。榮辱者，賞罰之精華也。故禮樂刑辱以加君子，化其情也；桎梏鞭扑以教小人，治其形也。雖然，繼之曰工以納言時而颺之格則承之庸之否則威之又曰：「君子之於學也，藏焉修焉，息焉遊焉。」〔註 76〕夫然，故安其學而親其師，又豈一於法之嚴哉？猛而糾以寬，使不致其困；拘而加以縱，使不苦其難。此堯、舜、三代之世所以無頑民也。後世不棄則迫矣，何以底於善？諸葛孔明殆庶幾焉。其佐玄德治蜀，頗尚嚴峻。法正諫之，亮曰：「秦以無道，政苛民怨，匹夫大呼，天下土崩。高祖因之，可以洪濟。劉璋暗弱，德政不舉，威刑不肅，蜀士人士專權自恣，君臣之道漸以陵替。寵之以位，位極則殘。順之以恩，恩竭則慢。所以致弊，實由於此。吾今威之以法，法行則知恩；限之以爵，爵加則知榮。榮恩並濟，上下有節。為法之要，於斯而著矣。」噫！孔明其足以知此哉！《易》曰：「發蒙，利用刑人，用說桎梏，以往吝。」

九二：包蒙吉。納婦吉，子克家。何也？葉子曰：善教人者，有廣收而無

〔註 73〕《二程遺書》卷二十五《暢潛道本》。
〔註 74〕《尚書・益稷》。
〔註 75〕《禮記・學記》。
〔註 76〕《禮記・學記》。

細擇，故曰「有教無類」〔註 77〕。三后「無忿疾於頑」〔註 78〕，孔子思狂又思狷〔註 79〕，此之謂。「有容，德乃大」〔註 80〕，善世之謀謨也。若之何其選人以為教哉？善教人者，有翕茹而無卻吐，故曰「未嘗無誨」〔註 81〕。孔子之「與其進也」〔註 82〕，孟子之「來者不拒」〔註 83〕，此之謂。「歸，斯受之」〔註 84〕，先覺之門戶也。若之何其阻人之自進哉？《詩》曰：「菁菁者莪，在彼中阿。」〔註 85〕又曰：「芃芃棫樸，薪之槱之。」〔註 86〕此周王之壽考而作人乎？作人如此，則大以成大，小以成小，無棄物矣；成人有德，小子有造，無枉器矣。作人如此，則養不中而養不才，天下其化成矣；模不模而範不範，斯民其寡過矣。天下殆可封乎，而豈曰小補之哉？此伊尹先覺之任，周公代闢之功，契之敬敷之責也。其諸所謂口代天言，心代天工，身代天事，行代天化者乎？噫！信非聖人不足以語此。《易》曰：「包蒙吉。納婦吉，子克家。」

六三：勿用取女，見金夫，不有躬，无攸利。何也？葉子曰：女以順為正。順也者，順乎夫也。順夫則不苟於從。正以守為大。守也者，守夫義也。守義則不苟於利。顧利而不順其行，順者非夫也；輕身而不正其守，守者非義也。若之何其取之？晉獻公欲以驪姬為夫人，史蘇曰：「有男戎，必有女戎。若晉以男戎勝戎，戎必以女戎勝晉矣。不吉。」子反欲取夏姬，巫臣曰：「是不祥人也。是夭子蠻，殺御叔，弒靈侯，戮夏南，出孔儀，喪陳國，何不祥如是！人生實難，其有不獲死乎？天下多美婦人，何必是？」巫臣自取之。叔向欲取於申公巫臣，其母曰：「甚美必有甚惡。尤物足以移人，苟非德義，則必有禍。」趙飛燕姊妹之入也，姿質醲粹，見者歎賞，獨宣帝時披香，博士淖方成立帝後，唾之曰：「此禍水也，滅火必矣。」武照在襁褓，袁天綱相而驚曰：「是大孽也，取之必禍稔。」卒之獻公殺其子，巫臣喪其家，叔向滅其族，漢成殞其身，唐高失其天下，萬世之明鑒也。噫！安得後魏兒氏者而取之乎？惜老生取之而不

〔註 77〕《論語・衛靈公》。
〔註 78〕《尚書・君陳》。
〔註 79〕《論語・子路》：「子曰：『不得中行而與之，必也狂狷乎！狂者進取，狷者有所不為也。』」
〔註 80〕《尚書・君陳》。
〔註 81〕《論語・述而》。
〔註 82〕《論語・述而》。
〔註 83〕《孟子・盡心下》。
〔註 84〕《孟子・盡心下》。
〔註 85〕《小雅・菁菁者莪》。
〔註 86〕《大雅・棫樸》。

卒也。兒氏許嫁彭老生，居貧家，自舂汲以奉父母。老生輒往逼之，女曰：「與君聘命雖畢，然二門多故，未及相見。何由不稟父母，擅見淩辱？若苟行非禮，正可身死耳。」不從，老生怒而刺之。女曰：「所以執節自固者，正欲奉君耳。今反為君所殺。」言終而絕。噫！若是乎老生之不道哉！雖然，若兒氏者，吾見亦罕矣。而不吉之女，不祥之夫，天下可勝數乎？遇功名則忘道德，見富貴則棄功名。若賂以美官，而張說許證元忠之罪；附會新法，而葉祖洽得蒙首選之擢。天下之滔滔者皆是也。誠齋曰：「陳相下喬而入幽，公孫曲學以阿世。斯女不可取也，斯士獨可用乎？」〔註87〕《易》曰：「勿用取女，見金夫，不有躬，无攸利。」

六四：困蒙，吝。何也？葉子曰：「蓬生麻中，不扶自直。」〔註88〕子賤之所以成德也，內無賢父兄，外無嚴師友，倀倀茫茫，夫何所之，豈非斯人之不幸乎？《淮南子》曰：「今使人生於僻陋之國，長於窮櫚陋室之下，長無兄弟，少無父母，目未嘗見禮節，耳未嘗聞先古，獨守專室，而不出門，使其性雖不愚，其知者必寡矣。」〔註89〕故曰斯道之顯晦繫於人物之盛衰。蓋禮義以講習而明，德性以相觀而善。孑然獨立而無與為侶，則學問廢而識見淺，繩約弛而怠慢生。古人所以重朋來之樂者，不以此歟？雖然，「待文王而興者，凡民也。若夫豪傑之士，雖無文王猶興」〔註90〕，彼且烏乎困哉？此陳良、南宮适、司馬牛之所以可貴也。《易》曰：「困蒙，吝。」

六五：童蒙，吉。何也？葉子曰：君取其為蘭茝，不欲其為狐精；君欲其為稚昧，不欲其為聖明。故曰：「聰明睿知，守之以愚。」〔註91〕又曰：「冕旒蔽目，黈纊塞耳。」〔註92〕貴純一也。聲色不雜而道德之必親，狗馬不為而忠亮之必近，土木不圖而樸素之必用，神仙不事而直諒之必庸。斷斷乎他技之無有，蠢蠢乎純一而未發，以此下人，奈之何其不治哉？成王之聽於周公，漢昭之聽於霍光，千古之振主也。侈心一動，而雜然攻之，賢棄不保矣。「昔唐明皇思九齡之先見，為之流涕，遣中使至曲江祭之，厚恤其家。胡致堂曰：『李

〔註87〕《誠齋易傳》卷二《蒙》：「陳相下喬而入幽，即六三舍上而從下；公孫曲學以阿世，即六三見利而失身。斯女不可取也，斯士獨可用之，無所不至矣。」

〔註88〕《荀子・勸學》。

〔註89〕《脩務訓》。

〔註90〕《孟子・盡心上》。

〔註91〕《荀子・宥坐》：「孔子曰：『聰明聖知，守之以愚。』」

〔註92〕《貞觀政要・刑法第三十一》：「雖冕旒蔽目，而視於未形。雖黈纊塞耳，而聽於無聲。」

覯有言：使管仲而不死，雖內嬖六人，庸何傷？君子非之，曰：未有蠱其心於女色而又能盡其心於賢人者也，於明皇見之矣。明皇忽九齡之言，及身履危亡，而後思之，亦奚及哉？正使向也用九齡之言，禍亂不自范陽可耳。太真在宮，林甫在朝，九齡必見逐，殺一祿山亦無救於播遷之禍。是故太平之君必無欲，然後能守成也。』」〔註93〕而況知出庶物，有輕待人臣之心；思周萬機，有獨御區宇之意；謀吞眾略，有過慎之防；明照群情，有先事之察者！天下幾何而不亂乎？此唐德宗之所以再辱而不悟也。《易》曰：「童蒙，吉。」

上九：擊蒙，不利為寇，利禦寇。何也？葉子曰：勢也。昔者聖人之教天下，何其忠厚之至哉！勞之來之，匡之直之，輔之翼之，又從而振德之。民生其間，卒未有為不善者。若夫發之不已，而至於包；包之未已，而猶復困焉；民斯為下矣。生十九年而猶有童心〔註94〕，自暴自棄，孰甚乎！是故赭衣之衣，嘉石之坐，國門之驅，以至四夷之迸，無所不至者，非過虐也。不欲其為良民害，而實為良民以驅害也。彼未為害，而我先驅之，天下有不順焉者乎？禹之征三苗，周公之治三監是已。《易》曰：「擊蒙，不利為寇，利禦寇。」

〔註93〕《資治通鑑綱目》卷四十四下「上皇遣中使祭始興文獻公張九齡」。
〔註94〕《左傳・襄公三十一年》：「於是昭公十九年矣，猶有童心。」

葉八白易傳卷二

需䷄

需：有孚，光亨，貞吉，利涉大川。何也？葉子曰：天下有必至之時，不可以不俟而迫其至；天下有必成之事，不可以不待而速其成。所當俟而待也，誠於中而慎其外，則心寬而事濟矣。是故之其達焉。伊尹之囂囂起莘，而伐夏救民；太公之九十離渭，而鷹揚萬里。其始也，未始不樂天而知命，安土而敦仁，而終之則道濟天下，曲成萬物矣。之其窮焉。孔子之志學，從心而不知年數之不足；孟子之美大，聖神而慎之乎揠苗而助長。則其始，未始不優游而厭飫，而終之則德為聖人，學成亞聖矣。之其上焉。漸之以仁，摩之以義，浹之於肌膚，淪之於骨髓，然後天下文明而黎民於變者，聖人之久道而化成也。之其下焉。沐於聖人之道德而不知，囿於聖人之禮樂而不覺，遷善敏德而莫測其成天下之亹亹者，百姓之日用而不知也。天下事其可以造次急遽為之乎？霸者不知此道，「見卵而求時夜，見彈而求鴞炙」〔註 1〕，迫促起而治道荒矣。學者不知此道，未立而欲行，不勝而決往，壯於趾而履錯然矣。雖然，齊桓入國，破制養兵，訓義導利，數年而始試之。辛勤圖霸，猶積三年，而後有召陵之役。其會諸侯之事，亦三十餘年。屢盟屢會，而後有葵丘之盛。晉文公始入，而教其民。二年欲用之，子犯曰：「民未知義，未安其居。」於是乎出定襄王，入務利民，民懷生矣。將用之，子犯曰：「民未知信，未宣其用。」於是乎伐原，以示之信。民易資者不求豐焉，明徵其辭。公曰：「可矣。」子犯曰：「民未知

〔註 1〕《莊子・齊物論》。

禮，未生其共。」於是乎大蒐，以示之禮。作執秩以正其官，民聽不惑，而後用之。特其侵曹伐衛，勝楚圍許，盟踐土，會於溫，兩致天王，執曹、衛之君而復之，凡霸者之事為之略盡，皆在一年之內，則齊桓猶有持重之心，而晉文則太迫矣。劉向、韓愈博極群書，經綸有蘊，以身當天下之事，君子猶譏其不知敬之以辟咎，而況新進少年若安石者，豈不用罔之甚乎！揚雄、王通道有自得，學幾聖賢，慨然以斯文自任，君子猶訾其入域之未憂，而況無知妄作若許衡者，豈不枉已之甚乎！此誠不足以知俟時之義大矣哉，而又安知俟時之道以淑其身也？《易》曰：「需：有孚，光亨，貞吉，利涉大川。」

初九：需于郊，利用恒，无咎。何也？葉子曰：君子不幸而受君國之寄，身坐水火之中，則亦末如之何矣。幸而猶居自適之鄉，得以遠去之地，將何為哉？沒身而已矣。故伯夷避紂，居北海之濱，以待天下之清也，若將終身焉；太公避紂，居東海之濱，以待天下之清也，若將終身焉。潔其跡而道不污，安其身而名不穢，康其色而禍不罹，夫固履道之坦坦，幽人之貞吉者歟？故可以沒齒不可以朵頤。苟不固其守，人將議其後；不招而來，我將罹其災。若殷浩之不果隱，種放之弗克終，幾何而不為犯難之行乎？是故無災致災，無難犯難。若燕之僻處北陬，無故而交上國；越之遠在海隅，妄意而事吳楚；秦穆公聽杞子之言，勞師而遠伐鄭；夫差違子胥之計，勤師而北伐齊；取禍之道也。天下事類如此，可不戒哉！《易》曰：「需于郊，利用恒，无咎。」

九二：需于沙，小有言，終吉。何也？葉子曰：肉食無潔身之義，不當潔其身，則必勞吾之身；人臣有受責之分，不能盡其責，則不免人之責。士大夫豈得為山林之逸乎？《記》曰：「四郊多壘，卿大夫之恥也。地廣大而不治，士之辱也。」〔註 2〕然則身受君國之寄，而躬遭水火之災，不為身心之焦勞，則致彼此之翕訾矣。傷能免乎？雖然，操不急之志，以為有漸之圖；展剛毅之才，以伸排解之力。天下之事，其亦庶乎有瘳者。祖逖之屯淮陰，陶侃之在廣州，無為優游，而事不如志。方將擊楫渡江而致力中原，卒之剪除荊棘，收復河南，平定四州，為晉藩蔽，以美終也。《易》曰：「需于沙，小有言，終吉。」

九三：需于泥，致寇至。何也？葉子曰：世亂之方殷也，能動則亨；事變之將定者，惟靜致福。不知是道，而悻悻之氣不勝其忿忿之情，暴厲之才

〔註 2〕《禮記・曲禮上》。

恣逞其憤懣之志，災本在外而我自速之，若之何其不敗哉？不然，「自郢及我九百里，安能害我？」〔註 3〕吁！此宋襄以天之所棄而爭霸，燕丹以命之垂亡而刺秦，姜維以孤危之蜀而伐魏，韓侂冑以單弱之宋而謀金，速禍而已矣。《詩》曰：「心之憂矣，自貽伊戚。」〔註 4〕豈不信哉？《易》曰：「需于泥，致寇至。」

六四：需于血，出自穴。何也？葉子曰：君子不免於身坐水火之中者，事變之遭也，而卒不為水之所溺、火之所爇者，完德之御也。古語云：「古之真人，入水不濡，入火不灼。」〔註 5〕水火豈不能濡人灼人哉？順水之道而不狎，順火之性而不玩。修乎己者完以固，聽乎物者安以靜，水火其奈之何哉？寧俞當成公之無道日，有九死焉，而卒保其身，以濟其君，忠之勝也。婁師德、狄仁傑當武照之慆淫，九死不足焉，而卒成大業，反周為唐，知之攝也。知者不冥行，忠者不妄作，非順之至而靜之極也乎？噫！非天下之至精，其孰能與於此？《易》曰：「需于血，出自穴。」

九五：需于酒食，貞吉。何也？葉子曰：不為而期成，猶卻行而求前，非天下之定理也。為之而迫效，亦揠苗而助長，豈聖人之順治哉？孔子曰：「無欲速，無見小利。」〔註 6〕董子曰：「正其誼不謀其利，明其道不計其功。」〔註 7〕此仁人之事而純王之道也。是故險者夷，難者平。「正德、利用、厚生惟和」〔註 8〕，天下自此定矣。夫何為哉？養之以康樂，則基命宥密；飫之以安平，則吉福大來。涵濡休息，與天下優游於無事而坐收王道之成已矣。夫何為哉？噫！非唐、虞、三代之聖主，曷足以語此？秦始皇、唐太宗，夷難之才也，而非養福之器；漢元帝、唐文宗，養福之器也，而非致福之資。王道日遠，無足怪也。何也？才不辦則九功不敘，器不重則九敘不歌，天下奚以定乎？是故風飛雷厲，常在事前；龜息蛇藏，常在事後。武、成之餘，而武王垂拱，非玩愒也；百戰之後，而光武休息，非怠荒也。究王道之終始也。雖然，未有憂勤而早圖逸樂，無所事事而祗務優游，則是聖人之訓且為

〔註 3〕《左傳・僖公十二年》：「黃人恃諸侯之睦於齊也，不共楚職，曰：『自郢及我九百里，焉能害我？』」

〔註 4〕《雅・小明》。

〔註 5〕《莊子・大宗師》。

〔註 6〕《論語・子路》。

〔註 7〕《漢書》卷五十六《董仲舒傳》。

〔註 8〕《尚書・大禹謨》。

般樂怠敖之資，而實非經世定功之道矣。昔者唐穆宗甫過公除，即事游畋聲色，賜予無節，欲以重陽大宴，拾遺李珏率同僚極諫。常謂拾遺丁公著曰：「聞外間人多實樂，此乃時和人安，足用為慰。」對曰：「此非佳事，恐漸勞聖慮。」曰：「何故？」對曰：「自天寶以來，公卿大夫競為遊宴，沉酣晝夜，憂雜子女，不愧左右，如此不已，則百職皆廢，陛下獨能無憂勞乎？願少加禁止，乃天下之福也。」噫！省此而後可以詘豐亨豫大之說，絕飲食宴樂之諛。不然，假聖經以恣佚欲，借王道以作荒淫，弊也滋矣。《易》曰：「需于酒食，貞吉。」

上六：入于穴，有不速之客三人來，敬之終吉。何也？葉子曰：禍起於才知之不足，福生於事變之偶然，勿謂天下無是事也。昔者郢人有遺燕相書者，夜書，火不明，因謂持燭者曰舉燭，云而誤書舉燭。舉燭非書意也，燕相受書而說之，曰：「舉燭者，尚明也。尚明也者，舉賢而任之。」燕相白，王大悅，國以治。唐錢鏐統鎮兵討賊，是時黃巢攻略浙東，至臨安，其先鋒度險，皆單騎。鏐率勁卒伏山谷中，發弩射殺其將，巢兵亂，引勁卒蹂之，斬首數百級，乃引兵趨八百里。八百里，地名也。告道傍媼曰：「後有問者，告曰臨安兵屯八百里矣。」巢眾至，聞媼語，不知其地名，曰：「向十餘不可敵，況八百里乎！」遂引兵過。東坤氏曰：「夫郢人之云舉燭，本以責照夜也，而燕相從而舉賢，是燥濕之就也。路媼之言八百里，本以告師次也，而賊眾以為大屯，是風鶴之驚也。將相之謀人國，而其成算之資乃有出於無情，竟外之夫，道傍之婦，若有人鬼默相之者，天下事豈人所能逆料者哉？然則載胥及溺，其何能淑矣？天下豈無不期而會之人、舉手投足之便乎？故本非所望，卒然值之，雖有可懼之勢，而有求於人，必先下之，亦有可叩之機。」王導作奸之計既窮，佐逆之形已露，呼周顗以救之，而卒保其百口，此其明驗也。特伯仁之救，出於本心之誠，而無事王導之敬者。悲夫！《易》曰：「入于穴，有不速之客三人來，敬之終吉。」

訟䷅

訟：有孚，窒惕，中吉，終凶。利見大人，不利涉大川。何也？葉子曰：兩兩相下，則民雖下愚，不能無遜心；兩兩相傾，則民雖上智，不能無爭心。夫惟爭心一起，則巧者眩拙，拙雖直而不伸；詐者諼直，直雖是而亦屈矣。誠而見疑，忠而見罪，不其然乎？雖然，誠忠而屈於疑罪，非德之累；憂懼而反

於中和，保我實多。虞芮質成文王而不果訟，田者望見王烈之閭而即返，不亦君子之高致乎？少屈而務求必勝，出己而即欲擠人，身滅而家破矣。古今為戒，恒數數然也。雖然，世有文王、王烈，則自歉者負愧而中止，懷直者抱義而遠來。故曰舜、禹在上，訟獄歸焉可矣。若上下其手，出入其情。是季子為政而父子訟於魯，文公為霸而君臣訟於衛，幾何而能伸天下之抑哉？雖然，望聖人以質成，噬物以為合者，良民之所以自解也，聖人何拒焉？犯大難以興訟，冒是以為非者，奸民之所以妨眾也，聖人將容之乎？大舜之堲讒說，孔子之誅亂政，此類是也。爭乎爭乎，君子平之吉，而小人淩之凶乎？《易》曰：「訟：有孚，窒惕，中吉，終凶。利見大人，不利涉大川。」

初六：不永所事，小有言，終吉。何也？葉子曰：遜當因而不可暫爭，當暫而不可長忍。傷之大，君子謂之「不隕厥問」〔註 9〕，謂之「遵養時晦」〔註 10〕。傷之小而必爭之，不為蔡、息之俱滅哉？是故有慚忿而無遂心者，保家之主也。寧人負我而無我負人者，守身之要也。成師以出、惟敵是求者，刑戮之民也。知斯義者，其荀罃二三子與季文子、延陵季子乎？《易》曰：「不永所事，小有言，終吉。」

九二：不克訟，歸而逋，其邑人三百戶，无眚。何也？葉子曰：不可以卒避者，橫逆之來也；不能以不辨者，人情之常也；不得以自伸者，強弱之勢也。忍逆者安，含情者勝，順勢者昌。知此者，其夫差之於越，以甲楯三千，棲於會稽；楚成之於晉，惟痛心俯首，不出江淮；鄭伯之肉袒負荊，宋華御之，先為之弱；子產之敬恭玉帛乎？宋襄方脫釁鼓之餘正其反躬自悼之日，顧乃不思臥薪嚐膽之計，退然下敵之心，而妄為輕謀挑禍之圖，敢興伐鄭仇楚之戰，傷泓而死，非不幸也。是故息伐鄭而亡，鄭勝蔡而懼，蔡大敗楚而滅。小國讎大國而幸勝焉，禍之本也。雖然，亦顧其義命何如耳。義在必爭，命在必死，君子亦爭之，死之而已，安可以勢之不敵而遂輟不為也哉？死於命，安於義，君子何求焉？不知此道，而曰吾處卑約，吾免災患，若南渡人君而為此，是為大不孝；南渡人臣而為此，是為大不忠。尚可以立於天地之間乎？彼固稱臣，稱講，稱大金使，且稱詔諭江南矣，卑約殆甚，而災患猶故，則亦何益之有乎？君子不可以不審也。《易》曰：「不克訟，歸而逋，其邑人三百戶，无眚。」

〔註 9〕《大雅・綿》。

〔註 10〕《周頌・酌》。

六三：食舊德，貞厲，終吉。或從王事，無成。何也？葉子曰：喜於鬥，樂於爭，群然而鬨起者，叔世趨會之風也。韉於勇，嗇於禍，憒然而不顧者，小人用壯之氣也。然則天下險陂以相傾，吾獨安常而不動；天下誕肆以相軋，吾獨守分而不爭；天下不愛萬金之產以搆敵，吾獨安世守業而不出戶；天下各自為戰以自強，吾獨處乎素位而不願乎外。不亦卓卓乎保身保家之主也哉？雖弱，奚病焉？晉、楚爭霸，而北燕遠在朔漠，不與其事，故得優游無事於多故之秋。楚、漢爭王，而南越僻在一隅，不逞其能，故能超然獨存乎芟夷之日。此其驗矣。雖然，閉門之守，非用世之雄也；唾面自乾之資，非折衝禦侮之器也。君子亦與其心，而不能不惜其才矣。《易》曰：「食舊德，貞厲，終吉。或從王事，無成。」

九四：不克訟，復即命，渝安貞，吉。何也？葉子曰：霍然而欲鬥者，人心之間熾乎？其畫然而反步者，道心之欽止乎？率道心，而人心聽命焉，君子所不訾也。是故仲虺之贊成湯，不稱其無過，而稱其改過；吉甫之頌周宣，不美其無闕，而美其補闕。則夫就居易俟命之道，變行險徼幸之心，此自訟之良，改過之勇，而作聖之資也。況以之而處爭辯之細乎！順於禮而安於義，端其事而正其心，身安而家可保，行成而義不虧，卓卓乎君子之高致矣。趙盾收諸侯八百乘之師，子犯退晉師三十里之舍，其知是道乎？不然，如竇嬰之助灌夫，趙廣漢之脅魏相，公孫賀之捕朱安世，禍而已矣。《易》曰：「不克訟，復即命，渝安貞，吉。」

九五：訟，元吉。何也？葉子曰：獄者，天下之大命。有司之獄成，則獻於郡國。有司之不當郡國，得以平反之。郡國聽其成，則上於廷尉。郡國之不當廷尉，得以出入之。廷尉允其平，則報於天子。廷尉之不當天子，得以生殺之。天子之不當，不亦危乎其殆哉？為臣執君，偏而逆也。上下其手，私而邪也。「惟官，惟反，惟內，惟貨，惟來」〔註11〕，而民其無所措手足矣。其惟「德威惟畏，德明惟明」〔註12〕，剛柔分動而明，雷電合而章乎？雍子不得以鬻獄，〔註13〕王

〔註11〕《尚書．呂刑》。

〔註12〕《尚書．呂刑》。

〔註13〕《左傳．昭公十四年》：「晉邢侯與雍子爭鄐田，久而無成。士景伯如楚，叔魚攝理。韓宣子命斷舊獄，罪在雍子。雍子納其女於叔魚，叔魚蔽罪邢侯。邢侯怒，殺叔魚與雍子於朝。宣子問其罪於叔向。叔向曰：『三人同罪，施生戮死可也。雍子自知其罪，而賂以買直；鮒也鬻獄；刑侯專殺，其罪一也。己惡而掠美為昏，貪以敗官為墨，殺人不忌為賊。《夏書》曰：昏、墨、賊，殺。皋陶之刑也。請從之。』乃施邢侯而尸雍子與叔魚於市。」

叔不得以誣要，〔註 14〕梗陽不得以進賂，〔註 15〕此無情者不得以盡辭而大畏民志之道，窮鄉下邑之福，遐方小人不幸中之大幸也。故曰「訟獄者不之堯之子而之舜。不之舜之子而之禹。」〔註 16〕又曰：「皇帝清問下民。鰥寡無蓋。〔註 17〕典獄非訖於威，惟訖於富。敬忌，罔有擇言在身。惟克天德，自作元命，配享在下。」《易》曰：「訟，元吉。」

上九：或錫之鞶帶，終朝三褫之。何也？葉子曰：物以自得者居之安，貨以悖入者出之亟。然則命服非所以錫奸，以奸得之不可長也；爭訟非所以勝人，以爭勝之不可久也。何也？《詩》曰：「彼己〔註 18〕之子，不稱其服。」不稱矣，豈曰以章德乎？《傳》曰：「服之不衷，身之災也。」〔註 19〕不衷矣，豈所以為稱乎？受之非道，而得之非分，不衷不稱孰甚焉？菑害並至，雖有善者，末如之何矣。君子曰：「楊惲告霍氏，息夫躬告東平，初以此而侯，卒以此而誅是也。好還天道，固然」〔註 20〕矣，豈不信哉！季文子藉強晉之勢，問笑辱之故，掃境入齊，而得汶陽之田，未幾而韓穿之來，不可支矣。漢武起四世之仇，發數十年之怨，窮海內之力，竭府庫之藏，遠問匈奴之罪，而幕南無王庭

〔註 14〕《左傳・襄公十年》：「王叔陳生與伯輿爭政，王右伯輿。王叔陳生怒而出奔，及河，王復之，殺史狡以說焉。不入，遂處之。晉侯使士匄平王室，王叔與伯輿訟焉。王叔之宰與伯輿之大夫瑕禽坐獄於王庭，士匄聽之。王叔之宰曰：『篳門閨竇之人，而皆陵其上，其難為上矣。』瑕禽曰：『昔平王東遷，吾七姓從王，牲用備具，王賴之，而賜之騂旄之盟，曰：世世無失職。若篳門閨竇，其能來東底乎？且王何賴焉？今自王叔之相也，政以賄成，而刑放於寵。官之師旅，不勝其富。吾能無篳門閨竇乎？唯大國圖之！下而無直，則何謂正矣？』范宣子曰：『天子所右，寡君亦右之。所左，亦左之。』使王叔氏與伯輿合要，王叔氏不能舉其契。王叔奔晉。」

〔註 15〕《左傳・昭公二十八年》：「冬，梗陽人有獄，魏戊不能斷，以獄上。其大宗賂以女樂，魏子將受之。魏戊謂閻沒、女寬曰：『主以不賄聞於諸侯，若受梗陽人，賄莫甚焉。吾子必諫。』皆許諾。退朝，待於庭。饋入，召之。比置，三歎。既食，使坐。魏子曰：『吾聞諸伯叔，諺曰：唯食忘憂。吾子置食之間三歎，何也？』同辭而對曰：『或賜二小人酒，不夕食。饋之始至，恐其不足，是以歎。中置，自咎曰：豈將軍食之而有不足？是以再歎。及饋之畢，願以小人之腹為君子之心，屬厭而已。』獻子辭梗陽人。」

〔註 16〕《孟子・萬章上》。

〔註 17〕《尚書・呂刑》：「群后之逮在下，明明棐常，鰥寡無蓋。皇帝清問下民，鰥寡有辭於苗。」

〔註 18〕「己」，《曹風・候人》作「其」。

〔註 19〕《左傳・僖公二十四年》。

〔註 20〕見楊萬里《誠齋易傳》卷二《訟》。

矣，呼韓邪單于款塞稽顙矣，國家虛耗，漢業索然，得不償失，是亦何益之有乎？《易》曰：「或錫之鞶帶，終朝三褫之。」

師䷆

師：貞，丈人吉，无咎。何也？葉子曰：聖人之利天下也大，是故以三農生九穀，而耒耨臼杵之制興；聖人之防天下也周，是故以九伐靖邦國，而弧矢干戈之事備。《傳》曰：「天生五材，誰能去兵？」〔註21〕《司馬法》曰：「教笞不可廢於家，刑戮不可弛於國，征誅不可偃於天下。」《管子》曰：「誅暴國必以兵，禁鬬民必以刑。兵也者，外以除暴，內以禁邪，尊主安國之經也。」師乎師乎，其所由來者遠矣。黃帝嘗與炎帝戰，顓頊嘗與共工爭。故黃帝戰於涿鹿之野，堯戰於丹水之浦，舜伐有苗，啟攻有扈。自五帝而弗能偃也，又況衰世乎！然而兵所以禁暴討亂也。炎帝為火災，故黃帝擒之；共工為水害，故顓頊誅之。兵豈聖人之得已哉？是故兵出無名，事故不成；名其為賊，敵乃可服。必也以寬而伐虐，以仁而伐暴，誅無道秦，討逆賊項，其殆庶幾乎！大者應天而順人，次者攘夷而尊主，聖人之興兵也。雖然，將不知兵，以其卒與敵矣；君不擇將，以其國與敵矣。其必鷹揚之尚父、元老之方叔。廉頗、充國、李靖老有少力，諸葛、周瑜、謝安少有老謀，其殆庶幾乎！上之說禮樂而敦詩書，次之昭殺敵而致果毅，明君之命將也。故曰三代之兵若時雨而起，有一毫名不正而使不當耶？不然，拜賜之師，晉人以為笑；侏儒是使，魯人以為戚矣。師乎師乎，生民之菑乎？《易》曰：「師：貞，丈人吉，无咎。」

初六：師出以律，否臧凶。何也？葉子曰：興師以正者，大君之宜；行師以法者，將帥之責。是故師之道，正至焉，法次焉。宋襄公不鼓不成列，不擒二毛，不重傷。晉伐鄭，楚共王救鄭。姚句耳觀楚師，子駟問焉。對曰：「其行速，過險而不整。」平王為舟師以伐吳，不為軍政，無功而還。是正法俱亡，不足道也。漢昭烈憤關、張之死，興伐吳之師，而連營七百里，包原隰險阻而為軍。曹丕譏之，而卒為陸遜所折敗。則亦非善之善者矣。故荀子曰：「師由其道則行，不由其道則廢。」〔註22〕楚人鮫革犀兕以為甲，鞈如金石，宛如鉅鐵，釶慘如蜂蠆，輕利僄遬，倅如飄風，然而兵殆於沙垂，唐蔑死。莊蹻起楚，分而為三四，是豈無堅甲利兵也哉？統之非其道也。然則坐作進退之有節，攻

〔註21〕《左傳・襄公二十七年》：「天生五材，民並用之，廢一不可，誰能去兵？」
〔註22〕《荀子・議兵》。

殺擊刺之有方，牛馬臣妾之勿逐，或六步七步之不敢越，或四伐五伐六伐七伐之不敢亂，其兵家之要略乎？三代以還，日尋戰鬥。魚麗鵝鸛，方略百出，管子、荀卿首壞古制，吳起、穰苴並擅當代。而開合進退，參伍錯綜，則《孫武》十三篇為之最。其推衍兵法，精變神聖，雖深識兵機者所不能洞，則有武侯之八陣焉。孫、吳之書，家置而喙誦矣。武侯八陣，一在夔州之永安宮，蓋武侯從先主伐吳，防守江路，行營布伍之遺蹤。自山上俯視，下百餘丈，在江濤中，皆聚細石為之，凡八行六十四蕝。此方陣法也。土人言水方盛時，沒在深淵，水落依然如故。一在新都之彌牟鎮。新都為成都之近郊，則其恒所講武之場也。凡一百二十有八，當頭陣法也。其地象城門四起，上列土壘，約高三尺，耕者或剗平之，經旬餘復突出。在成都東南隅，號曰棋盤市。此舊八陣。營凡二百五十有六，下營法也。棋盤市今無其跡，而趙清獻為之集記曰：「武侯於八陣鄉，以土〔註23〕為隆基，凡一百三十所，蓋左右六十四。前二每基下五六寸，皆江石也。耆老相傳，其石蓋兵數。武侯於此，教戰陣出入之法。舊記謂四面開四門，起六十四魁，應六十四卦。八八為行，周回四百七十二〔註24〕步。所謂六十四魁，但得其半耳。」王恭簡公續記曰：「眉州賢良王當嘗論八陣法，刻石廟下。論曰：八陣之法，四奇四正。棋布壁立，其體皆方。奇正相生，風旋日暈，其用皆圓。蓋方利於止，方其體則其勢固密，故其徐如林，不動如山，難知如陰，此所以為不可犯也；圓利於動，圓其用則其勢健決，故其動如雷，其疾如風，侵掠如火，此所以為不可禦也。其體雖方而圓在其中，其用雖圓而方在其內，此所以為不可測也。奇正相循，出入往復，如環之無端；體用迭作，合散變化，如神之不窮。圓之為用，如身使臂，如臂使指，雖五旅之師〔註25〕如一身，如木百圍，根株相連，各有本統，枝葉相屬，各有條理。雖五師之軍〔註26〕如一本，故其法曰紛紛紜紜，鬥亂而不可亂；渾渾沌沌，形圓而不可敗。圓之為利，其來久矣。圓之為用，則以分其勢而敗其兵，疑其心而亂其目。勢分則陣薄，兵散則氣怯，心疑則易卻，目亂則易眩。圓之為用，以將雜卒，卒恃其將；以強雜弱，弱恃其強。將卒相恃，理必俱勝；強弱相恃，勢不偏敗。

〔註23〕按：王瑞功主編《諸葛亮研究集成》收錄趙忭《八陣圖集記》（齊魯書社1997年版，第748～750頁），文字與此偶有不同，以下簡稱「集成本」。「土」，集成本作「二」。

〔註24〕「二」，集成本作「一」。

〔註25〕「師」，集成本下有「師」字。

〔註26〕「軍」，集成本下有「軍」字。

突出爭先，鷹揚兔脫，不可拒也；並力盡怒，齊勇如一，不可遏也。其氣益銳，則其節益險，如驚湍巨浪，不可涉也；如層崖峻谷，不可越也。使敵得之，如蟲之著網，魚之在笥，虎之陷阱，是以其將可卻，其兵可殺，其重不可脫。八陣之法也，營室之法，四奇四正，屯亦如之；戰陣之法，左旋右轉，教亦如之。教之有法，必欲其誠。蓋誠則久，久則天，天則神，故前後相屬，首尾相接，如得於天，如出於信，莫知其所以然而然者，入於神也。教之為法，築土為壇，其形皆圓，其數皆八。壇之高下，與人相稱；壇之闊狹，與陣相稱。奇旋向左，正旋向右。旋向左者，攻在外也；旋向右者，攻在內也。或旋向左，或旋向右，便其用也；或攻其內，或攻其外，紊其列也。教之為法，在家則依比閭族黨之儀，在軍則依伍兩卒旅之法，使之更相親視，有無相通，患難相救，疾病相扶，自比以上，皆文官主之，教之忠厚教之正信，教之孝友睦姻，教之禮義廉恥；自伍以上，皆武官主之，教之出入變化，教之射御擊刺，教之先登啟行，教之破陣劫將。在家書其美惡，而辨其賢愚；在軍紀其勇怯，而別其利鈍。歲終則以功行差次而進退之，使之剛而不暴，勇而知義。入則可與同其安，出則可與共其危。故可生可殺而不可使犯非義者。八陣之法也，常山之蛇，安則靜，靜則直，觸之則動，動則圓。孫武常山蛇陣，杜牧以為八陣，勢取桓溫之說也。傳謂推衍兵法，作八陣圖，演孫武法也。八陣取諸八卦，欲包並八荒也。旌旄旗幟各從其方之色，欲別其屬也。四維從其二方之色，惟西南獨從土色，依其相生之數，則土實居此也。八卦變為六十四象，四陣散為六十四隊。又按：八陣為天地風雲龍虎鳥蛇八者是也。天取其覆，地取其載，風雲取其變，龍虎取其動靜，鳥蛇取其相應。風生於地而虎從之，雲騰於天而龍從之。鳥為動物，必翔於天；蛇為蟄物，必蟠於地。蓋有同位相生之義焉。」昔竇憲常勒八陣，以擊匈奴。馬隆亦用八陣，以攻涼州。而世獨稱武侯者，不特法紀之神而忠義之徹，亦天地鬼神之所共護者，而豈苟焉已哉？雖然，此其一定之成跡耳。惟善為將者師其法，善察法者識其意，善得意者通其變，善觀變者盡其神，則可使以眾擊寡，治擊亂，富擊貧。能擊不能教卒練士，驅眾選徒，有風雲之行而不遠道里矣，有飛鳥之舉而不涉險矣，有電震之戰而獨行無敵矣。可以聚則成卒，散則成列。延則若鏌鋣之長刃，嬰之者斷；銳則若鏌鋣之利鋒，當之者潰。圓居而方止，則若磐石然，觸之者摧。可以使將死鼓，禦死轡，百吏死職，大夫死行列矣。法可以不慎乎？雖然，此一定之法也，有卒爾之法焉。既募之後，則有紀律，馬燧之練募精卒是也。方募之始，則有差擇，馬燧之立標揀試是也。

雖然，此一時之法也，有素履之法焉。曹劌之諗莊公曰「小大之獄，雖不能察，必以情」，曰「忠之屬也，可以一戰」。晉文公始入而教其民，二年欲用之。子犯曰：「民未知義，未安其居。」於是出定襄王，入務利民，民懷生矣，將用之。子犯曰：「民未知信，未宣其用。」於是乎伐原，以示之信。民易資者不求豐焉，明徵其辭。公曰：「可矣。」子犯曰：「民未知禮，未生其恭。」於是乎大蒐以示之禮，作執秩以正其官。民聽不惑，而後用之。〔註27〕此又律之律也。故士蔿曰：「禮樂慈愛，戰所畜也。」士會曰：「德刑政事典禮不易，不可敵也。」申叔時曰：「德刑祥義禮信，戰之器也。」則古之行師者，其道可知矣。勇謀知力，果其必次者歟？《易》曰：「師出以律，否臧凶。」

九二：在師中吉，无咎，王三錫命。何也？葉子曰：受分閫之寄者，寡德則剛而無禮，不可以治兵，兵不治則無寵；寡權則帥賤民慢，不可以成功，功不成則為戮。故曰古之為將者，必說禮樂而敦詩書，必兼慈愛而畜戰器，必殺敵致果以為禮，必明天時以察七緯之情、同五行之趣、聽八風之動、監五雲之候，必辨地勢以識七舍之形、別九地之勢，必練人謀以抱五德之美、握二柄之要。故方命也，跪而推轂曰：「閫以內，寡人制之。閫以外，將軍制之。」既命也，天顏溫厚，以瞻其勤；天語可嚀，以宣其親；天恩優渥，以孺其殷；歌《采薇》，賡《采芑》，習《出車》、《杕杜》，以大其禮。故曰下軍死綏，中軍賈餘勇。故曰一器成狂夫，懼而天下無戰心；二器成驚夫，懼而天下無守城；三器成遊夫，懼而天下無聚黨。嗚呼！其何攻之不可，何敵之不克，而何功之不成耶？茲孔明所以獨任於後主而子儀取重於代、肅，非偶然也。何也？備三才之道，適大中之宜，剛勇不為李陵之輕敵，知謀不為呂蒙之掩襲，專斷不為光弼之驕恣，久役不為懷恩之阻兵，茲三軍之所以用命而朝廷之所由專寄也。不然，缺機智者乏成功，負勇略者震世主，其何以有是哉？《易》曰：「在師中吉，无咎，王三錫命。」

六三：師或輿尸，凶。何也？葉子曰：將也者，三軍之司命也，不可以不慎也。故古之為將者有四勝。一曰賢將，以道取勝。以道勝人者，人罕能以道勝之。二曰良將，以德取勝。以德勝人者，人罕能以德敵之。三曰才將，以謀取勝。深謀致，淺謀近，猷蹶遠猷。四曰猛將，以力取勝。一人潰十人，十人潰百人，百人潰千人，千人潰萬人。是故「文武吉甫，萬邦為憲」〔註28〕，「方

〔註27〕《左傳・僖公二十七年》。
〔註28〕《小雅・六月》。

叔元老，克壯其猷」〔註29〕，上也。忽如鬼精，疾如風霆，突如熊羆，厭如山陵，次也。不然，才腐而乳臭，心狡而狼貪，傲狠而無禮，是之謂奮螳螂之怒以當車轍，此其志之悽也，而不知其不勝任也。禍敗可勝言也哉！邾、莒伐鄫，臧紇救之，遂敗於狐駘。國人誦之曰：「臧之狐裘，敗我於狐。駘我君小子，侏儒是使。侏儒侏儒，使我敗於邾。」子玉治兵，終日而畢，鞭七人，貫三人耳。國老皆賀。蔿賈曰：「子玉剛而無禮，不可以治民。過三百乘，其不能入矣。苟入而賀，何後之有？」卒之敗城濮而死。嗚呼！將豈易言也哉！《易》曰：「師或輿尸，凶。」

六四：師左次，无咎。何也？葉子曰：能勇，強也。能怯，以弱為強也。能強者勝，以弱為強者存。巴蜀之王，不與楚鬥；繞角之遇，不與楚爭。畜弱以為強也，夫何過哉！何也？知彼知己，百戰百勝。既不能強，又不能弱，滅亡之道也。楚伐鄭，晉師救之。及河聞，及楚平。荀林父欲還，曰：「無及於鄭而勦民，焉用之？楚歸而動，不後。」士會曰：「善。會聞用師，觀釁而動。德、刑、政、事、典禮不易，不可敵也。楚皆有之，若之何敵之？見可而進，知難而退，軍之善政也。」先縠曰：「不可。晉所以霸，師武、臣力也。今失諸侯，不可謂力。有敵而不從，不可謂武。且成師以出，聞敵強而退，非夫也。」以中軍佐濟。林父不能禁，從而共濟，遂有邲之大敗。〔註30〕衛侵齊，與齊師遇石稷，欲還。孫良夫曰：「不可。以師伐人，遇其師而還，將謂君何？若知不能，則如無出。今既遇矣，不如戰也。」師遂大敗。仲叔於奚救良夫，良夫是以免。吳伐齊，齊人知其不可禦，而不能全民命，嚴守備，屈之以義，乃冒死而進。故將戰而公孫夏命其徒歌《虞殯》，陳子行命其徒具含玉。公孫揮命其徒曰：「人尋約，吳發短。」東郭書曰：「三戰必死，於此三矣。」使問弦多以琴，曰：「吾不復見子矣。」陳書曰：「此行也，吾聞鼓而已，不聞金矣。」遂大敗而死。〔註31〕夫知不可敵，不能保師以愛民，知難以為退，斯聖人之所深罪也。甚而至於底白登渡鴨綠，亡無日矣。雖然，有幾焉。彼宗競於楚，吾姑退而使自斃。吾伏吾強矣。夾泜之陳紓，晉師而退舍，不亦為陽子之所賣乎？子上之死，自取之也。是以君子貴審幾焉。《易》曰：「師左次，无咎。」

〔註29〕《小雅・采芑》。
〔註30〕《左傳・宣公十二年》。
〔註31〕《左傳・哀公十一年》。

六五：田有禽，利執言，无咎。長子帥師，弟子輿尸，貞凶。何也？葉子曰：兵出無名，事故不成，聖人不能也；君不擇將，以國與敵，聖人不為也。故《淮南子》曰：「古之用兵者，非利土壤之廣而貪金玉之略也，將以存亡繼絕，平天下之亂而除萬民之害也。」然則聖王之世而有貪忿之兵乎？以義而起，以迫而應，是故蠻夷猾夏，寇賊奸宄，為生民害，不可懷來，則明刑於大士；昏迷不恭，侮慢自賢，反道敗德，民棄不保，則奉辭以伐苗。必不為秦皇、漢武窮山林，索禽獸也。雖然，兵應者勝，義者王；師直為壯，曲為老。此固理之必然。不曰三軍之司命在一人，一將之成功在九德，天下無必勝之兵而有不可敗之將乎？是故趙衰之舉將，在於說禮樂而敦詩書；子犯之行師，本於知信義而有禮。古之所謂將知兵而卒服習，歷年多而將士皆出其門下者，此所以終無踰於老臣也。若曰任之不以其賢，使之不以其能，鮮不敗矣。是故不為柏直之口尚乳臭，則為趙穿之剛愎不仁。右領差車、左史老有二俘之賤，而無其令德，楚成得臣過三百乘而不能入矣。其如兵何哉？雖然，將知擇矣，而任之不專，猶不擇也。河曲之戰，趙盾為將，而令出趙穿。邲之師，荀林父為將，而令出先縠。濟涇而次，欒黶欲東，而荀偃之令不行。鄴城之圍，統以宦官魚朝恩，而九節度之師一夕而潰。專行不獲，聽而無上，禍敗可勝言哉！《易》曰：「田有禽，利執言，无咎。長子帥師，弟子輿尸，貞凶。」

上六：大君有命，開國承家，小人勿用。何也？葉子曰：聖人有報天下之仁，亦有別天下之知；聖人有定天下之功，亦有不亂天下之哲。《書》曰：「一戎衣，天下大定，乃偃武修文，歸馬於華山之陽，放牛於桃林之野，示天下弗服。列爵惟五，分土惟三。建官惟賢，位事惟能。惇信明義，崇德報功，垂拱而天下治。」〔註32〕何也？《淮南子》曰：「今世之祭井灶門戶箕帚杵臼者，非以其神為能享之也，時賴其德，煩苦之無已。是故以時見其德，所以不忘其功也。」〔註33〕而況天下英雄豪傑暴露於野澤，蒙矢石而墮溪谷，出百死而得一生以爭天下之權，奮武厲誠以決一旦之命者乎！是故博其能於祛亂之初而屯其膏於登平之後，若土龍、芻狗然，則鄙嗇而不仁，是故列爵分土之所由起矣。然瀆其施於崇報之日，而昧其辨於決擇之中，若雨澤漑浸然，則眇眛而不智。是故惟三惟五之所以異也。雖然，寵命有功，非至正不為功；登用人才，

〔註32〕《尚書・武成》：「乃偃武修文，歸馬於華山之陽，放牛於桃林之野，示天下弗服。……一戎衣，天下大定。……列爵惟五，分土惟三。建官惟賢，位事惟能。……敦信明義，崇德報功。垂拱而天下治。」

〔註33〕《氾論訓》。

非君子不為才。憂其賞於施祿及下之日而吝其用於知人安民之初，然後功成而無後患，是故報功不先於崇德，位能不先於建賢，此所以為武、成也。不然，渾其功而不別，漢高不免沙中之語；〔註 34〕昧其人而用之，唐莊卒致易姓之禍。可不鑒乎？雖然，先史有言：武臣勤勞汗馬，冒犯矢石，內平中國之難，外攘夷狄之凶，百死一生，乃成厥績。於是功銘太常，恩覃帶礪，俾子孫世守而弗失。此則封功錫爵之彝典矣。殊不知武臣之功，能平已然之禍亂；諫諍之臣，克明先見之危亡。曲突徙薪之功利，宜不出武臣之下者。是以考夫前代，或有人君失政，奸雄在朝，擅生殺之權，變祖宗之法，繆專國賦，僭握兵符，包藏禍心，竊窺神器，宗室弱而不救，姦佞閉而不言，篡弒之謀，變在朝夕。幸而鯁亮直言之士奮不顧身，折繡檻於彤庭，披忠肝於玉陛，力陳其罪，直指姦邪，破插血之凶盟，誅連根之黨類，於是罪人斯得，天下肅清。較之武臣，功孰居右？苟能知此，而加以美諡，錄其子孫，使忠言讜論耿耿不磨，則後之忠臣義士安得不仰其遺風而繼其芳踵乎？此亦不可謂非正功之大典也。《易》曰：「大君有命，開國承家，小人勿用。」

比䷇

比：吉。原筮，元永貞，无咎。不寧方來，後夫凶。何也？葉子曰：「中天下而立，定四海之民，君子樂之」〔註 35〕者也何？樂乎立與定也。其道大行，無一夫不被其澤，是為君子之樂事也。然則天下大悅而將歸己，寧非君子之願乎？雖然，臨下以德，寡德者殃；親民有道，失道者亡。《春秋》書「鄆潰」〔註 36〕，以亡無愛徵，民不見德，〔註 37〕昭公不能為魯君也。《孟子》稱

〔註 34〕《史記》卷五十五《留侯世家》：「上已封大功臣二十餘人，其餘日夜爭功不決，未得行封。上在雒陽南宮，從複道望見諸將往往相與坐沙中語。上曰：『此何語？』留侯曰：『陛下不知乎？此謀反耳。』上曰：『天下屬安定，何故反乎？』留侯曰：『陛下起布衣，以此屬取天下，今陛下為天子，而所封皆蕭、曹故人所親愛，而所誅者皆生平所仇怨。今軍吏計功，以天下不足遍封，此屬畏陛下不能盡封，恐又見疑平生過失及誅，故即相聚謀反耳。』上乃憂曰：『為之柰何？』留侯曰：『上平生所憎，群臣所共知，誰最甚者？』上曰：『雍齒與我故，數嘗窘辱我。我欲殺之，為其功多，故不忍。』留侯曰：『今急先封雍齒以示群臣，群臣見雍齒封，則人人自堅矣。』於是上乃置酒，封雍齒為什方侯，而急趣丞相、御史定功行封。群臣罷酒，皆喜曰：『雍齒尚為侯，我屬無患矣。』」

〔註 35〕《孟子・盡心上》。

〔註 36〕昭公二十九年。

〔註 37〕《史記》卷四十《楚世家》：「亡無愛徵，可謂無德矣。」

亦運以如水益深，如火益熱，〔註38〕宣王不能為燕王也。君道君德，其可以不審乎？其仁如天，其德好生，堯之繼天立極也；至誠無息，不息則久，文之咸和萬民也；純王之心，純王之道，舜之紹堯致治也。故曰：「是宜為君，有恤民之心。」〔註39〕又曰：「君子體仁，足以長人。」〔註40〕惟仁者宜在高位。不仁而在高位，是播其惡於眾也。君子而有堯、舜、文王之道，以為天下主，則天下皆來歸之，謳歌訟獄之咸至〔註41〕，玉帛萬國之畢會矣〔註42〕。爭先亟赴，安能自取防風後至之戮〔註43〕，致譚子不朝之誅〔註44〕，墮酈生後服先亡之禍乎〔註45〕？昔者晉悼初立，「始命百官，施舍已責，逮鰥寡，振廢滯，匡乏困，救災患，禁淫慝，薄賦斂，宥罪戾，節器用，時用民，欲無犯時。」逐不臣者七人，而六官之長皆民譽也。風聲所至，邇服遠慕，於是魯成公言其有禮〔註46〕，而杞伯騤為之朝。〔註47〕吳子謝雞澤之不會，而聽善道之後期，〔註48〕陳成公改於尸〔註49〕，而鄭僖公去乎楚，一舉而復霸，三駕而楚不能與之爭。霸者尚然，而況帝王之道乎！不然，民逃其上，眾散而歸，雖與之天下，不能一朝居矣。故曰兵立有幟，射有的。注望而統其集者，眾趨之會於幟也；叢射而受其破者，眾勝之傾於的也。順德者昌，為天下幟；逆德者亡，為天下的。《易》曰：「比：吉。原筮，元永貞，无咎。不寧方來，

〔註38〕《孟子・梁惠王下》：「如水益深，如火益熱，亦運而已矣。」

〔註39〕《左傳・莊公十一年》。

〔註40〕《乾・文言》。

〔註41〕《孟子・萬章上》：「堯崩，三年之喪畢，舜避堯之子於南河之南。天下諸侯朝覲者，不之堯之子而之舜；訟獄者，不之堯之子而之舜；謳歌者，不謳歌堯之子而謳歌舜。故曰天也。」

〔註42〕《左傳・哀公七年》：「禹合諸侯於塗山，執玉帛者萬國。」

〔註43〕《國語・魯語下》：「昔禹致群神於會稽之山，防風氏後至，禹殺而戮之，其骨節專車。」

〔註44〕《左傳・莊公十年》：「齊侯之出也，過譚，譚不禮焉。及其入也，諸侯皆賀，譚又不至。冬，齊師滅譚，譚無禮也。譚子奔莒。」

〔註45〕《史記》卷九十七《酈生列傳》：「天下後服者先亡矣。」

〔註46〕按：《左傳・成公十八年》：「公至自晉。晉范宣子來聘，且拜朝也。君子謂晉於是乎有禮。」「有禮」似非魯成公語。

〔註47〕《左傳・成公十八年》。

〔註48〕《左傳・襄公三年》：「六月，公會單頃公及諸侯。己未，同盟於雞澤。晉侯使荀會逆吳子於淮上，吳子不至。」《左傳・襄公五年》：「吳子使壽越如晉，辭不會於雞澤之故，且請聽諸侯之好。晉人將為之合諸侯，使魯、衛先會吳，且告會期。故孟獻子、孫文子會吳於善道。」

〔註49〕參《隨》初九。

後夫凶。」

初六：有孚，比之无咎。有孚盈缶，終來有他吉。何也？葉子曰：與物者，立身之始乎？誠意者，自修之首乎？誠意以潤其身，與物以致其誠，則悅親而信友，獲上而治民。天下之事，一以貫之而無疑矣。感所不期而自應，朋所不思而爾從。大哉誠乎！其動萬物，起天下之本乎？《傳》曰：「勇士一呼，而三軍皆避，士之誠也。昔者，楚熊渠子夜行，見寢石，以為伏虎，彎弓而射之，沒金飲羽。下視，知其為石。石為之開，而況人乎！夫唱而不和，動而不償，中心有不全者矣。夫不降席而匡天下者，求之己也。孔子曰：『其身正，不令而行。其身不正，雖令不從。』先王之所以拱揖指揮而四海來賓者，誠德之至也。」〔註50〕故曰：發一誠心，則李廣之石可使為虎；發一疑心，則樂令之弓亦能為蛇。然則大舜之感頑嚚，周公之致風雷，始於一誠，終於積滿。《易》曰：「有孚，比之无咎。有孚盈缶，終來有他吉。」

六二：比之自內，貞吉。何也？葉子曰：天下有道，以身殉道。進德修業，欲及乎時。聖賢之訓也。故曰：「隱居以求其志，行義以達其道。」〔註51〕又曰：「夫人幼而學之，壯而欲行之。」〔註52〕則夫去陋巷而急禹、稷之志，出下帷而抱伊、呂之戈，起隆中而勤管、樂之業，非變塞也。釋草茅而行君臣之義，辭煙霞而依日月之光，蛻脫污泥而浮游塵埃之外，舍去家食而揚休天子之庭，君子之達節，通人之赴時也。不然，王道不行，天德何由而達？大用不適，全體何貴於明乎？此二八之所以並升，而多士之所由濟濟也。《易》曰：「比之自內，貞吉。」

六三：比之匪人。何也？葉子曰：鞭策淬礪取之於己，而薰陶漸染資之於人。語曰：「泰山之溜穿石，單木之抗〔註53〕斷幹。水非石之鑽，索非木之鋸，漸靡使之然也。」故曰：「益者三友。損者三友。」〔註54〕君子之於友，可不慎哉？昔楚有善相人者，所言無遺美，聞於國中。莊王召而問焉，對曰：「臣非能相人也，能相人之友者也。」〔註55〕嗚呼！友生之義大矣哉！是故兩明相照，不爽幽奧；明暗相倚，盲者不圮；兩瞽相併，必墮陷阱。孔子慎網

〔註50〕《韓詩外傳》卷六。
〔註51〕《論語・季氏》。
〔註52〕《孟子・梁惠王下》。
〔註53〕出《漢書》卷五十一《枚乘傳》，「抗」作「統」。
〔註54〕《論語・季氏》。
〔註55〕《韓詩外傳》卷九。

羅之患，荀卿切蓬麻之喻〔註56〕，夫豈苟然而已乎？所以深戒親非其人也。親非其人，則故僻邪侈之心滋，行險徼幸之機熟，傷莫甚矣。史弼有言：「所與群居，皆有口無行，或家之棄子，朝之斥臣，必有羊勝、伍被之禍。」〔註57〕可無懼乎？是故伯禽、康叔見商子，聞喬梓之說，則恭父；〔註58〕商臣以潘崇為之師，起大事之謀，則弒顒；〔註59〕左儒、杜伯之相善，則君友之道俱明；〔註60〕子公、子家之相比，則弒逆之惡莫禁。〔註61〕籲！戒之哉！故曰：「因不失其親，亦可宗也。」〔註62〕又曰：「觀近臣以其所為主，觀遠臣以其所主。」〔註63〕主者，成敗之機，榮辱之本也。而可以不慎乎？昭公棄晉主齊，至於客死。鄭伯逃齊主楚，終以乞盟。紀侯謀諂齊難而主魯桓，篡

〔註56〕《荀子．勸學篇》：「蓬生麻中，不扶而直。」

〔註57〕《後漢書》卷六十四《史弼傳》。

〔註58〕《尚書大傳》卷四：「伯禽與康叔見周公，三見而三笞之。康叔有駭色，謂伯禽曰：『有商子者，賢人也。與子見之。』乃見商子而問焉。商子曰：『南山之陽有木焉，名喬。』二三子往觀之，見喬實高高然而上，反以告商子。商子曰：『喬者，父道也。南山之陰有木焉，名梓。』二三子往觀焉，見梓實晉晉然而俯，反以告商子。商子曰：『梓者，子道也。』二三子明日見周公，入門而趨，登堂而跪。引周公迎拂其首，勞而食之，曰：『爾安見君子乎？』」

〔註59〕《左傳．文公元年》：「初，楚子將以商臣為大子，訪諸令尹子上。子上曰：『君之齒未也，而又多愛，黜乃亂也。楚國之舉，恒在少者。且是人也。蠭目而豺聲，忍人也，不可立也。』弗聽。既，又欲立王子職而黜大子商臣。商臣聞之而未察，告其師潘崇曰：『若之何而察之？』潘崇曰：『享江芊而勿敬也。』從之。江芊怒曰：『呼，役夫！宜君王之欲殺女而立職也。』告潘崇曰：『信矣。』潘崇曰：『能事諸乎？』曰：『不能。』『能行乎？』曰：『不能。』『能行大事乎？』曰：『能。』冬十月，以宮甲圍成王。王請食熊蹯而死，弗聽。丁未，王縊。謚之曰靈，不瞑；曰成，乃瞑。穆王立，以其為大子之室與潘崇，使為大師，且掌環列之尹。」

〔註60〕鄭樵《通志》卷三下《三王紀第三下》：「初，王將殺杜伯而非其罪。杜伯之友左儒爭之於王，九復不許。王曰：『汝別君而異友也。』儒曰：『君道友逆，則順君以誅友；友道君逆，則帥友以違。』君王怒曰：『易而言則生，不易則死。』儒曰：士『不枉義以從死，不易言以求生。臣能明君之過，以正杜伯之無罪。』王殺杜伯，左儒死之。」

〔註61〕《左傳．宣公四年》：「楚人獻黿於鄭靈公。公子宋與子家將見，子公之食指動，以示子家，曰：『他日我如此，必嘗異味。』及入，宰夫將解黿，相視而笑。公問之，子家以告。及食大夫黿，召子公而弗與也。子公怒，染指於鼎，嘗之而出。公怒，欲殺子公。子公與子家謀先，子家曰：『畜老，猶憚殺之，而況君乎？』反譖子家，子家懼而從之。夏，弒靈公。」

〔註62〕《論語．學而》。

〔註63〕《孟子．萬章上》。

弒之人竟告不能。鄭伯一失其身，餌楚而五受楚兵，從楚者六，歸晉者五，二三十年之間，乍楚乍晉，不能自立。游邃避地於薊，後歸慕容廆，廆以為股肱，王浚屢以書招其兄暢，暢欲赴之，邃曰：「彭祖必不能久，宜且盤桓以俟之。」暢曰：「彭祖忍而多疑，今手書殷勤而稽留不往，將累及卿。且亂世家屬宜分，以冀遺種。」遂從之，卒與浚俱沒。〔註64〕孔子曰：「非所據而據焉，身必危。」〔註65〕不亦信乎？昔魏正始中，夏侯玄及何晏、鄧颺俱有盛名，欲交傅嘏，嘏不受。荀粲怪而問之，嘏曰：「太初志大，其量能合虛聲而無實才。何平叔言遠而情近，好辨而無誠。所謂利口覆邦家之人也。鄧玄茂外要名利，內無關鑰，貴同惡異，多言而妒前；多言多釁，妒前無親。以吾觀之，此三人皆將敗家，遠之猶恐禍及，況昵之乎！」〔註66〕裴武為玄菟太守，卒，弟嶷與武子開以其喪歸。過慕容廆，廆敬禮之。行及遼西，道不通，嶷欲還。開曰：「等為流寓。段氏強，慕容氏弱，何必去此而就彼？」嶷曰：「欲求託足之地，豈可不慎擇其人？女觀諸段，豈有遠略，且能待國士乎？慕容公修仁行義，有霸王之心，加以國富民安，今往從之，高可以立功名，下可以庇宗族，女何疑焉？」廆大喜，以為謀主。〔註67〕噫！明暗之為就而存亡別矣，君子可不知所擇乎？若夫鄭愔初附來俊臣，俊臣誅；附張易之，易之誅；附韋氏，韋氏敗；又附譙王重福，重福反，竟坐族誅。此又益不足言矣。《易》曰：「比之匪人。」

六四：外比之，貞吉。何也？葉子曰：君子之持身也，其處則備純白以修己；其出則執中精一以事君。其事君也，在內則謇諤忠誠，不徇阿比之志；在外則靖恭守節，不擅出疆之權。是故終始遠近由乎道，內外小大安於順。《詩》之言曰：「予曰有疏附，予曰有先後，予曰有奔走，予曰有禦侮。」〔註68〕夫是四友之臣，所以多助於文王者，而豈其微哉？然而不以遠近內外廢恭順也。故曰：「天威不違顏咫尺。」〔註69〕又曰：君，天也，而豈遺要荒萬里乎？是故周、召分陝，以輔周室。其後吉甫在太原，方叔居荊蠻，仲山甫徂齊，其所作為何如也？夙夜以明勞，肅將以明順，嚴翼以明節，故曰：「既明且哲，以

〔註64〕《資治通鑑》卷八十八《晉紀十》。
〔註65〕《周易・繫辭下》。
〔註66〕《三國志・魏志卷二十一・傅嘏傳》裴松之《注》引《傅子》。
〔註67〕《資治通鑑》卷八十八《晉紀十》。
〔註68〕《大雅・綿》。
〔註69〕《左傳・僖公九年》。

保其身。」〔註70〕嗚呼！此臣道之所以立極乎後世。不明此義，公子遂如周，遂如晉；〔註71〕「公子結媵陳人之婦於鄄，遂及齊侯、宋公盟」〔註72〕。嗚呼！是使其君不得有為於其國，而輒以一身當乎大禮之重，君子以為專矣。此華元、子反相好以成二國之平，羊祜、陸抗交歡邊境而不啟戰爭之禍，知道者不免有遺議焉。而馮奉世矯制發兵，擊破莎車，蕭望之以為有功，不可為法；〔註73〕陳湯矯制發兵，與甘延壽斬郅支單于，匡衡以擅興師矯制，幸得不誅，不宜復加爵土。〔註74〕非抑之也。雖然，上之不足以利國，下之不足以利民，可以需君命也。而竊之以自擅，君子以為專矣。若利害出於一時而制之於千里之外，當此之時，而或泥焉，君子將不以固哉病之乎？是故不可為甘、陳，可以為長孺。嗟夫！外之不可以不從上如此，內而出為祭伯之朝魯〔註75〕；季友

〔註70〕《大雅·烝民》。

〔註71〕《春秋·僖公三十年》:「公子遂如京師。遂如晉。」

〔註72〕《春秋·莊公十九年》。

〔註73〕《漢書》卷七十九《馮奉世傳》:「先是時，漢數出使西域，多辱命不稱，或貪污，為外國所苦。是時，烏孫大有擊匈奴之功，而西域諸國新輯，漢方善遇，欲以安之，選可使外國者。前將軍增舉奉世以衛候使持節送大宛諸國客。至伊脩城，都尉宋將言莎車與旁國共攻殺漢所置莎車王萬年，並殺漢使者奚充國。時，匈奴又發兵攻車師城，不能下而去。莎車遣使揚言北道諸國已屬匈奴矣，於是攻劫南道，與歃盟畔漢，從鄯善以西皆絕不通。都護鄭吉、校尉司馬意皆在北道諸國間。奉世與其副嚴昌計，以為不亟擊之則莎車日強，其勢難制，必危西域。遂以節諭告諸國王，因發其兵，南北道合萬五千人進擊莎車，攻拔其城。莎車王自殺，傳其首詣長安。諸國悉平，威振西域。奉世乃罷兵以聞。宣帝召見韓增，曰:『賀將軍所舉得其人。』奉世遂西至大苑。大苑聞其斬莎車王，敬之異於它使。得其名馬象龍而還。上甚說，下議封奉世。丞相、將軍皆曰:『《春秋》之義，大夫出疆，有可以安國家，則顓之可也。奉世功效尤著，宜加爵士之賞。』少府蕭望之獨以奉世奉使有指，而擅矯制違命，發諸國兵，雖有功效，不可以為後法。即封奉世，開後奉使者利，以奉世為比，爭逐發兵，要功萬里之外，為國家生事於夷狄。漸不可長，奉世不宜受封。上善望之議，以奉世為光祿大夫、水衡都尉。」

〔註74〕《漢書》卷七十《陳湯傳》:「既至，論功，石顯、匡衡以為『延壽、湯擅興師矯制，幸得不誅，如復加爵土，則後奉使者爭欲乘危徼幸，生事於蠻夷，為國招難，漸不可開』。元帝內嘉延壽、湯功，而重違衡、顯之議，議久不決。」

〔註75〕《春秋·隱公元年》:「冬十有二月，祭伯來。」《左傳》:「十二月，祭伯來，非王命也。」《公羊傳》:「祭伯者何？天子之大夫也。何以不稱使？奔也。奔則曷為不言奔？王者無外，言奔則有外之辭也。」《穀梁傳》:「來者，來朝也。其弗謂朝何也？寰內諸侯，非有天子之命，不得出會諸侯，不正其外交，故弗與朝也。聘弓鍭矢，不出竟場。束脩之肉，不行竟中。有至尊者，不貳之也。」

之如陳，葬原仲；〔註 76〕莒大夫之即魯而圖婚〔註 77〕；誣上行私，合群結黨，則《春秋》之所痛絕矣。《易》曰：「外比之，貞吉。」

九五：顯比。王用三驅，失前禽，邑人不誡，吉。何也？葉子曰：聖人之於民，治之也，而非留之也；聖人之於物，取之也，而不盡之也。不留則公，不盡則大。其斯以為明章光皎之化乎？《管子》曰：「無蔽女惡，無易女度，賢者將不女助。言室滿室，言堂滿堂，是謂賢王。」〔註 78〕何也？陸敬輿曰：「宇宙之變態日千萬，而一人之聽覽不可得而窮。億兆之欺奸日雜沓，而一人之防慮不可得而勝。是故役智彌精，失道彌遠。」〔註 79〕項羽慮秦卒復叛而坑之，旋踵而滅；高帝受降人不疑而用之，五載而漢興。畜疑之與推誠，其效固不同也。秦始皇嚴肅雄猜，而荊軻奮其險詐；光武寬容博厚，而馬援輸其款誠。豈不以虛懷待人，人亦思附；挾數御物，物終不親乎？故曰：上之御下，猶夫釣者焉。隱於手而應於鉤，則可以得魚。自近御遠，猶夫御馬焉。和於手而調於御，則可以使馬。故至道之要不於身，非道也。睹孺子之驅雞也，而見御民之有道。孺子驅雞者，急則驚，緩則治。方其北也，遽要之則折而過南。方其南也，遽要之則折而過北。迫則飛，疏則放。志閒則比之，流緩而不安則食之。不驅之驅，驅之至者也。志安則循路而入門。是故司馬公之言曰：「天子所以統治萬國，討其不服，撫其微弱，行其號令，一其法度，惇明信義，以兼愛兆民父母，天下之道也。唐莊宗既滅梁，馬殷遣子希範入貢。莊宗曰：『比聞馬氏之業，終為高郁所奪。今有兒如此，郁豈能得之哉？』郁，馬氏之良佐也。希範兄希聲聞是言，卒矯其父命而殺之。此乃市道商販之所為，豈帝王之體哉？故勝梁之後，曾不數年，內外離叛，置身無所，誠知用兵之術而不知公天下之道也。周世宗則不然。以信令御群臣，以正義責諸國，王環以不降受賞，

〔註 76〕《春秋・莊公二十七年》：「秋，公子友如陳葬原仲。」《左傳》：「秋，公子友如陳葬原仲，非禮也。原仲，季友之舊也。」《公羊傳》：「原仲者何？陳大夫也。大夫不書葬，此何以書？通乎季子之私行也。何通乎季子之私行？闢內難也。君子闢內難而不闢外難。內難者何？公子慶父、公子牙、公子友皆莊公之母弟也。公子慶父、公子牙通乎夫人，以脅公，季子起而治之，則不得與於國政，坐而視之則親親。因不忍見也，故於是復請至於陳，而葬原仲也。」

〔註 77〕《春秋・莊公二十七年》：「莒慶來逆叔姬。」《公羊傳》：「莒慶者何？莒大夫也。莒無大夫，此何以書？譏。何譏爾？大夫越竟逆女，非禮也。」

〔註 78〕《管子・牧民》。

〔註 79〕陸贄《翰苑集》卷十五《興元論續從賊中赴行在官等狀》：「乃以一人之聽覽而欲窮宇宙之變態，以一人之防慮而欲勝億兆之奸欺，役智彌精，失道彌遠。」

劉仁贍以堅守蒙褒，嚴續以盡忠獲存，馮道以失節被棄，張美以私恩見疏。江南未服，則親犯矢石，期於必克；既服，則愛之如子，推誠盡言，為之遠慮。」〔註80〕使其完城繕甲，據守要害，為子孫計，真為光顯之遺而王者之心也。人之度量相越，豈不遠哉？雖然，來者不拒，去者不追，此固比天下之道。而任其自來，聽其自去，則非所以慎內外之防。何休曰：「王者不治異域。」〔註81〕而潁濱駁之，以為「古之所以待外國〔註82〕，有用武而徵之者，高宗文王是也；有修文而和親之者，漢文景是也；有拒絕而不納之者，光武謝西域、卻匈奴是也。此皆治遠人之大要。今曰來者必不可拒，去者必不可追，則數君者之所為皆非矣乎？故凡休之說，施之於中國盛強、敵人〔註83〕暴橫之時，則將養寇以遺子孫之憂；施之於中國新定、休息自養之際，則為寇讎〔註84〕之所役，使以自勞敝而不止。凡此二者，休之說無時而可也。蓋聞之，聖人之於遠人〔註85〕也，吾欲其來則來之，雖有欲去者，不可得而去也；吾欲其去則拒〔註86〕之，雖有欲來者，不可得而來也。夫如是，故伸縮進退，莫不在我。而休欲聽其自來而自去耶？」噫！此又治天下者所當深知也。故胡文定曰：「天無所不覆，地無所不載，何有於內外乎？無不覆載者，王德之體。內中國而外四裔者，王道之用。是故以諸夏而親戎狄，致金繒之奉，首顧居下，其策不可施也；以荒服而朝諸夏，位侯王之上，亂常失序，其禮不可行也；以羌戎而居塞

〔註80〕《資治通鑒》卷二百九十四《後周紀五》:「臣光曰：或問臣：五代帝王，唐莊宗、周世宗皆稱英武，二主孰賢？臣應之曰：夫天子所以統治萬國，討其不服，撫其微弱，行其號令，壹其法度，敦明信義，以兼愛兆民者也。莊宗既滅梁，海內震動，湖南馬氏遣子希範入貢，莊宗曰：『比聞馬氏之業，終為高郁所奪。今有兒如此，郁豈能得之哉？』，馬氏之良佐也。希範兄希聲聞莊宗言，卒矯其父命而殺之，此乃市道商賈之所為，豈帝王之體哉！蓋莊宗善戰者也，故能以弱晉勝強梁，既得之，曾不數年，外內離叛，置身無所。誠由知用兵之術，不知為天下之道故也。世宗以信令御群臣，以正義責諸國，王環以不降受賞，劉仁贍以堅守蒙褒，嚴續以盡忠獲存，蜀兵以反覆就誅，馮道以失節被棄，張美以私恩見疏。江南未服，則親犯矢石，期於必克，既服，則愛之如子，推誠盡言，為之遠慮。其宏規大度，豈得與莊宗同日語哉！《書》曰：『無偏無黨，王道蕩蕩。』又曰：『大邦畏其力，小邦懷其德。』世宗近之矣！」

〔註81〕《春秋・隱公二年》:「二年，春，公會戎於潛。」《公羊傳》何休注：「王者不治夷狄，錄戎者，來者勿拒，去者勿追。」

〔註82〕「待外國」，蘇轍《王者不治夷狄論》作「治夷狄」。

〔註83〕「敵人」，《王者不治夷狄論》作「夷狄」。

〔註84〕「寇讎」，《王者不治夷狄論》作「夷狄」。

〔註85〕「遠人」，《王者不治夷狄論》作「夷狄」。

〔註86〕「拒」，《王者不治夷狄論》作「去」。

內，無出入之防，候隙乘便，輒為橫逆，致風塵之驚，其禍不可長也。」〔註 87〕不然，而或昵之，禍旋踵矣。是故「結戎狄以許婚，而配偶非其類，如西漢之於匈奴；約戎狄以求援，而華夏被其毒，如肅宗之於回紇；信戎狄以與盟，而臣主蒙其恥，如德宗之於尚結贊」〔註 88〕。皆不講於內外之防，審於追拒之說故也。可不謹哉？《易》曰：「顯比。王用三驅，失前禽，邑人不誡，吉。」

上六：比之無首，凶。何也？葉子曰：元首者，四體之所因也。故曰：舜首圓，以象天，天下稱明焉，而萬物莫不仰也。氣散而元首下墜矣，四體何所因哉？天子者，萬民之所因也。故曰：王者，往也，天下之所歸往也。德亡而天子庶人矣，萬民何所因哉？下墜不可以起四肢，庶人不可以統眾物，亡其有日乎哉？嗚呼！此獨夫之受，可以為逋逃主，而不可為臣民主也。《易》曰：「比之無首，凶。」

〔註 87〕胡安國《春秋胡氏傳．隱公二年》「二年春，公會戎于潛」。
〔註 88〕胡安國《春秋胡氏傳．隱公二年》「秋八月庚辰，公及戎盟於唐」。

葉八白易傳卷三

小畜☴

小畜：亨。密雲不雨，自我西郊。何也？葉子曰：畜止其君者，人臣愛君之心乎？不以堯舜之道陳於前，不以責難陳善為恭敬，不格之以心，而姑適之以人。間之以政者，人臣柔弱之過乎？夫使人臣而大盡愛君之心，大止人君之過，則何唐、虞之不可復致？何堯、舜之不可復為？使人臣卒無剛毅之資，強健之氣，盛德至善之化，而區區小道之補，則雖可以扶危亡之禍，成粗治之安，而膏潤天下，浸淫萬物，生民以來，未之能致意。是故陸賈能止馬上之治，而未能進之以聖賢大學之道。二十篇之《新語》，何以為霖雨之施也？〔註 1〕叔孫通能止擊柱之呼，而不能進之以先王之道之美。習野外之綿蕞，何以為膏澤之下也？〔註 2〕又況止江漢之橫而不止四姬之蔽，止支解之刑而不止陳氏之

〔註 1〕《史記》卷九十七《陸賈列傳》:「陸生時時前說稱詩書。高帝罵之曰:『乃公居馬上而得之，安事詩書！』陸生曰;『居馬上得之，寧可以馬上治之乎？且湯武逆取而以順守之，文武並用，長久之術也。昔者吳王夫差、智伯極武而亡;秦任刑法不變，卒滅趙氏。鄉使秦已併天下，行仁義，法先聖，陛下安得而有之？』高帝不懌而有慚色，乃謂陸生曰:『試為我著秦所以失天下，吾所以得之者何，及古成敗之國。』陸生乃粗述存亡之徵，凡著十二篇。每奏一篇，高帝未嘗不稱善，左右呼萬歲，號其書曰《新語》。」

〔註 2〕《史記》卷九十九《叔孫通列傳》:「漢五年，已併天下，諸侯共尊漢王為皇帝於定陶，叔孫通就其儀號。高帝悉去秦苛儀法，為簡易。群臣飲酒爭功，醉或妄呼，拔劍擊柱，高帝患之。叔孫通知上益厭之也，說上曰:『夫儒者難與進取，可與守成。臣原徵魯諸生，與臣弟子共起朝儀。』高帝曰:『得無難乎？』叔孫通曰:『五帝異樂，三王不同禮。禮者，因時世人情為之節文者也。故夏、殷、周之禮所因損益可知者，謂不相復也。臣原頗採古禮與秦儀雜就之。』上

禍，止西南夷之役而不止匈奴之師，守黎陽之節而不止立武后之問，則功烈如彼其卑，而大行不可以望，不言可知矣。《孟子》曰：「君仁莫不仁，君義莫不義，君正莫不正。一正君而國定矣。」〔註3〕然則不知大人之道，格心之化，而規規瑣瑣，爭得失於刀錐之微，又豈足以承天之治乎？雖然，不盡大止之道者，是固人臣之罪；而不受正大之止者，獨非人君之過乎？張良，漢祖言聽計從矣，廢長之私，使之忌而不敢言，趙王之禍何以免？〔註4〕孔明，先主歡若魚水矣，而伐吳之行，使之憾死於法正，則陸遜之折何所辭？〔註5〕又況王瓜之摘止之矣，而大內之遷累言之而不聽；姜公輔之誅止之矣，而裴延齡之相雖百計而不能；則其道益卑，其治益替；其止益細，〔註6〕膏益屯。誠不可以大有為於天下，而稱大過人之主矣。然則君臣上下，可不交修而互勉哉？《易》曰：「小畜：亨。密雲不雨，自我西郊。」

曰：『可試為之，令易知，度吾所能行為之。』……遂與所徵三十人西，及上左右為學者與其弟子百餘人為綿蕞野外。習之月餘，叔孫通曰：『上可試觀。』上既觀，使行禮，曰：『吾能為此。』乃令群臣習肄，會十月。」

〔註 3〕《孟子・離婁上》。

〔註 4〕《史記》卷五十五《留侯世家》：「上欲廢太子，立戚夫人子趙王如意。大臣多諫爭，未能得堅決者也。呂后恐，不知所為。人或謂呂后曰：『留侯善畫計筴，上信用之。』呂后乃使建成侯呂澤劫留侯，曰：『君常為上謀臣，今上欲易太子，君安得高枕而臥乎？』留侯曰：『始上數在困急之中，幸用臣筴。今天下安定，以愛欲易太子，骨肉之間，雖臣等百餘人何益。』呂澤彊要曰：『為我畫計。』留侯曰：『此難以口舌爭也。顧上有不能致者，天下有四人。四人者年老矣，皆以為上慢侮人，故逃匿山中，義不為漢臣。然上高此四人。今公誠能無愛金玉璧帛，令太子為書，卑辭安車，因使辯士固請，宜來。來，以為客，時時從入朝，令上見之，則必異而問之。問之，上知此四人賢，則一助也。』於是呂后令呂澤使人奉太子書，卑辭厚禮，迎此四人。四人至，客建成侯所。……漢十二年，上從擊破布軍歸，疾益甚，愈欲易太子。留侯諫，不聽，因疾不視事。叔孫太傅稱說引古今，以死爭太子。上詳許之，猶欲易之。及燕，置酒，太子侍。四人從太子，年皆八十有餘，鬚眉皓白，衣冠甚偉。上怪之，問曰：『彼何為者？』四人前對，各言名姓，曰東園公，角里先生，綺里季，夏黃公。上乃大驚，曰：『吾求公數歲，公闢逃我，今公何自從吾兒遊乎？』四人皆曰：『陛下輕士善罵，臣等義不受辱，故恐而亡匿。竊聞太子為人仁孝，恭敬愛士，天下莫不延頸欲為太子死者，故臣等來耳。』上曰：『煩公幸卒調護太子。』四人為壽已畢，趨去。上目送之，召戚夫人指示四人者曰：『我欲易之，彼四人輔之，羽翼已成，難動矣。呂后真而主矣。』……戚夫人噓唏流涕，上起去，罷酒。竟不易太子者，留侯本招此四人之力也。」

〔註 5〕《三國志》卷三十七《蜀書七・法正傳》：「章武二年，大軍敗績，還住白帝。亮歎曰：『法孝直若在，則能制主上，令不東行；就復東行，必不傾危矣。』」

〔註 6〕按：此處疑脫「其」字。

初九：復自道，何其咎，吉。何也？葉子曰：枉己者，未有能直人者也；倖進者，未有能進諫者也。然則人臣欲止君之欲，而進不以道，守不以正，將何以正君哉？何也？進不以道，無復畏而敬；守不以正，無復孚而信。荀息曰：「宮之奇少長於君，君昵之。雖諫，將不聽。」〔註7〕是不能使之畏而敬。唐敬宗曰：「驪山若此之凶邪？朕當一往以試其然。」〔註8〕是張權輿不能使之孚而信。夫何以行其說哉？昔者晉士蔿與獻公周旋，十年之間，所以謀去群公子者至矣密矣，無不聽且從矣。其後乃明知太子之廢而不能回獻公之心。雖能，勉太子以孝而不能止獻公於慈，豈非平日所以導君心而持己物者非親義之本歟？始之以殘忍之說行，而終之以仁厚之言入，難矣。是故東方之諷諫，而武帝以之為詼諧，則雖悅而不能繹；魏徵之忠直，而太宗不覺其嫵媚，則雖從而不能改。不然，何漢高之嫚罵，而一見四皓，太子卒不易；漢武之侈肆，而望見汲黯，使人可其奏；龐統之廢，孔明一言而即起；長安令之斬，長孺一言而即止乎？敬而畏，畏而信，己正物正，道固然也。《易》曰：「復自道，何其咎，吉。」

九二：牽復，吉。何也？葉子曰：人臣進止其君之欲也，與眾則說盛而易從，黨孤則言涼而難入。是故唐、虞之陳謨也，禹、皋陶、益稷相為籲且咈，而況其他乎！劉向、京房同心而輔漢，王圭、魏徵並諫以佐唐，蘇軾、范祖禹聯名以諫宋，知是道矣。晉靈公不君，趙盾、士季患之而將諫。士季曰：「諫而不入，則莫之繼。會請先。不入，則子繼之。」由是三進，及溜而莫之視矣。〔註9〕卒何以補靈公之闕乎？雖然，此猶可也。唐高宗一日召長孫無忌、李勣、于志寧、褚遂良於內殿。遂良曰：「今日之事，多為中宮。上意既決，逆之必死。太尉元舅，司空功臣，不可使上有殺元舅、功臣之名。遂良起於草茅，無汗馬之勞，且受顧命，當以死爭。」遂使李勣等稱疾不入。卒之，遂良寡特，高宗得以遂其無忌憚之心；異日無人，李勣得以逞其長君惡之計。〔註10〕奇禍立成而大事去矣。向使率三子而同入，則大庭顯設之中，非小人無所不至之地；而稠人廣眾之際，亦豈暴君斬艾忠良之時耶？惜也！知不出此，遂使世勣之奸

〔註 7〕《左傳・僖公二年》。

〔註 8〕《資治通鑒》卷二百四十三《唐紀五十九》：「秦始皇葬驪山國亡，玄宗宮驪山而祿山亂，先帝幸驪山享年不長。上曰：『驪山若此之凶邪？我宜一往以驗彼言。』」

〔註 9〕《左傳・宣公二年》。

〔註10〕《資治通鑒》卷一百九十九《唐紀十五》。

得肆於獨，而高宗之禍可中於孤。嗚呼，悲夫！故劉聰時，河間王易素忠直，陳元達倚之為援。及聰無道，殺陳休、王忱等，易上疏極諫，聰大怒，手壞其疏。易憤恚而卒。元達大慟，歸而自殺。〔註11〕以此知諫諍之所賴者，君子同道以為朋也。《易》曰：「牽復，吉。」

九三：輿脫輻，夫妻反目。何也？葉子曰：人臣進止其君之欲也，合君子以為交，猶懼其臨利而巧趨，遇害而詭避，況小人乎！變計百出，不知其禍之所終矣。《管子》曰：「與人交，多詐偽，無情實，偷取一切，謂之烏集之交。烏集之交，初雖相驩，後必相咄。故曰：『烏集之交，雖善不親。』」〔註12〕然則君子有畜君之心者，不擇正人以圖事，而或昵僉夫以為助，其不泄其機而沮其謀、害其身而傾其身者，未之有矣。不慎於始；終而忿然與之爭；失之於初，後乃霍然與之鬥。又何益於事哉？汲黯與張湯約至上前，皆背之，黯詰責湯曰：「齊人多詐而無情實。果然，必湯也。」〔註13〕張九齡與李林甫約，諫牛仙客實封。及進見，而林甫抑然。〔註14〕陸贄引趙憬入相，與憬約至上前，極論延齡姦邪，上怒形於色，憬默而無言，又密以贄所譏彈延齡事告延齡，故延齡益得以為計，上由是信延齡而不直贄。〔註15〕雖悔憤

〔註11〕《資治通鑒》卷八十九《晉紀十一》。

〔註12〕《管子．形勢解》。

〔註13〕按：非張湯事。《史記》卷一百一十二《平津侯列傳》：「弘奏事，有不可，不庭辯之。嘗與主爵都尉汲黯請間，汲黯先發之，弘推其後，天子常說，所言皆聽，以此日益親貴。嘗與公卿約議，至上前，皆倍其約以順上旨。汲黯庭詰弘曰：『齊人多詐而無情實，始與臣等建此議，今皆倍之，不忠。』」
另，《史記》卷一百二十《汲黯列傳》：「黯時與湯論議，湯辯常在文深小苛，黯伉厲守高不能屈，忿發罵曰：『天下謂刀筆吏不可以為公卿，果然。必湯也，令天下重足而立，側目而視矣！』」

〔註14〕《新唐書》卷二百二十三《姦臣列傳上．李林甫傳》：「始九齡繇文學進，守正持重，而林甫特以便佞，故得大任，每嫉九齡，陰害之。帝欲進朔方節度使牛仙客實封，九齡謂林甫：『封賞待名臣大功，邊將一上最，可遽議？要與公固爭。』林甫然許。及進見，九齡極論，而林甫抑嘿，退又漏其言。仙客明日見帝，泣且辭。帝滋欲賞仙客，九齡持不可。林甫為人言：『天子用人，何不可者？』帝聞，善林甫不專也。由是益疏薄九齡，俄與耀卿俱罷政事，專任林甫，相仙客矣。」

〔註15〕《資治通鑒》卷二百三十五《唐紀五十一》：「中書侍郎、同平章事陸贄以上知待之厚，事有不可，常力爭之。所親或規其太銳，贄曰：『吾上不負天子，下不負所學，他無所恤。』裴延齡日短贄於上。趙憬之入相也，贄實引之，既而有憾於贄，密以贄所譏彈延齡事告延齡，故延齡益得以為計，上由是信延齡而不直贄。贄與憬約至上前極論延齡姦邪，上怒形於色，憬默而無言。」

痛絕，亦復何及矣。嗚呼！君子其慎，無與小人處也哉！《易》曰：「輿脫輻，夫妻反目。」

六四：有孚，血去，惕出，无咎。何也？葉子曰：荀氏之書曰：「大臣之患，常立於二罪之間。在職而不盡忠直之道，罪也。盡忠直之道焉，則必矯上而拂下，罪也。」〔註16〕然則臣而必欲止君之欲，不亦禍之伏，憂之集，而罪之招也乎？自非堯、舜，安保無虞？然則奈之何？劉聰太保劉殷嘗戒子孫曰：「事君當務幾諫。凡人尚不可面斥其過，況萬乘乎！夫幾諫之功，無異犯顏，但不彰君之過，所以為憂耳。」〔註17〕此一道也，而非其本也。蘇老泉曰：「龍逄、比干，吾取其心，不取其術。蘇秦、張儀，吾取其術，不取其心。以為諫法。」〔註18〕又一道也，而猶其末也。其惟至誠以感神，一德以格天乎？伊尹之於太甲，繾綣以圖回；周公之於成王，恐懼以彰德。上也。鄭崇之曳履〔註19〕，趙普之補牘〔註20〕，范鎮之章凡十九上，鬚髮盡白。〔註21〕次也。如是則不待其臣之止而君有汝弼之勸，不惡其臣之直而諫有弦韋之重矣。何田舍翁之欲殺〔註22〕，何曉人不當如是之為讁〔註23〕，何招君之過而播揚毀垣之為

〔註16〕荀悅《申鑒・雜言上》。

〔註17〕《資治通鑒》卷八十八《晉紀十》。

〔註18〕蘇洵《諫論》。

〔註19〕《漢書》卷七十七《鄭崇傳》：「數求見諫爭，上初納用之。每見曳革履，上笑曰：『我識鄭尚書履聲。』」

〔註20〕《宋史》卷二百五十六《趙普傳》：「宋初，在相位者多齷齪循默，普剛毅果斷，未有其比。嘗奏薦某人為某官，及祖不用。普明日覆奏其人，亦不用。明日，普又以其人奏，太祖怒，碎裂奏牘擲地，普顏色不變，跪而拾之以歸。他日補綴舊紙，覆奏如初。太祖乃悟，卒用其人。」

〔註21〕蘇軾《范景仁墓誌銘》：「凡章十九上，待罪百餘日，鬚髮為白。」又見《宋史》卷三百三十七《范鎮傳》。

〔註22〕《資治通鑒》卷一百九十四《唐紀十》：「上嘗罷朝，怒曰：『會須殺此田舍翁。』後問為誰，上曰：『魏徵每廷辱我。』」

〔註23〕《漢書》卷七十一《薛廣德傳》：「廣德為人溫雅有醞藉。及為三公，直言諫爭。始拜旬日間，上幸甘泉，郊泰畤畤，禮畢，因留射獵。廣德上書曰：『竊見關東困極，人民流離。陛下日撞亡秦之鍾，聽鄭、衛之樂，臣誠悼之。今士卒暴露，從官勞倦，願陛下亟反宮，思與百姓同憂樂，天下幸甚。』上即日還。其秋，上酎祭宗廟，出便門，欲御樓船，廣德當乘輿車，免冠頓首曰：『宜從橋。』詔曰：『大夫冠。』廣德曰：『陛下不聽臣，臣自刎，以血污車輪，陛下不得入廟矣！』上不說。先驅光祿大夫張猛進曰：『臣聞主聖臣直。乘船危，就橋安，聖主不乘危。御史大夫言可聽。』上曰：『曉人不當如是邪！』乃從橋。」

慫罪也哉〔註24〕？無所憂而禍不及，自然之勢矣。苟不知此，誠不至而術行，道不篤而權設，鬻拳之止至於兵〔註25〕，師經之止至於撞〔註26〕，趙盾之止至於逆〔註27〕，豈人臣之願哉？甚而至如楊偓既得江西，驕侈益甚，以故怨殺判官劉隱，將佐皆不自安。居喪酣飲作樂，然燈擊毬，或單騎出遊，從者不知所之。張顥、徐溫泣諫，偓怒。顥、溫一日率牙兵三百，露刃，直入庭中，數偓所親信十餘人之罪，曳下擊殺之，謂之兵諫。〔註28〕蓋臣道至是，而天下之亂不可支矣。《易》曰：「有孚，血去，惕出，无咎。」

九五：有孚攣如，富以其鄰。何也？葉子曰：有孚發若，至誠以感動乎君心者，人臣之分也；誠實下交，虛懷而樂受乎人善者，大君之宜也。故使說有所進信之而不疑事，有所陳行之而不惑，則手足腹心之契無所解於其心，而雲龍風虎之會斷金如蘭而莫之間矣。天下萬邦，有不如身之使臂、臂之使指也哉？又安事乎督責驅役之勞也哉？《書》曰：「元首起哉！股肱喜哉！」〔註29〕孚信之交也。又曰：「臣哉鄰哉！鄰哉臣哉！」〔註30〕身臂之使也。唐、虞、三代而下，惟蜀之先主、吳之孫權有焉。其次，唐憲宗嘗謂裴洎曰：「以太宗、玄宗猶藉輔佐以成其理，況如朕不及先聖萬倍者乎！」故洎亦竭誠輔佐。嘗問為理之要何先。曰：「先正其心。」〔註31〕君臣交孚，所以確信。杜黃裳、李絳、白居易諸賢用，能斬劉闢，梟李錡，擒吳元濟，使田興束身歸命，承宗斂手削地，韓弘輿疾討賊，威行兩河，藩鎮奉命。武宗遣御史中丞李回宣慰河北，

〔註24〕俟考。韓愈《爭臣論》：「夫陽子惡訕上者，惡為人臣招其君之過而以為名者。故雖諫且議，使人不得而知焉。」

〔註25〕《左傳．莊公十九年》：「初，鬻拳強諫楚子，楚子弗從，臨之以兵，懼而從之。」

〔註26〕《說苑．君道》：「師經鼓琴，魏文侯起舞，賦曰：『使我言而無見違。』師經援琴而撞文侯不中，中旒潰之，文侯謂左右曰：『為人臣而撞其君，其罪如何？』左右曰：『罪當烹。』提師經下堂一等。師經曰：『臣可一言而死乎？』文侯曰：『可。』師經曰：『昔堯舜之為君也，唯恐言而人不違；桀紂之為君也，唯恐言而人違之。臣撞桀紂，非撞吾君也。』文侯曰：『釋之！是寡人之過也，懸琴於城門以為寡人符，不補旒以為寡人戒。』」

〔註27〕《左傳．宣公二年》：「晉靈公不君。……宣子驟諫，公患之，使鉏麑賊之。……秋，九月，晉侯飲趙盾酒，伏甲將攻之。……乙丑，趙穿攻靈公於桃園。宣子未出山而復。太史書曰：『趙盾弒其君。』」

〔註28〕《資治通鑑綱目》昭宣帝天祐四年「春正月，淮南牙將張顥徐溫作亂」。

〔註29〕《尚書．益稷》：「股肱喜哉！元首起哉！」

〔註30〕《尚書．益稷》。

〔註31〕《資治通鑑》卷二百三十七《唐紀五十三》作「裴垍」。

令幽州早平回鶻，鎮、魏平澤潞。回至河朔，弘敬、元逵、仲武皆具櫜鞬郊迎，立於道左，不敢令人控馬，讓使先行。不惟三鎮不敢助逆，更因以為臂使之用，由信委李德裕，而德裕所以告之者，能盡其心故也。《易》曰：「有孚攣如，富以其鄰。」

上九：既雨既處，尚德載，婦貞厲。月幾望，君子征凶。何也？葉子曰：盛世小臣言，大臣論，言則行，論則聽。膏澤下於民，天下底於定矣，其斯君德之至滿乎？然君積退聽之德而臣加強諫之威，上有下從之勢而下忘逼上之忌，是國之福，抑亦臣之禍也。何也？婦盛疑抗夫，月盛疑敵日，陰盛疑匹陽，臣盛疑逼君，皆不幸也。漢武謂「久不聞汲黯之戇，今又妄發矣」。〔註32〕唐太宗嘗罷朝，怒曰：「會須殺此田舍翁。」〔註33〕德宗退謂左右曰：「蕭復輕朕。」〔註34〕宋光宗謂左右曰：「朱熹本欲置之經筵，今乃事事欲聞。」〔註35〕嗚呼！慎之哉！《易》曰：「既雨既處，尚德載，婦貞厲。月幾望，君子征凶。」

履䷉

履虎尾，不咥人，亨。何也？葉子曰：物有所或暴者，遇也；勢必有所馴者，理也。《荀子》曰：「事強暴之國難，使強暴之國事我易。事之以貨寶，則寶殫而交不結；約契明誓，則約定而反無日；割國之疆垂以賂之，則割定而欲無厭。事之彌順，其侵愈甚，必致寶殫國舉而後已。明君不道也，必修禮以齊朝，正法以齊官，平政以齊下，然後禮義節奏齊乎朝，法則度量正乎官，忠信愛利平乎下。行一不義、殺一無罪而得天下，不為也。故近者競親而遠者願至。拱揖指麾，而強暴之國莫不趨使，如赤子歸慈母。」〔註36〕又曰：「君子審禮以旁皇周浹於天下，動無不當。」〔註37〕嗚呼！禮其可以須

〔註32〕《史記》卷一百二十《汲黯列傳》。

〔註33〕見六四爻注。

〔註34〕《舊唐書》卷一百二十五《蕭復傳》。

〔註35〕（宋）劉時舉《續宋編年資治通鑒》卷十一《宋光宗》：「工部侍郎黃艾因侍講問逐熹之驟，上曰：『始除熹經筵耳，今乃事事欲與聞。』」《大畜》九三、《恒》初六亦引此史事，作宋寧宗。檢（清）李清馥《閩中理學淵源考》卷十九《侍郎黃伯耆先生艾》：「寧宗即位，為右正言兼侍講。及朱子罷講筵，公因進講問故，寧宗曰：『始除熹經筵耳，今乃事事欲聞。』」亦作宋寧宗。

〔註36〕按：此實出《韓詩外傳》卷六，係剪裁《荀子·富國》而成。《荀子》無「如赤子歸慈母」。

〔註37〕胡宏《皇王大紀》卷七十九《三王紀·赧王》：「古者先王審禮以旁皇周浹於天下，動無不審也。」

與離也哉？故「吳季札一見鄭子產，曰：『子為國，慎之以禮。不然，鄭國將敗。』子產以區區之鄭，立於晉、楚之間而不懾，卒免大國之難，非禮何以當之？」〔註38〕何也？司馬氏曰：「禮之為用大矣。用之於身，則動靜有法而百行修焉；用之於家，則尊卑有別而九族睦焉；用之於鄉，則長幼有倫而俗化美焉；用之於國，則君臣有序而紀綱正焉。豈直几席之上、戶庭之間得之而不亂哉？」〔註39〕故曰行天下而莫御者莫若禮。禮一行焉，暴斯恭，慢斯順，爭斯遜矣。「虎哉！虎哉！角而翼也。」〔註40〕雖猛何為？大哉禮乎！黃帝、堯、舜所以垂衣裳而天下治者乎？奚越志橫行之出其間焉？是故猶秉周禮，則齊不敢圖魯；齊猶有禮，則魯必往朝齊。晏子謂景公，惟禮可以已強家之禍；〔註41〕季札謂子產，慎禮可以救小國之敗。〔註42〕鄭有禮，則北宮文子知其為數世之福；〔註43〕吳棄禮，則季康子知其無能為也。〔註44〕禮乎！禮乎！生民之急乎！不然，何伯石之汰也，一為禮於晉國，猶荷其賜祿之州田；〔註45〕韓起之貪，子產一訓之禮，則有以止其玉環之求而知其過，不惟不怒，而且私覲玉與馬。〔註46〕齊靈無道，以十二諸侯圍之而環

〔註38〕蘇轍《古史》卷十三。（曾棗莊、舒大剛主編《三蘇全書》第2冊，語文出版社2001年版，第521頁）

〔註39〕《資治通鑒》卷十一《漢紀三》。

〔註40〕《法言・淵騫篇》。

〔註41〕《左傳・昭公二十六年》：「對曰：『禮之可以為國也久矣，與天地並。』」

〔註42〕《左傳・襄公二十九年》。

〔註43〕《左傳・襄公三十一年》：「十二月，北宮文子相衛襄公以如楚，宋之盟故也。過鄭，印段迋勞於棐林，如聘禮而以勞辭。文子入聘。子羽為行人，馮簡子與子大叔逆客。事畢而出，言於衛侯曰：『鄭有禮，其數世之福也。其無大國之討乎！《詩》云：誰能執熱，逝不以濯。禮之於政，如熱之有濯也。濯以救熱，何患之有？』」

〔註44〕《左傳・哀公七年》：「大宰嚭召季康子，康子使子貢辭。大宰嚭曰：『國君道長，而大夫不出門，此何禮也？』對曰：『豈以為禮？畏大國也。大國不以禮命於諸侯，苟不以禮，豈可量也？寡君既共命焉，其老豈敢棄其國？大伯端委以治周禮，仲雍嗣之，斷髮文身，臝以為飾，豈禮也哉？有由然也。』反自鄫，以吳為無能為也。」

〔註45〕《左傳・昭公三年》：「夏四月，鄭伯如晉，公孫段相，甚敬而卑，禮無違者。晉侯嘉焉，授之以策，曰：『子豐有勞於晉國，余聞而弗忘。賜女州田，以胙乃舊勳。』伯石再拜稽首，受策以出。君子曰：『禮，其人之急也乎！伯石之汰也，一為禮於晉，猶荷其祿，況以禮終始乎？詩曰：人而無禮，胡不遄死？』其是之謂乎！』」

〔註46〕《左傳・昭公十六年》：「宣子有環，有一在鄭商。宣子謁諸鄭伯，子產弗與，曰：『非官府之守器也，寡君不知。』子大叔、子羽謂子產曰：『韓子亦無幾求，

其郛，至欲遷避而終不服。及士丐聞喪而還，遂屈己求服，出盟澶淵。〔註47〕唐鎮南節度使鍾傳圍撫州，天火曉其城，士民歡驚，諸將請急攻之。《傳》曰：「乘人之危，不仁也。」刺史危全諷聞之，謝罪聽命。〔註48〕至哉，禮之可以服人也！修德來遠，豈誣也哉？然則譚無禮而為齊所滅，鄭不禮而為楚所伐，未必盡彼強大之罪也。雖然，禮云禮云，亦豈苟焉而已哉？昭公如晉，自郊勞至於贈賄，無失禮者，晉平公亦以善禮重之。然如晉凡七，而見止者一，及河不至者五，則又何哉？蓋昭公習於威儀之節，而不知禮之本，屑屑焉習儀以亟，而實遠於禮者也，如之何其免於危哉？〔註49〕猶之漢成帝美風度，善容儀，升車正立，赫然王者之概。然而政權之失，外家之漸，帝

晉國亦未可以貳。晉國、韓子不可偷也。若屬有讒人交鬬其間，鬼神而助之，以興其凶怒，悔之何及？吾子何愛於一環，其以取憎於大國也，盍求而與之？』子產曰：『吾非偷晉而有二心，將終事之，是以弗與，忠信故也。僑聞君子非無賄之難，立而無令名之患。僑聞為國非不能事大字小之難，無禮以定其位之患。夫大國之人令於小國，而皆獲其求，將何以給之？一共一否，為罪滋大。大國之求，無禮以斥之，何饜之有？吾且為鄙邑，則失位矣。若韓子奉命以使，而求玉焉，貪淫甚矣，獨非罪乎？出一玉以起二罪，吾又失位，韓子成貪，將焉用之？且吾以玉賈罪，不亦銳乎？』韓子買諸賈人，既成賈矣，商人曰：『必告君大夫。』韓子請諸子產曰：『日起請夫環，執政弗義，弗敢復也。今買諸商人，商人曰必以聞，敢以為請。』子產對曰：『昔我先君桓公與商人皆出自周，庸次比耦以艾殺此地，斬之蓬蒿藜藋，而共處之；世有盟誓，以相信也，曰：爾無我叛，我無強賈，毋或匄奪。爾有利市寶賄，我勿與知。恃此質誓，故能相保以至於今。今吾子以好來辱，而謂敝邑強奪商人，是教弊邑背盟誓也，毋乃不可乎！吾子得玉，而失諸侯，必不為也。若大國令，而共無藝，鄭敝邑也，亦弗為也。僑若獻玉，不知所成，敢私布之。』韓子辭玉，曰：『起不敏，敢求玉以徼二罪？敢辭之。』」

〔註47〕《春秋・襄公十八年》：「冬十月，公會晉侯、宋公、衛侯、鄭伯、曹伯、莒子、邾子、滕子、薛伯、杞伯、小邾子同圍齊。」十九年：「秋七月辛卯，齊侯環卒。晉士匄帥師侵齊，至谷，聞齊侯卒，乃還。」二十年：「夏六月庚申，公會晉侯、齊侯、宋公、衛侯、鄭伯、曹伯、莒子、邾子、滕子、薛伯、杞伯、小邾子盟於澶淵。」

〔註48〕見《資治通鑒》卷二百六十二《唐紀七十八》，作「江西節度使鍾傳」。

〔註49〕《左傳・昭公五年》：「公如晉，自郊勞至於贈賄，無失禮。晉侯謂女叔齊曰：『魯侯不亦善於禮乎？』對曰：『魯侯焉知禮？』公曰：『何為？自郊勞至於贈賄，禮無違者，何故不知？』對曰：『是儀也，不可謂禮。禮，所以守其國，行其政令，無失其民者也。今政令在家，不能取也；有子家羈，弗能用也；奸大國之盟，陵虐小國；利人之難，不知其私。公室四分，民食於他。思莫在公，不圖其終。為國君，難將及身，不恤其所。禮之本末，將於此乎在，而屑屑焉習儀以亟。言善於禮，不亦遠乎？』君子謂叔侯於是乎知禮。」

實召之。〔註50〕則是禮之虛文焉耳，將何賴焉？惟晏子對景公，所以已強家之禍；〔註51〕子太叔對趙簡子，揖讓周旋之問；是則禮之大者。《易》曰：「履虎尾，不咥人，亨。」

初九：素履，往无咎。何也？葉子曰：記禮者之言曰：「甘受和，白受采。」〔註52〕忠信之人可以學禮。苟無忠信，禮不虛道。則為禮不在繁華而在簡樸，不在文章而在質淡矣。何也？是禮之初也，禮之本也。「禮始諸飲食，其燔黍捭豚，污樽而抔飲，蕢桴而土鼓」，〔註53〕若之何其為禮哉？故曰：「素以為絢兮。」〔註54〕又曰：無體之禮，禮之至也。〔註55〕孔子曰：「如用之，則吾從先進。」〔註56〕以是而往，可以無大過矣。不然，禮繁而偽生，文勝而質滅，其何以行之哉？魯昭公習儀以亟〔註57〕，趙簡子問揖讓周旋之禮〔註58〕，漢成帝美風度，善容儀，升車正立，赫然王者之概，〔註59〕是禮之弊而已。《易》曰：「素履，往无咎。」

九二：履道坦坦，幽人貞吉。何也？葉子曰：禮主其素，不欲繁；禮率於易，不欲難。不繁則直徑，不難則和平。《詩》曰：「周道如砥，其直如矢。」〔註60〕又曰：「神之聽之，終和且平。」〔註61〕不繁不難也。是何賢士大夫之驅馳道途，冠蓋輿馬之紛拏絡繹者乎？《禮》曰：「太上貴德。」〔註62〕子路為季氏宰。季氏祭，逮暗而祭，日不足，繼之以燭。雖有強力之容，肅敬之心，

〔註50〕《漢書》卷十《成帝紀》：「贊曰：臣之姑充後宮為婕妤，父子昆弟侍帷幄，數為臣言：成帝善修容儀，升車正立，不內顧，不疾言，不親指，臨朝淵嘿，尊嚴若神，可謂穆穆天子之容者矣！博覽古今，容受直辭。公卿稱職，奏議可述。遭世承平，上下和睦。然湛於酒色，趙氏亂內，外家擅朝，言之可為於邑。建始以來，王氏始執國命，哀、平短祚，莽遂篡位，蓋其威福所由來者漸矣！」

〔註51〕見此節上文注。

〔註52〕《禮記・禮器》。

〔註53〕《禮記・禮運》：「夫禮之初，始諸飲食，其燔黍捭豚，污尊而抔飲，蕢桴而土鼓，猶若可以致其敬於鬼神。」

〔註54〕《論語・八佾》。

〔註55〕《禮記・孔子閒居》：「無體之禮，敬也。」

〔註56〕《論語・先進》。

〔註57〕參前卦辭注。

〔註58〕《左傳・昭公二十五年》。

〔註59〕參前卦辭注。

〔註60〕《小雅・大東》。

〔註61〕《小雅・伐木》。

〔註62〕《禮記・曲禮上》。

皆倦怠矣。有司跛倚以臨祭，其為不敬也大矣。他日祭，子路與。室事交乎戶，堂事交乎階。質明而行事，晏朝而退。孔子聞之，曰：「孰謂由也而不知禮乎？」〔註63〕《易》曰：「履道坦坦，幽人貞吉。」

六三：眇能視，跛能履。履虎尾，咥人凶。武人為於大君。何也？葉子曰：君子齋莊而中正，猶懼禮節之不和。君子恭敬而撙節，猶懼禮讓之不協。其可以易為乎？故曰：「忠信之人，可以學禮。」〔註64〕又曰：「人而不仁，如禮何？」〔註65〕不能行而行，則狙縛急而裂周公之冠裳〔註66〕，鳥震飛而逃文王之鍾鼓〔註67〕。其為禮之禍大矣。荀卿之非毀，以結其凶端；始皇之滅棄，以收其禍本。豈非古今之明戒哉？孔子曰：「民之父母，必達於禮樂之原。」〔註68〕然則撫劍之徒，天奪之鑒者也，其何以為皇極之主？殘賊之人，天卻其步者也，其何以辯天澤之分乎？故曰：「誦詩三百，不足以一獻。一獻之禮，不足以大饗。大饗之禮，不足以大旅。大旅具矣，不足以饗帝。毋輕議禮。」〔註69〕《易》曰：「眇能視，跛能履。履虎尾，咥人凶。武人為於大君。」

九四：履虎尾，愬愬終吉。何也？葉子曰：孔子有言：「事君盡禮。」〔註70〕人臣以禮而事君，則何高位之足危？何滿福之足懼？何暴猛之足畏？何剛峻之足憂乎？何謂禮？「履信思乎順」〔註71〕，禮也。「有孚在道，以明」〔註72〕，禮也。「匪其彭」〔註73〕，禮也。「有孚發若」〔註74〕，禮也。「馬匹亡」〔註75〕，禮也。「無成有終」〔註76〕，禮也。「善則稱君，過則稱己」〔註77〕，

〔註63〕《禮記・禮器》。
〔註64〕《禮記・禮器》。
〔註65〕《論語・八佾》。
〔註66〕《莊子・天運》：「故禮義法度者，應時而變者也。今取猨狙而衣以周公之服，彼必齕齧挽裂，盡去而後慊。觀古今之異，猶猨狙之異乎周公也。」
〔註67〕《莊子・至樂》：「昔者海鳥止於魯郊，魯侯御而觴之於廟，奏九韶以為樂，具太牢以為膳。鳥乃眩視憂悲，不敢食一臠，不敢飲一杯，三日而死。」
〔註68〕《禮記・孔子閒居》。
〔註69〕《孔子家語・郊問第二十九》。
〔註70〕《論語・八佾》。
〔註71〕《周易・繫辭上》。
〔註72〕《隨》九四。
〔註73〕《大有》九四。
〔註74〕《丰》六二。
〔註75〕《中孚》六四。
〔註76〕《坤》六三。
〔註77〕《禮記・坊記》。

禮也。諫不以強，以和，不以戇，不以直，以諷，禮也。「過位，色勃」〔註 78〕，禮也。「攝齊升堂」〔註 79〕，禮也。「鞠躬屏氣」〔註 80〕，禮也。「戰色」、「踧踖」，〔註 81〕禮也。嗚呼！事君以禮，從下勿泰。以君成禮，不繼以淫。數世之福也，尚何危其身而傾其位哉？舜事堯，禹事舜，皋、夔、稷、契事禹，伊尹事太甲，周公事成王，上也。陳敬仲以禮而飲齊桓，晏平仲以禮而節齊景，魏徵以禮而約太宗，次也。郭曖肆言，子儀囚之待罪，代宗曰：「鄙語有之：不癡不聾，不作家公。兒女房闥之言，何足聽也？」〔註 82〕是以君臣各處以禮而相保以全矣。若蔡謨除司徒，三年不親職，詔書屢下，終不受命。於是穆帝臨軒，遣侍中黃門徵之。謨辭疾篤。自旦至申，使者十餘反。時帝方八歲，甚倦，問左古所召何人，何以至今不來臨軒，何時當竟。太后乃詔罷朝。會稽王昱令曹曰：「蔡公傲違上命，無人臣之禮。若人主卑屈於上，大義不行於下，亦不復知所以為政矣。」公卿乃奏請送廷尉。謨率子弟素服詣闕，稽顙，自赴廷尉。殷浩欲加謨大辟，荀羨曰：「蔡公今日事危，明日必有桓文之舉。」乃止。〔註 83〕謨雖非偃蹇跋扈不臣之甚，然亦可謂不能事君盡禮，而亦不能以禮自防矣，豈非天下之大戒哉？然則隨武子不知殽烝而講求典禮，以修晉國之法；〔註 84〕孟僖子病不能相禮，乃講學之，苟能禮者從之。〔註 85〕亦不失困而能學識而亟反也，此其所以為賢與？《易》曰：「履虎尾，愬愬終吉。」

九五：夬履，貞厲。何也？葉子曰：「兩觀大輅，朱干五磬，天子之禮在諸侯。塞門反坫，素衣朱襮，諸侯之禮在大夫。先王之制浸掃地，而天下學者亦失其傳。若范武子不知殽烝〔註 86〕，孟僖子不知相禮〔註 87〕，范獻子不知

〔註 78〕《論語・鄉黨》。

〔註 79〕《論語・鄉黨》。

〔註 80〕《論語・鄉黨》。

〔註 81〕《論語・鄉黨》：「踧踖如也。勃如戰色。」

〔註 82〕《資治通鑒》卷二百二十四《唐紀四十》。

〔註 83〕《資治通鑒》卷九十八《晉紀二十》。

〔註 84〕《左傳・宣公十六年》：「冬，晉侯使士會平王室，定王享之，原襄公相禮，殽烝。武子私問其故。王聞之，召武子曰：『季氏，而弗聞乎？王享有體薦，宴有折俎。公當享，卿當宴，王室之禮也。』武子歸而講求典禮，以脩晉國之法。」

〔註 85〕《左傳・昭公七年》。

〔註 86〕見九四爻注，作「隨武子」。陳祥道《禮書・序》亦作「隨武子」。

〔註 87〕見九四爻注。

問諱〔註88〕，曾子不知奠方〔註89〕，魯不知尚羔〔註90〕，衛不知立市〔註91〕」，〔註92〕禮之不達於天下甚矣。苟有人君者起而奮然為之，不亦可乎？然而禮惡其徑情而直遂也，故三千三百，猶懼其不足也；禮取其恭敬而撙節也，故退讓雍容，猶懼其率爾也。決而行之，不亦苟於禮乎？故曰：「民之父母，必達於禮樂之原，以致五至而行三無。」〔註93〕苟於禮，非所以示之敬示不敬，非所以教之忠，邦其殆矣。嗟乎！先王之禮不行於天下，而復率意行之，宜天澤之分未明而民志所由以忒也。則夫叔孫通之綿蕞禮儀，徒規一時之近功，而其法失於太卑；齊魯二生之論禮樂，必欲百年然後興，而其言失於太高。賈誼有修禮之志，而困於絳、灌；曹褒有定禮之議，而沮於酺、敏；傅咸極論於晉而誚於流俗；劉蕡發策於唐而廢於一時；有由然矣。夫有禮而苟，殆於不可，況曰馬上得之，安事詩書者乎？夫禮不可苟而為也，猶且慎之，況於乘快誤決一事者夫！是故銳然而斷，躍然必行，若漢景之殺亞夫，東京之錮名士，苻堅之伐江左，梁武之納侯景，隋文之廢儲君，太宗之征高麗，德宗之和吐蕃，有亡而已矣，夫何以獨斷為哉？故曰：「君子食和羹以平其氣，聽和聲以平其志，道和言以平其心，履和行以平其德。夫鹹酸甘苦不同，嘉味以濟，謂之和羹；宮商角徵不同，嘉音以章，謂之和聲；臧否損益不同，中正以訓，謂之和言；趨舍動靜不同，雅度以平，謂之和行。」〔註94〕人之言曰：「惟其言而莫予違，則幾於喪國焉。」〔註95〕《易》曰：「夬履，貞厲。」

上九：視履考祥，其旋元吉。何也？葉子曰：禮主其盈，盈極或溢；禮貴於進，進極或繁；禮樂其多；多極或詐。曷亦察其事幾之動乎？溢而陋，繁而

〔註88〕《國語》卷十五《晉語九》：「范獻子聘於魯，問具山、敖山，魯人以其鄉對。獻子曰：『不為具、敖乎？』對曰：『先君獻、武之諱也。』獻子歸，遍戒其所知曰：『人不可以不學。吾適魯而名其二諱，為笑焉，唯不學也。人之有學也，猶木之有枝葉也。木有枝葉，猶庇蔭人，而況君子之學乎？』」

〔註89〕《禮記・曾子問》。

〔註90〕《左傳・定公八年》：「公會晉師於瓦，范獻子執羔，趙簡子、中行文子皆執鴈。魯於是始尚羔。」

〔註91〕不詳。

〔註92〕按：以上襲自陳祥道《禮書・序》。

〔註93〕《禮記・孔子閒居》。

〔註94〕荀悅《申鑒・雜言上》。

〔註95〕《論語・子路》：「孔子對曰：『言不可以若是其幾也。人之言曰：『予無樂乎為君，唯其言而莫予違也。』如其善而莫之違也，不亦善乎？如不善而莫之違也，不幾乎一言而喪邦乎？』」

亂，詐而偽，去禮道也遠矣。旋歸極反，不亦幾於禮乎？孔子從先進〔註96〕，周公尚白賁〔註97〕，有由然矣。故曰：「鳥之飛也，必還山集谷。不還山則困，不集谷則死。」〔註98〕《易》曰：「視履考祥，其旋元吉。」

泰䷊

泰：小往大來，吉，亨。何也？葉子曰：天運有極隆，陰陽之交是也，故曰：「天地變化，草木蕃。」〔註99〕世道有極治，上下之交是也，故曰：「唐、虞者，其中天而興乎？堯、舜者，其應運而生乎？」〔註100〕以是興也，應是運也，君子進而小人退矣。昔高陽氏有才子八人，齊聖廣淵，明允誠篤，天下之民謂之八凱；高辛氏有才子八人，忠肅恭懿，宣慈惠和，天下之民謂之八元。此十六族也，世濟其美。舜之時，八凱主后土，以揆百事，莫不時敘，地平天成；八元布五教於四方，父義母慈，兄友弟恭子孝，內平外成。帝鴻氏有不才子，掩義隱賊，好行兇德，醜類惡物，頑嚚不友，是與比周，天下之民謂之渾敦。少昊氏有不才子，毀信廢忠，崇飾惡言，靖譖庸回，服讒蒐慝，以誣盛德，天下之民謂之窮奇。顓頊氏有不才子，不可教訓，不知話言，告之則頑，舍之則嚚，傲狠明德，以亂天常，天下之民謂之檮杌。此三族者，世濟其凶，增其惡名。縉雲氏有不才子，貪於飲食，冒於貨賄，侵欲崇侈，不可得厭，聚斂積實，不知紀極，不分孤寡，不恤窮匱，天下之民以比三凶，謂之饕餮。舜臣於堯，投諸四裔，以御魑魅。故「曰『慎徽五典，五典克從』，無違教也。曰『納於百揆，百揆時敘』，無廢事也。曰『賓於四門，四門穆穆』，無凶人也」〔註101〕。嗚呼！其斯以為唐虞之世乎？志士彈冠，貞人掉臂，剛德庸庸，大道沛沛，其斯以為極治之世乎？過此而飛廉、惡來誅，十人亂王也。下此而晉悼初立，逐不臣者七人，而「魏相、士魴、魏頡、趙武為卿。荀賓、荀會、欒黶、韓無忌為公族大夫，訓卿之子弟恭儉孝悌。士渥濁為太傅，修范武子之法。右行辛為司空，修士蔿之法。弁糾禦戎，校正屬焉，訓諸御知義。荀賓為右，司士屬焉，訓勇力之士時使。祁奚為中軍尉，羊舌職佐之。魏絳為司馬，張老為

〔註96〕《論語・先進》：「子曰：『先進於禮樂，野人也。後進於禮樂，君子也。如用之，則吾從先進。』」

〔註97〕不詳。

〔註98〕《管子・宙合》。

〔註99〕《坤・文言》。

〔註100〕邵雍《皇極經世》卷六十二《觀物內篇之十二》附邵伯溫《繫述》。

〔註101〕《左傳・文公十八年》。

候奄。鐸遏寇為上軍尉，籍偃為之司馬，訓卒乘，親以聽命。程鄭為乘馬御，六騶屬焉，訓群騶知禮。而六官之長，皆民譽也」〔註 102〕。霸也所以次王也。天下所歸往，而使國共聽治，其亦世道之遞昌乎？《易》曰：「泰：小往大來，吉，亨。」

初九：拔毛茹，以其匯，征吉。何也？葉子曰：物之類，起以根，應以拔；人之類，隨以感，應以時。九官十二牧並列於堯朝；元凱十六相齊舉於舜世；「思皇多士」〔註 103〕，克生於周室；「濟濟多士」〔註 104〕，克廣乎魯心；固以類感，亦以時應也。故曰：投綸負鼎之賢爭伸引業，委輅請纓之士競奮深機。樂哉，其惟時乎！慶哉，其惟類乎！諗諸此，則夫江東之百六掾、崔祐甫之八百人，未可謂之濫也。宋蔡襄言於仁宗曰：「陛下罷竦而用琦、仲淹，士大夫賀於朝，庶民歌於路，且退一奸，進一賢，豈能關天下輕重哉？蓋一邪退則其類退，一賢進則其類進。眾邪並退，眾賢並進，海內有不泰乎？」〔註 105〕故唐憲宗問宰相：「玄宗之政，先理而後亂，何也？」崔群對曰：「玄宗用姚崇、宋璟、盧懷慎、蘇頲、韓休、張九齡則理，用宇文融、李林甫、楊國忠則亂。故用人得失，所繫非輕。人皆以天寶十四年安祿山反為亂之始，臣獨以開元十四年罷張九齡，專相李林甫，此理亂之所分也。」〔註 106〕《易》曰：「拔茅茹，以其匯，征吉。」

九二：包荒，用馮河，不遐遺，朋亡，得尚於中行。何也？葉子曰：自古翼運之臣，必建維皇之極，以經太平之治。是故寬而有制，不欲其玩愒也；周而不比，不欲其廢業也。何也？度不寬則人不容而事綻裂，於是乎生亂，然少過焉則弊矣，故糾之以猛。照不遠則事不給而人多壅，於是乎起奸，然太過焉則荒矣，故反之於近。昔者管仲寢疾，桓公往問之，曰：「鮑叔牙之為人何如？」對曰：「鮑叔，君子也。千乘之國，不以其道予之，不受也。雖然，不可以為政。其為人也，好善而惡惡已甚。見一惡，終身不忘。」桓公曰：「然則孰可？」對曰：「隰朋可。朋之為人，好上識而下問。於國有所不知政，於家有所不知事。居處不忘公門，居公門不忘其家。事君不貳其心，亦不忘其身。問〔註 107〕

〔註 102〕《左傳・成公十八年》。
〔註 103〕《大雅・文王》。
〔註 104〕《周頌・清廟》、《大雅・文王》。
〔註 105〕《宋史》卷三百二十《蔡襄傳》。
〔註 106〕《資治通鑑》卷二百四十一《唐紀五十七》。
〔註 107〕「問」,《管子》作「聞」。

之消息盈虛，與百姓屈伸，然後能以國勿已，隰朋其可乎！朋之為人也，動必量力，舉必量技。」言終，喟然而歎曰：「天之生朋，以為夷吾舌也。舌死，焉得生哉？」〔註 108〕嗚呼！仲其有以識此矣。裴度之相憲宗，蓋庶幾焉。不討王承宗，以違勸沮之理；必討吳元濟，以收獨斷之功。一切用省估，以蘇江南之困；不私其故人，以傷朝廷之公。此憲宗所以有元和之治也歟？若王導則易占之賊矣。路永、匡術、賈寧皆蘇峻之黨，先歸朝廷，王導欲賞之。溫嶠曰：「永等首為亂階，晚雖改悟，未足贖罪。得全首領，為幸多矣。」乃止。後又官庾亮不討卞敦。夫亮以外戚輔政，首發禍機，國破君危，竄身苟免。敦位列方鎮，兵糧俱足，朝廷顛覆，坐視勝負。人臣之罪，孰大於此？既不能明正典刑，又以祿寵報之，〔註 109〕大臣為國，舉措如此，豈所謂玉鉉在上、剛柔能節者耶？原其心，無非假為包容之度，以救己與王敦同反之罪焉耳。又，周札開門延王敦，札死而加以贈謚。郭默殺劉胤，又畏默梟勇難制。梟胤首於大航，以默為江州刺史。陶侃以書刺之，然後收胤首，侃則舉兵斬默。夫默，導之所用也。始違侃等之議而故用之又畏默而處之如此，可謂不忠之臣而無能之賊矣。而自以謂三朝元老也耶？至於遣從事行事揚州郡國，還則使各言二千石官長得失，獨顧和無言。導問之，曰：「明公作輔，寧使網漏吞舟，何緣採聽風聞以察為明哉？」觀此可以識其心而誅其意矣。世以謝安並稱，豈不誤哉？《易》曰：「包荒，用馮河，不遐遺，朋亡，得尚於中行。」

九三：無平不陂，無往不復。艱貞，无咎，勿恤其孚，於食有福。何也？葉子曰：日中則昃，月盈則食。天地盈虛，與時消息。而況於人乎！是故沙羅無常盛之期，虔劉有必至之候。鈞臺之享未幾而距河之兆已作，任賢之政方殷而諸侯之叛已基，保釐之忠方懇而水月之怪已見。嗚呼！三代已然，而況後世

〔註 108〕《管子・戒》。

〔註 109〕《資治通鑑綱目》卷十九永昌四年：「路永、匡術、賈寧皆峻黨，先歸朝廷，司徒導欲賞之。嶠曰：『永等首為亂階，晚雖改悟，未足贖罪。得全首領，為幸多矣。』乃止。侃以江陵偏遠，移鎮巴陵。朝議欲留嶠輔政。嶠以導先帝所任，固辭。又以京邑荒殘，留資蓄具器用，而後還藩。庾亮泥首謝罪，欲闔門投竄山海。帝手詔慰諭曰：『此社稷之難，非舅之責也。』亮乃求外鎮自效，遂以為豫州刺史，出鎮蕪湖。侃之討峻也，獨相州刺史卞敦擁兵不赴，又不給軍糧。侃奏請檻車收赴廷尉。司徒導以喪亂之後，宜加寬宥，乃以敦為廣州刺史，敦憂愧而卒。司馬公曰：『庾亮以外戚輔政，首發禍機，國破君危，竄身苟免。卞敦位列方鎮，兵糧俱足，朝廷傾覆，坐觀勝負。人臣之罪，孰大於此？既不能明正典刑，又以寵祿報之，晉室無政，亦可知矣。任是責者，豈非王導乎？』」

乎！內憂起於平吳，毆除來於極盛，竄逐本於時平，覆禍興於難削。此固人事，亦天運也。何也？伸與屈相推，則如砥者必踦；感與應相待，則已去者必來。必然之勢也。天下豈有不亂之治、不反之陰乎？雖然，大禹有無怠無荒之戒，皋陶有兢兢業業之勤，少康有布德兆謀之舉，武丁有反己思道之志，宣王有側身修行之勞，亦曰人定可以勝天，志一可以帥氣，義勝可以制命，不殫人謀，而曰天耳。天耳氣數一定，桑道茂〔註 110〕蓋已豫言之，則建中之亂乃所以副其期而徵其言耳，何以享天心而受休祉哉？《易》曰：「無平不陂，無往不復。艱貞，无咎，勿恤其孚，於食有福。」

六四：翩翩不富，以其鄰，不戒以孚。何也？葉子曰：尺蠖之屈，其極也伸，不止於屈；鷙鳥之伏，其發也擊，必致其力。哲宗之初，高后之崩未幾，而倏然有旨，召內侍六人復職，諸賢甫退。而楊畏首疏章惇、呂惠卿、鄧溫伯、李清臣。而一時邪佞群起矣，豈特為其雙雙而至者歟？又何力驅言約之繁焉，故曰左袒，罕聞其歸漢，同聲皆效於吠堯。昔者管仲寢疾，桓公問之。既舉隰朋以自代矣，又曰：「東郭、北郭、西郭有狗，啀啀旦暮，欲齧我猳，而不可使也。今夫易牙子之不能愛，將安愛君？豎刁其身之不愛，將焉愛君？衛公子開方去其千乘之太子而臣事君，是所願得於君者，是將欲過其千乘也，君必去之。」桓公曰：「諾。」管子遂卒。十月，隰朋亦卒。桓公去易牙、開方、豎刁。已而，五味不至。於是乎復返易牙。宮中亂，復返豎刁。利言卑辭不在側，復返開方。與數子處期年，三子作難圍公，一室不得出，分其齊國，而桓公自絕矣。嗚呼！小人之復也，豈惟人事，抑天道矣。雖然，唐璐王從珂謀叛，移檄鄰道，言朱弘昭、馮贇等專制朝權，懼傾社稷，今將入朝，以清君側，而力不能獨辦，願乞靈鄰藩以濟之。以西都留守王思同當東出之道，尤欲與之相結。遣使詣長安說以利害，餌以美妓。思同執其使以聞。他使亦多為鄰道所執。〔註 111〕此其叛逆之噁心雖起以動，而消息之數候尚未及期，鄰不為役也。君子諗時而察機，何凶禍之不可除乎？《易》曰：「翩翩不富，以其鄰，不戒以孚。」

〔註 110〕《舊唐書》卷一百九十一《方伎列傳》：「建中初，神策軍修奉天城，道茂請高其垣牆，大為制度，德宗不之省。及朱泚之亂，帝蒼卒出幸，至奉天，方思道茂之言。時道茂已卒，命祭之。」
《新唐書》卷二百〇四《方伎列傳》：「建中初，上言：『國家不出三年有厄會，奉天有王氣，宜高垣堞，為王者居，使可容萬乘者。』德宗素驗其數，詔京兆尹嚴郢發眾數千及神策兵城之。時盛夏趣功，人莫知其故。及朱泚反，帝蒙難奉天，賴以濟。」

〔註 111〕《資治通鑑》卷二百七十九《後唐紀八》。

六五：帝乙歸妹，以祉，元吉。何也？葉子曰：世之亂也，君日上而臣日下，君日尊而臣日卑，君日驕而臣日諂。故曰：「列侯尚公主，使男事女，夫屈於婦，逆陰陽之位。」〔註 112〕故王陽〔註 113〕條奏世務，指此為失。而長樂王回亦以「其弊至父母不敢蓄其子，舅姑不敢蓄其婦，此人倫悖於上，風俗壞於下」〔註 114〕，而天下日益亂也。世之治也，君降而下，臣交而上；君上而不尊，臣卑而不抑。故舜為匹夫，妻帝二女，而其《書》曰「嬪子虞」；西周王姬嫁於諸侯，亦執婦道，以成肅雍之德，其詩曰「曷不肅雍，王姬之車」〔註 115〕，而《春秋》書「王姬歸於齊」〔註 116〕，與列國之女同辭而不異。此所以陽唱陰和，夫先婦從，而天下日以治也。故帝女而嫁民間，屈其尊而順從乎陽，則夫婦之道不廢；天子而友匹夫，輕其身而下從乎善，則朋友之義斯敦。不如是，不足以盡人倫之極而應天命之正也。《孟子》曰：「舜尚見帝，帝館甥於貳室，亦饗。」〔註 117〕舜是天子而友匹夫也。《書》曰：「爾交修予，罔予棄，予惟克邁乃訓。」〔註 118〕堯之所以致治，而高宗之所以中興也。不其然，與人主之致泰，其道奚以加於此？何也？擁彗先驅，終足以救患；車騎虛左，亦足以邀功。而況輕身先於道德之士，屈節而下夫行義之人乎！故曰：「正誼之臣設則朝廷不頗，諫諍輔弼之人信則君道不過〔註 119〕。爪牙之士施則仇讎不作，邊境之臣處則疆陲不喪。」嗚呼！此非人主之大福乎？雖然，不可以不審也。誤用其禮於賊臣之前，過孚其心於鄙夫之腹。如王導之在晉元帝即位，欲與之同坐御榻。既即位，每見導必拜。與導手詔則云「皇恐言」，中書作詔則曰「敬問」，有司議元會則曰「欲盡敬禮」，可謂曲盡下接之禮矣。而詎知導乃反賊之黨，則不惟不足以致福，而幾於禍。畏強藩之跋扈，而假優詔之答；懼權奸之逼脅，而渥寵異之私。若唐山南道節度使於頔憚憲宗英成，為子季友求尚主，憲宗以普寧公主妻之。李絳諫曰：「頔，異族。季友，庶孽。不足以辱帝女。」憲宗曰：「此豈卿所知！」頔大喜。憲宗使人諷之入朝，頔遂奉

〔註 112〕《漢書》卷七十二《王吉傳》。

〔註 113〕按：「王陽」當作「王吉」。

〔註 114〕王回《書襄城公主事》，見呂祖謙《宋文鑒》卷一百三十。

〔註 115〕《召南・何彼襛矣》。

〔註 116〕莊公元年。

〔註 117〕《孟子・萬章下》。

〔註 118〕《尚書・說命下》。

〔註 119〕「過」，《荀子・臣道》作「遠」。

詔。〔註 120〕此與齊景、魯文無幾。不惟不足以獲祉，而反為辱。而乃曰：「以貴下賤，道本如是。」可乎？嗚呼！誤矣！誤矣！《易》曰：「帝乙歸妹，以祉，元吉。」

上六：城復于隍，勿用師。自邑告命，貞吝。何也？葉子曰：傳有之曰：「重門擊柝，以待暴客。」〔註 121〕城圮而崩，暴客旅登矣。又曰：「高城深池，以備不虞。」〔註 122〕隍復而平，跛牂坦升矣。治復而為亂，存化而為亡，安傾而為危，其何以力爭而言鬥哉？是故天子而國，國則可伐；諸侯而家，家則可毀；卿大夫而庶，庶則可侮。闟然偈然，坐以待斃而已矣。興師衹自釁，發命衹自辱，此周衰秦盛之六國、劉興石起之懷、愍乎？何可長也？《易》曰：「城復于隍，勿用師。自邑告命，貞吝。」

否䷋

否之匪人，不利君子貞。大往小來。何也？葉子曰：水道竭則怪物生，人道絕則小人會。《管子》曰：「谷之不徙、水之不絕者，生慶忌。慶忌者，其狀若人，其長四寸，衣黃衣，冠黃冠，載黃蓋，乘小馬，好疾馳。以其名呼之，可使千里外一日反報。此涸澤之精也。涸川之精者，生於蟡。於蟡者，一頭而兩身，其形若蛇，其長八尺。以其名呼之，可以取魚鱉。此涸川水之精也。」〔註 123〕然則凶德參會之期，世道非常之變矣。以天地則番覆，以人情則叛離，以世運則板蕩。怪物怪人之禍，可勝言哉！怪物生則陰勝而禍陽，怪人出則邪勝而禍正，是故危言者取禍，危行者殺身，忠諫者謂之誹謗，深計者謂之妖言矣。斯桀、紂、幽、厲、秦始皇之世乎！伯奇孝而棄於親，隱公慈而弒於弟，叔武賢而殺於兄，比干忠而誅於君，人道絕矣，將何以君子之正為哉？白居易上疏唐憲宗曰：「牛僧孺等直言時事而遭斥逐，楊於陵等以收直言而坐譴謫，盧坦以舉職事而出庶子，此數人皆今之人望，天下視其進退以卜時之臧否者也。一旦無罪，悉謫棄之，上下杜口，眾心洶洶，陛下亦知之乎？」范鎮上疏宋神宗曰：「李定避持服，遂不認母。壞人倫，逆天理。而欲以為御史，御史臺為之罷陳薦，舍人院為之罷宋敏求、呂大臨、蘇頌，諫院為之罷胡宗愈。王

〔註 120〕《資治通鑑》卷二百三十七《唐紀五十三》。

〔註 121〕《周易・繫辭下》。

〔註 122〕《宋史全文》卷二《宋太祖二》：「高城深池，堅甲重兵，以杜諸夏不虞之備，伐北夷深入之謀。」

〔註 123〕《管子・水地》。

詔上書，肆意欺罔，以興造邊事。事敗，則置而不問，反為之罪帥臣李師中。及御史謝景溫一言蘇軾，則七路掎摭其過；執政不悅孔文仲，則遣之歸任。以此二人，況彼二人，事理孰是孰非，孰得孰失，其能逃聖鑒乎？」〔註 124〕而賀邵諫吳皓亦曰：「正士摧方，庸臣苟媚。人執反理之說，士吐詭道之論。遂使仕者以退為幸，居者以出為禍。」〔註 125〕於乎是可以觀時矣。《易》曰：「否之匪人，不利君子貞。大往小來。」

初六：拔茅茹，以其匯，貞吉，亨。何也？葉子曰：趨也。《淮南子》曰：「物類之相應，玄妙深微，知不能論，辯不能解。故東風至而酒湛溢，蠶餌絲而商弦絕，或感之也。畫隨灰而月暈闕，鯨魚死而彗星出，或動之也。」〔註 126〕然則一君子進，眾君子亦以類而進；一小人來，眾小人亦以類而來。豈非天機之不容或已者乎？故韓琦、范仲淹用，而杜衍、章得象、晏殊、賈昌朝同時登用，歐陽修、蔡襄、余靖、王素並為諫官。唐德宗相盧杞，而杞引裴延齡。宋哲宗擢楊畏，而楊畏薦章惇，章惇引蔡卞、林希、黃履、來之邵、張商英、周秩、翟思、上官均等。此天下之定理，亦天下之大勢也。故曰：驩兜入而四凶集，賈充不留而群小憂。又曰：十月播鞀而池蛙鳴，三更吹竹而鰒魚集。不其然乎？但君子進不憂其變而為小人，小人進則惟恐其不變為君子。李吉甫不得在端亮之列，然於陸敬輿能忘纖芥之憾，於裴垍能輸訪問之悃，此亦君子之高致也。唐坰之於王安石，始則附之以自售，終則劾之以自新。君子惡其始而恕其終，所以勸改過也。淮南賊將丁士良為李愬所擒，眾請剖其心，愬釋其縛，士良請盡能以報德，乃為之擒陳光洽，降吳秀琳，取李佑、龐勳，將張元稔，斬張僑、張實及符離守將而平徐州。劉季述謀廢立，出告宰相崔胤，胤不能違。已幽昭宗，立太子裕，乃密緻書朱全忠，使興兵圖反正。又因神策指揮孫德昭憤惋不平，遣判官石戩說之，卒討季述，復昭宗位。亦庶幾能改於其德者。《易》曰：「拔茅茹，以其匯，征吉，亨。」

六二：包承，小人吉，大人否亨。何也？葉子曰：未嘗無順上之恭者，小人巧慧之機心；未嘗失持身之正者，君子履方之正道。小人之尚德，小人之自為計耳。君子曾亦以是而亂其群哉？何也？噬人之犬不吠，吠人之犬不噬。李林甫城府深密，人莫窺其際，好以甘言啖人，不露辭色。凡上所厚者，則親厚

〔註 124〕《宋史》卷三百三十七《范鎮傳》。
〔註 125〕《三國志》卷六十五《吳書二十・賀邵傳》。
〔註 126〕《覽冥訓》。

之。李義府容貌溫恭，與人語，必嬉怡微笑。李輔國能隨事齪齪，謹密取人主親信，而內深賊未敢肆，不啖葷，時時為浮屠詭行，人以為柔良不忌也。嗚呼！此小人之深情，所以掩覆其惡，巧竊其權，自為之深計。所謂鼷鼠之口甘而卒食其角，食其肉，食其心而不自知者也。曾謂君子而可以忘情乎？是故宋璟之於二張，溫嶠之於王敦，挺挺乎若神明之不能為累者，所以為千古之英傑也。不然，知不哲而昧。若陸遜為書與關侯稱其功美，深自謙抑，為盡忠自託之意。侯意大安，無所復嫌，稍撤兵以赴樊，而遜遂發兵擒侯。劉瞻南遷，劉鄴附於韋、路，共短之。及瞻為相，鄴懼止。瞻置酒，盡其歡情。瞻歸而薨，人以為鄴所鴆。〔註 127〕司馬光復差役之法，為期五日，同列病其太迫，知開封府蔡京獨如約，悉改畿甸雇役，無一違者。詣政事堂白光，光喜，曰：「使人人奉法如君，何不可之有？」而京卒附惇、忭，託紹述之名，以斥元祐諸老。韓侂胄傅命恭謹，定策機密，趙汝愚以為外戚同國難而不言功，卒致謀圖社稷之誣，一網打盡。守不介而溺。若魏元忠受三司，實封百戶，遂至感咽涕泗，而容容循默，坐視五王之夷滅，而亦卒為三思之所陷。李晟受張延賞，詣第之謝，遂與酣飲盡歡，且表薦延賞為相，復為子求婚其女，延賞不許。乃謂人曰：「武夫性快，釋怨於杯酒間，則不復貯胸中矣。非如文士難犯，外雖和解，蓄憾如故，吾無懼哉。」李訓獎拔狂險之士，然亦時取天下重望，以順人心。裴度、令狐楚、鄭覃皆累朝耆俊，久在散地，故皆引居崇秩，而度、楚受之不辭，終其身為所牽縛。嗚呼！君子受小人之啖，小者敗名而喪節，大者殺身而亡家，則亦何利之有哉？孰知天下之物，至有順逆，而君子之明哲貴反觀？東萊曰：天下之禍，不生於逆而生於順。〔註 128〕以陷我者而厚我，以仇我者而親我，此理之不當然也。理不當然而然，不亦豢我而納之於禍乎？牛羊犬豕醉於豢養，身日肥而死日逼。人也而坐視小人仇敵之所醉，久而自赴刀幾也，愚亦甚矣。故曰：「魚鱉黿鼉猶以淵為淺而堀其中，鷹鳶猶以山為卑而巢其巔。及其得之也，必以餌。故君子苟能無以利害義，則恥辱無由生矣。」〔註 129〕《易》曰：「包承，小人吉，大人否亨。」

六三：**包羞**。何也？葉子曰：君子志於道德，道德盛而降階，則愈明其辭讓之節。小人苟於富貴，富貴極而患失，則愈藏其羞惡之心。甘受爾汝之實而

〔註 127〕《資治通鑒》卷二百五十二《唐紀六十八》。

〔註 128〕呂祖謙《左氏博議》卷二十四《晉趙盾侵鄭》。

〔註 129〕《說苑》卷十《敬慎》：「夫飛鳥以山為卑而層巢其巔，魚鱉以淵為淺而穿穴其中。然所以得者，餌也。君子苟能無以利害身，則辱安從至乎？」

不辭，知取笑罵之辱而不顧，此祝欽明所以有八風之舞〔註 130〕，鄧綰所以有從人之罵〔註 131〕，趙師睪所以有林間之吠也〔註 132〕。哀哉！《易》曰：「包羞。」

九四：有命，无咎，疇離祉。何也？葉子曰：謀事在人，成事在天。古之訓也。天命至而人事之不臧，雖成而必敗。王、謝之不能克復中原而偏安江左，君子之所甚憾也。人事臧而天命之不至，雖為而無成。孔明之不能剷除漢賊而先隕其身，君子之所深悼也。其為吉甫之輔宣王、傅說之相高宗、鄧禹諸人之佐光武乎？承再昌之景運，抱上智之宏略，無突如之患，而有遍德之福，則肇造天下，其功多洪濟蒼生，其業廣矣。故曰：大臣有道，群工以休。雖然，高歡襲秀榮，殺爾朱兆，後表辭王爵，不許。請分封邑十萬，以頒義勳，許之。〔註 133〕郭威克李守貞，至大梁入見，勞賜甚厚，辭曰：「臣將兵在外，凡鎮安京師，供億兵食，皆諸大臣居中者之力也。臣安敢獨膺此？請遍賞之。」乃遍賜宰相、樞密、宣徽、三司、侍衛使九人如一。諸大臣議以執政既溥加恩，恐藩鎮觖望，亦遍加恩有差。〔註 134〕夫不專有其功而推以分之人，此固大臣勞謙之美，開泰之功也。然國家爵祿以一人之功而及天下，則亦濫矣。況有不臣之心，將以要結人心而為之者乎！則非所謂使人獲福之道也，君子慎之。《易》曰：「有命，无咎，疇離祉。」

九五：休否，大人吉。其亡其亡，繫于苞桑。何也？葉子曰：戡天下之禍亂、致天下之太平者，聖人之能事。身致太平、身失太平者，亦賢君以下之常病也。聖人不以己之能事自怠，而恒以賢君以下之常病自戒，是故當堯之時，治定功成，禮樂大備，和氣浹洽於天壤之間，鳳獸儀舞於宮庭之內，可謂中天而興應運而治矣。而舜旋規之，以敕天之命，惟時惟幾。蓋言天道難諶，理亂安危相為倚伏。斯須畏敬之不存，則怠荒之所自起；毫髮幾微之不察，則禍亂

〔註 130〕《資治通鑒》卷二百九《唐紀二十五》：「己卯，上宴近臣，國子祭酒祝欽明自請作《八風舞》，搖頭轉目，備諸醜態；上笑。欽明素以儒學著名，吏部侍郎盧藏用私謂諸學士曰：『祝公《五經》，掃地盡矣！』」

〔註 131〕《宋史》卷三百二十九《鄧綰傳》：「鄉人在都者皆笑且罵，綰曰：『笑罵從汝，好官須我為之。』」

〔註 132〕《宋史》卷二百四十七《宗室列傳四・趙師睪》：「侂胄嘗飲南園，過山莊，顧竹籬茅舍，謂師睪：『此真田舍間氣象，但欠犬吠雞鳴耳。』俄聞犬嗥從薄間，視之乃師睪也，侂胄大笑久之。」

〔註 133〕《資治通鑒》卷一百五十六《梁紀十二》。

〔註 134〕《資治通鑒》卷二百八十八《後漢紀三》。

之所自生。此所以為唐、虞之治也。《無逸》亦曰:「其在高宗,嘉靖萬邦殷〔註135〕。至於小大,無時或怨。」夫以興衰撥亂之主,而能使禮樂教化蔚然於安居樂業之中,信非庸君世主所可覬矣。然必聽傅說之戒而事事有其備,始延商祚二百年,以成中興之盛功。下至鄢陵之戰,楚大敗矣,而范燮立於戎馬之前以致戒;〔註136〕蕭魚之會,鄭已服矣,而魏絳且以安樂思終而致規。〔註137〕霸者知此,而況帝王之治哉!周宣內修政事,外攘夷狄,覆文、武之境土,亦可謂難矣。而卒不免《庭燎》、《沔水》之規,《祈父》、《黃鳥》之刺,宣後樂色之戒。齊桓欲服楚,而楚人未怗,尚以為憂也。致勤於鄭,振中夏之威;會於陽谷,敦遠國之信;按兵於陘,修文告之辭;退舍召陵,謹會盟之禮。存此心以進善,則桓有王德,而邦其永孚於休矣。惜乎楚方受盟,志已驕溢。陳大夫一謀不協,其身見執,其國見伐,而怒猶未怠。循至葵丘,九國叛而萌震矜,管仲死而放繩墨,城杞貶於城邢,救徐怠於救許,伐黃而外叛起,會卞而家法虧,則桓德益衰而政日斁矣。魏武才得荊州,而張松見忽;唐莊宗自矜取汴,而高氏不朝。梁武自我得之,自我失之,而卒壞天下。唐憲宗誅劉闢,斬李錡,擒吳元濟,赫然中興之英主。未幾而有麟德承暉殿之修,龍首池之濬,張奉國、李文悅、裴度為之遠憂而力諫。漢隱帝三叛既平,浸為驕縱,與左右狎昵,與飛龍使後匡贊荼酒,使郭允明為廋辭醜行,大後屢戒。及張昭切戒而不聽。何也?勤於始而怠於終,戒於前而肆於後,常人之情也。善乎後唐明宗與馮道從容語及年穀豐登,道曰:「臣昔在先王幕府,奉使中山,歷井陘之險,臣憂馬蹶,執轡甚謹,幸而無失。逮至平路,放轡自逸,俄至顛隕。凡為天下

〔註135〕「萬邦殷」,《無逸》作「殷邦」。

〔註136〕《左傳·成公十六年》:「晉入楚軍,三日谷。范文子立於戎馬之前,曰:『君幼,諸臣不佞,何以及此?君其戒之!《周書》曰:唯命不於常,有德之謂。』」

〔註137〕《左傳·襄公十一年》:「鄭人賂晉侯以師悝、師觸、師蠲,廣車、軘車淳十五乘,甲兵備,凡兵車百乘,歌鍾二肆,及其鎛磬,女樂二八。晉侯以樂之半賜魏絳,曰:『子教寡人和諸戎狄以正諸華,八年之中,九合諸侯,如樂之和,無所不諧,請與子樂之。』辭曰:『夫和戎狄,國之福也。八年之中,九合諸侯,諸侯無慝,君之靈也,二三子之勞也,臣何力之有焉?抑臣願君安其樂而思其終也。《詩》曰:樂只君子,殿天子之邦。樂只君子,福祿攸同。便蕃左右,亦是帥從。夫樂以安德,義以處之,禮以行之,信以守之,仁以厲之,而後可以殿邦國、同福祿、來遠人,所謂樂也。《書》曰:居安思危。思則有備,有備無患。敢以此規。』公曰:『子之教,敢不承命。抑微子,寡人無以待戎,不能濟河。夫賞,國之典也,藏在盟府,不可廢也,子其受之!』魏絳於是乎始有金石之樂,禮也。」

者，亦猶是也。」〔註 138〕而先達亦曰：舟之師嘗浮積石，道瞿唐，涉狂飆怒濤，而克濟者。其乘順風，蹈平川，固敖然若閨門几席之上。然衣袽之不戒而檣櫓之就偃者不鮮矣。故君子圖易若難，謹終若始，然後業樹而不隳，名彰而不朽。不然，則不免石讎所言。《春秋》有忽然而足以亡其國者矣，國君不可以不慎也。《易》曰：「休否，大人吉。其亡其亡，繫于苞桑。」

上九：傾否，先否後喜。何也？葉子曰：古之君子，以其身當乎天下也，順流而更化，卷領而坐嘯，幸之幸也。其能以剛方果毅之才，輔興衰撥亂之主，排天下之溺，瀉天下之亂，固云天道，抑亦人事。始於憂勤，終於逸樂，不亦不幸之大幸乎？山甫之慰，心懷於補闕；魯侯之燕，喜得之復宇。古今人情量同斯揆矣，「出師未捷身先死，長使英雄淚滿襟」。今同於古，「直抵黃龍府，方與諸君痛飲耳」。事不如心，斯則可哀之甚矣。噫！雖然，順天乘時，濟群生於艱難者，固英傑之事。而勞心焦思，勤經綸於不懈者，又忠哲之心。君有覆滅之憂，而臣無辱死之志，天下奈之何其望治哉？「馮異謂陛下：『無忘在河北時，臣不敢忘巾車之恩』；郭崇韜謂『無忘戰於河上之時，當使煩暑生清涼』」〔註 139〕；然則君有兢惕之小心，而臣無先事之勤略，可乎？此又人臣者之所當知也。不然，若李德裕銳意討劉稹，卒成收平澤潞之功，亦可謂大臣之已亂矣。然三鎮未平，河湟未復，天子偏惑方士，宰相逃優免責之不暇，而德裕乃請上尊號，是以滿假矜伐勸其君，豈所謂引君當道得憂樂之宜者哉？故曰：才氣謀略誠高一時，而道則萬分未得其一者也。此又人臣者之所當知也。《易》曰：「傾否，先否後喜。」

〔註 138〕《資治通鑑》卷二百七十六《後唐紀》。
〔註 139〕《誠齋易傳》卷四《否》。

葉八白易傳卷四

同人䷌

同人于野，亨，利涉大川，利君子貞。何也？葉子曰：必欲四海九州之兼濟者，聖人之心也。不於一物二物三四五物而相昵者，聖心之公也。故曰：「老者安之，朋友信之，少者懷之。」〔註1〕通天下為一體，合萬物為一身，斯之為大道之公乎？斯之為天下一身中國一人乎？堯、舜之世，九官、十二牧、十六相，同於朝。普天之下，率土之濱，同於野，是以濟濟總總。堯、舜之民皆以堯、舜之心為心，而萬邦協和，黎民於變時雍，百工熙，庶事康，至誠感神，矧茲有苗，必至之治矣。何天下之不平？何大事之不濟者哉？雖然，孔子告子路以君子之道曰：「脩己以敬，脩己以安人，脩己以安百姓。」〔註2〕其自言君子曰：「周而不比。」〔註3〕是公己公物之道，己正物正之軌也。非其道則詭，失其軌則邪。宋公子鮑禮於國人，宋饑，竭其粟而貸之。年七十以上，無不饋詒也。時加羞珍異，無日不數於六卿之門。國之材人，無不事也。親自桓以下，無不恤也。是為邪而媚。齊舊四量：豆、區、釜、鍾。四升為豆，各自其四，以登於釜，釜十則鍾。陳氏三量皆登一焉，鍾乃大矣。以家量貸而公量收之。山木如市，弗加於山。魚鹽蜃蛤，弗加於海。民三其力，二入於公，而衣食其一，是為竊而咻，是則國之賊而民之蠹矣。豈非聖王之所誅哉？《易》曰：「同人于野，亨，利涉大川，利君子貞。」

〔註 1〕《論語．公冶長》。

〔註 2〕《論語．憲問》。

〔註 3〕《論語．為政》。

初九：同人于門，无咎。何也？葉子曰：觀於海者難為水，非難為水也，見水之宗也。遊於聖人之門者難為言，非難為言也，知言之奧也。然則舉天地萬物為度內者，而可使之窮年不見日月之光哉？而可使之孤群偏黨以為合哉？故《淮南子》曰：「今有人囚之冥室之中，雖養之以芻豢，衣之以綺繡，不能樂也。以目之無見，耳之無聞，穿隙穴見雨零，則快然而歎之。況開戶發牖，從冥冥，見昭昭乎！見昭昭猶尚肆然而喜，又況出室坐堂，見日月之光乎！見日月之光曠然而樂，又況登泰山，履石封，以望八荒，視天都若蓋，江河若帶！又況萬物在其間乎！」〔註 4〕故曰：「不聞大論則志不宏，不聽至言則心不固。思唐、虞於上世，瞻仲尼於中古，而知夫小道者之足羞也。想伯夷於首陽，省四皓於商山，而知夫穢志者之足恥也。存張騫於西極，念蘇武於朔垂，而知懷閭室者之足鄙也。」〔註 5〕然則門之內，父子也，兄弟也，夫婦也，遞相為宗者也；門之外，四方也，上下也，往古也，來今也，曷其有窮焉者乎？出戶牖，觀大道。去家人，覽乾坤。此司馬子長、邵堯夫之學也。同人乎哉？同人乎哉？《易》曰：「同人于門，无咎。」

六二：同人于宗，吝。何也？葉子曰：自一鄉而及天下者，君子進德之資也；盡當今而進往古者，君子尚友之益也。則夫懷篤固於僻隘之中，昵比附於卑陋之末。閉門而覓友，坐甕以託交，不亦下士之末而規規瑣瑣之甚已乎？大道之不聞，至理無從得，無足怪也已。何也？楚人亡弓，楚人得之，已形骸於爾女矣。況爾女而遞相為爾女，自棄孰甚焉！斂盂之會辭鄭盟，攢函之盟比戎狄〔註 6〕，《春秋》之所罪也。昔者周公制政，下士七十人，介子推行年十五而相荊。仲尼聞之，使人往視。還曰：「廊下有二十五俊士，堂上有二十五老人。」仲尼曰：「合二十五人之智，智於湯、武。並二十五人之力，力於彭祖。天下其固免乎！」〔註 7〕是故荀氏之書曰：「太上不異古今，其次不異海內。同天下之志者，其盛德乎？故大人之志，不可見也。浩然而同於道。」〔註 8〕邵子之書曰：「無名公年十歲學於里人，遂盡里人之情。已之，滓十去其一二矣。年

〔註 4〕《泰族訓》。

〔註 5〕荀悅《申鑒・雜言下》。

〔註 6〕《左傳・宣公十一年》：「晉郤成子求成於眾狄，眾狄疾赤狄之役，遂服於晉。秋，會於欑函，眾狄服也。是行也，諸大夫欲召狄。郤成子曰：『吾聞之，非德，莫如勤。非勤，何以求人？能勤，有繼。其從之也。《詩》曰：文王既勤止。文王猶勤，況寡德乎？』」

〔註 7〕《說苑》卷八《尊賢》。

〔註 8〕荀悅《申鑒・雜言下》。

二十求學於鄉人，遂盡鄉人之情。已之，滓十去其三四矣。三十求學於國人，遂盡國人之情。已之，滓十去其五六矣。年四十求學於古人，遂盡古人之情。已之，滓十去其七八矣。年五十求學於天地，遂盡天地之情。欲求已之，滓無得而去矣。」〔註9〕嗚呼！此同人之至也夫。故曰：王先成彭州一走卒也，為王宗侃條七狀以白王建，建能用之，遂不煩兵而下一州。然則取士之路，可不廣哉？取之廣，然後賢才不在下而在上，賢才在上則下受其賜，而禍亂不作矣。昔晉和凝為端明學士，署其門不通賓客。耀州推官張誼致書於凝，以為切近之職為天子耳，目宜知四方利病，柰何拒絕四方賓客，雖身安為便，如負國何？〔註10〕拓跋猗盧請并州從事莫含於劉琨，含不欲行。琨曰：「以并州單弱，吾之不材，而能自存於戎狄之間者，代王之力也。吾傾身竭貲以長子為質而奉之者，庶幾為朝廷雪太恥也。公欲為忠臣，柰何惜共事之小誠而忘徇國之大節乎？往事代王為心腹，一州之所賴也。」含遂行。猗盧甚重之，與參大謀。〔註11〕吁！其有以識此矣。《易》曰：「同人於宗，吝。」

九三：**伏戎于莽，升其高陵，三歲不興**。何也？葉子曰：材德之人，成功者之所急也；中正之士，舉事者之所資也。然則求之者有不殷而取之者有不切乎？是故有以君子而求君子者矣，此則不待戒而孚。苗、劉之變，張浚與呂頤浩、張俊謀起兵共討之。會韓世忠由海道將赴任行在，張俊聞之，喜曰：「世忠來，吾事濟矣。」因白浚以書招之。世忠即率兵赴闕，誅二賊以復帝位。亦有小人而求君子者矣，此則不可強而致。姚令言反迎朱泚，為權知六軍。泚遣騎士以兵劫段秀實，曰：「段公來，吾事濟矣。」因議稱帝。秀實勃然，前唾泚面，舉笏擊之，濺血灑地。何也？君臣之義無所逃於天地之間，則邪妄之求不可得而強諸劫奪之下。是故威力雖猛，猛無所施。桓溫忌謝安之忠，壁人以圖之而不能。曹操壯雲長之義，百計留之而不可。觀望雖詭，詭無所用。齊景晚年挾衛，欲抑晉以代興。然次五氏，次垂葭，會於牽，皆不敢伐晉，雖圖回數年而終莫之成。其初求諸侯，先得鄭、魯，而後得宋。及鄭、宋交伐，欲救宋則失久好之鄭，欲勿救則失新附之宋。故蘧拿之次，觀望二國之間，待其勝負而隨為之媚。奸謀雖詭，而圖霸不成，則何益哉？《易》曰：「伏戎于莽，升其高陵，三歲不興。」

〔註9〕邵雍《無名君傳》，見呂祖謙《宋文鑒》卷一百四十九。
〔註10〕《資治通鑒》卷二百八十一《後晉紀二》。
〔註11〕《資治通鑒》卷八十九《晉紀十一》。

九四：乘其墉，弗克攻，吉。何也？葉子曰：惟天下之正理，可以屈橫逆之大勢；惟天下之屈勢，可以止無厭之欲心。齊人慾伐魯，師北行矣，忌卞莊子勇，不敢過卞。晉人慾伐衛，秣馬厲兵矣，畏子路賢，不敢過蒲。趙盾欲伐邾，起諸侯之師八百乘矣，服矍且長，不敢納捷菑。皆屈於理而阻於勢者也。況彼君臣之義無所逃於天地之間，理莫尚焉！惟辟作威患至掇於訟上之際，勢莫尚加焉，而奚以妄動為哉？畏天下之大義者，災不逮夫身；安天下之大分者，禍不作於己。君子所以貴自反乎？《易》曰：「乘其墉，弗克攻，吉。」

九五：同人，先號咷而後笑，大師克相遇。何也？葉子曰：君得臣而後萬化行。世無賢人君子，則亦已矣。有之而不為我所有，果能已其寤寐之思乎？間之於始而合之於終，又能已其魚水之歡乎？詩人之歎文王曰：惟天下之至靜，為能配天下之至健。萬化之源，一本於此，未得之也，如之何其弗憂？既得之也，如之何其弗樂？噫！閨門之助如此，而況不有君子，其能國乎！仲尼在衛，趙鞅絕謀；干木處魏，秦人罷兵；謝安在晉，王猛知其不可伐；季梁在隨，楚子之兵不敢加；子罕在宋，而天下莫能當；三良為政，而鄭國未可間。君子之有繫於人國也如此。有之而為小人之所間，間之而失君臣之相孚，可無憂乎？昔者晉人患秦之用士會也，六卿相見於諸浮。趙宣子曰：「隨會在秦，賈季在狄，難日至矣。」於是相與謀復焉。蓋其憂之深而念之重也。楚不知此，而卒使奇材策士為敵國用，故析公為繞角之遁而失華夏，雍子為彭城之潰而失東夷，子靈教吳叛楚而罷於奔命，苗賁皇夷王熠師而鄭叛吳興。楚人之不復振也，豈非不知因離求合之道乎？嗚呼！君子於此所以三致意而不能平其懷遣其心者，有由然也。雖然，知求賢而不知去讒，賢不得也；知去讒而不知用斷，讒不忘也。唐代宗知慰李光弼而不能斬程元振，德宗知恃李懷光而不能誅盧杞。三國吳主休喜讀書，欲與祭酒韋昭、博士盛沖講談。張布以昭、沖切直，恐入侍言己過，因諫止之。休曰：「孤欲與昭等講習舊聞，亦何所損？君特恐其道臣下奸慝，故不欲入耳。如此之事，孤自己備之，不須昭等然後解也。」布惶恐謝罪，且言懼妨政事。休曰：「王務學業，其流各異，不相妨也。」然休恐布疑懼，卒廢講業，不使昭等入。〔註12〕五代楚王殷用都軍判官高郁為謀主，國以富強，鄰國皆疾之。唐莊宗入洛，殷遣其子希範入貢。莊宗愛其警敏，曰：「比聞馬氏當為郁所奪，今有子如此，郁安能得之？」高季興亦屢以流言間鬱于殷，殷不聽。司馬楊昭謀代郁任，日譖之於希聲，希聲屢請誅之。殷曰：

〔註12〕《資治通鑒綱目》卷十六景曜五年。

「成吾功業，皆郁力也。如何為此言？」希聲請罷其兵柄，乃左遷郁行軍司馬，希聲遂矯殷命殺之。〔註13〕嗚呼！知其賢矣而不能求之專，覺其奸矣而不能去之力，若之何其得相遇邪？惟苻堅之於王猛，殆庶幾焉。猛日親幸用事，勳舊多疾之。樊世本氐豪，佐秦王健定關中，謂猛曰：「吾輩耕之，君食之邪？」猛曰：「非徒使君耕之，又將使君炊之。」世大怒曰：「要當懸女頭於長安城門。不然，吾不處世。」猛以白堅，堅曰：「必殺此老氐，然後百僚可肅。」會入言事，與猛爭論於堅前。世欲起擊猛，堅怒，斬之。於是群臣見猛皆屏息。猛時年三十六。歲中五遷，權傾內外。人有毀之者，堅輒罪之。〔註14〕嗚呼！偏國之用賢去讒，乃能堅而克斷如此，此所以卒成大業。不然，天下之士未有能至者矣。齊晏子有言：「人有市酒而甚美者，置表甚長，然至酒酸而不售。主人問其故，里人曰：『公之狗甚猛，而人有持器欲往者，狗輒迎而齧之，是以酒酸不售也。』士欲白萬乘之主，用事者迎而齧之，亦國之惡狗也。」〔註15〕不去惡狗，士何由至哉？嗟乎！豈惟君臣，父子之間亦誠有之。漢武帝、唐玄宗亦威明之主，一為小人所間，不能用其仁武，遂使骨肉傷殘，天親不保，禍敗宜矣。惟後唐明宗僅有取焉。安重誨欲陷李從珂，矯制令楊彥溫逐之，令索自通斬彥溫。從珂馳入自明，唐主責令歸第。重誨諷馮道、趙鳳奏從珂失守，宜加罪。唐主曰：「吾兒為奸黨所傾，未明曲直，公輩遂不欲置之人間，何邪？且此皆非公輩意也。」明日重誨自言之，唐主曰：「朕昔為小校，家貧，賴此兒拾馬糞以自贍，以至今日為天子，曾不能庇之邪？」〔註16〕嗚呼！不用馮河之勇，幾至大患。父子尚然，況君臣乎！明主所宜深戒也。不然，墮於坑谷，入於塹壑，睹歸來望思之臺，而痛無益矣。何嗟及哉？《易》曰：「同人，先號咷而後笑，大師克相遇。」

上九：同人于郊，无悔。何也？葉子曰：不與人異，君子固未嘗遁世而離群也。而人不我同，君子亦豈甘援人而推己乎？芒然徬徨乎塵垢之外，翛然遨遊乎無何有之鄉，與木石居，與鹿豕遊，曠然天地，萬物莫之為逅，非君子之棄物也，時莫我與也。是故據君子隨時之義，則遁世者理不背而心不歉，故嘉遁龍盤，越世高蹈，遊心於浩然，玩志於眾妙，絕景乎大荒之遐阻，吞吐乎幽響之窮奧者，可以知伯夷餓死之心，原上天生物之仁，則長往者心不安而志未

〔註13〕《資治通鑑》卷二百七十六《後唐紀》。
〔註14〕《資治通鑑》卷一百《晉紀二十二》。
〔註15〕《韓詩外傳》卷七。
〔註16〕《資治通鑑》卷二百七十七《後唐紀》。

得，故不卷道而背時，不遺身而匿跡，生必耀華名於玉版，沒則勒洪伐於金冊者，可以識孔子周流之意。《易》曰：「同人于郊，无悔。」

大有䷍

大有：元亨。何也？葉子曰：普天之下有分土，不可語至治；率土之濱有分民，不可溥同仁。何也？令有所梗而不通，化有所沮而不達，君子所不道也。其惟光天之下，至於海隅蒼生，萬邦黎獻，共惟帝臣、惟帝時舉者乎？其惟弼成五服，至於五千，州十有二師，外薄四海，咸建五長，各迪有功者乎？其惟東漸於海，西被於流沙朔南，暨聲教訖於四海者乎？禮樂刑政四達而不悖，沛然德教充溢乎四海，斯之謂極盛矣。若夫東極於海，西至焉耆，南盡林邑，北抵大漠，皆為州縣。東西九千五百一十一里，南北一萬六千九百一十八里。唐地盛矣，而治功不免於雜夷。天下凡有郡一百九十，縣一千二百五十五，戶八百九十萬有奇，東西九千三百里，南北一萬四千八百一十五里。隋氏之盛極於此矣，而旋踵遂至於滅亡。漢有南粵之不下，宋有十六州之未收，以至六朝之不能渾一，五季之不復有中原。其事益末，其道益替，而不足以語治道矣。《易》曰：「大有：元亨。」

初九：无交害，匪咎，艱則无咎。何也？葉子曰：富貴之極，侈心自起；世祿之家，鮮克由禮。故曰：富不期驕，貴不期侈。豈非人情也乎？然則履豐裕之初，居富貴之始，則驕盈之失未起，奢麗之態未作，亦其勢使然也。無有蕩陵德，背天道，夫亦何過哉？子貢之「富而無驕」〔註17〕，公西華之「積而能散」〔註18〕，此聖門之所重也。雖然，出見紛華，入與心戰，雖賢者不能自免，而況常人乎！見之者尚不免心動，而況身履其盛乎！怙侈滅義，服美於人。驕淫矜誇，將由惡終。不特殷之庶士為然也。古今中知之士，往往有所不免焉，可無慎乎？伯張曰：「貴而能貧，可以後亡。恭敬事君，與二三子。生在敬戒，不在富也。」〔註19〕晏子曰：「慶氏之邑足欲，故亡。吾邑不足欲也。益之以邶殿，乃足欲。足欲，亡無日矣。不受邶殿，非惡富也，恐失富也。且夫富如布帛之有幅焉，為之制度，使無遷也。夫民生厚而用利，於是乎正德以幅之，謂之幅利。利過則為敗，吾不敢貪多，所謂幅也。」〔註20〕免餘曰：「寧子惟

〔註17〕《論語・學而》。
〔註18〕《禮記・曲禮上》。
〔註19〕《左傳・襄公二十二年》。
〔註20〕《左傳・襄公二十八年》。

多邑，故亡。臣恐死之速及也。」〔註21〕史魚曰：「富而能臣，必免於難，上下同之。戍也驕，其亡乎？富而不驕者鮮。驕而不亡，未之有也。」〔註22〕然則始雖不害，終其可以忘戒乎？持其志，使無終怠惕其心，使無久淫閒於禮，使無末侈，庶幾其可免乎？《書》曰：「雖收放心，閑之惟艱。資富能訓，惟以永年，惟德惟義，時乃大訓。不由古訓，於何其訓？」嗚呼！此畢公之所以成就殷民者，斯其為至乎？子謂衛公子荊善居室，抑亦庶幾於是矣。《易》曰：「無交害，匪咎，艱則无咎。」

九二：大車以載，有攸往，无咎。何也？葉子曰：短綆不可以汲深，小器不可以盛大。故欲引重致遠者，蓋軫輪輻之具不可以不厚且良。戡禍亂、綏太平者，文武常變之才，不可以不大而博。不然，則僨矣。《戰國策》曰：「君因王言而重責以事，菁〔註23〕之軸今折矣。」《楚辭》曰：「任重載盛兮，陷滯而不濟。」〔註24〕則夫有其物而無其器，有其器而無其具，安有不僨於濟而入於淖者哉？然則授之至大而不驚，納之至煩而不亂，其正足以立天下之經，其權足以達天下之變，古之人有勝之者，伊尹、周公是已。其次孔明、李綱亦庶幾乎！管仲知不足而才有餘，蕭曹識不明而量褊淺，房、杜有宰相之才而無其道，韓、范、富、馬有宰相之道而乏其器，諒哉其未易易也。《易》曰：「大車以載，有攸往，无咎。」

九三：公用亨於天子，小人弗克。何也？葉子曰：以下而奉上者，臣民之分；以義而為奉者，克獻之貞。君子之事君，吾身之上皆君物也，而敢以之為自私邪？是故朝而獻功以告其勤，聘而獻物以表其情，有嘉謨嘉猷而入獻，爾後以昭其忠。奉其土地，奉其民人，奉其犧牲玉帛，而畢獻其君以述其職，是為推所有以進君，不敢私也。然其心之公而正，情之精而忠，無所假也。彼小人者，私而邪矣，狡而偽矣，其何以有是邪？是故不有所進則已矣。苟有進焉，將必面而獻諛，以長其過；背而獻諂，以逢其惡；明而獻物，以投其欲；微而獻計，以售其奸；婉而獻巧，以竊其柄矣。而得謂之有所進乎？古之人若姚崇之手寫《無逸》為圖以障屏風，裴度之上《憂勤計略》，歐陽脩之進《朋黨論》，范純仁之進《尚書解》，鄭俠之進《流民圖》，與魏徵、

〔註21〕《左傳・襄公二十七年》。
〔註22〕《左傳・定公十三年》。
〔註23〕「以事，菁」，《戰國策・趙三》作「之，茸」。
〔註24〕《九章・懷沙》。

姚崇、宋璟、李林甫、傳范仲淹之上百官圖，槩可見矣。不然，則李絳之不進羨餘乎？彼李林甫繼姚崇為相，則代以山水圖矣。李鷁則進慶雲圖矣，丁謂則上《景德會稽錄》矣，林特則上《祥符會稽錄》矣，王安石則進其子雱所論天下事三十餘篇矣，鄧洵甫則進《愛莫助圖》矣。不然，則十五道之不申戶口乎？心術之不同，而為獻之能否如此，人君不可以莫之察矣。《易》曰：「公用亨於天子，小人弗克。」

九四：匪其彭，无咎。何也？葉子曰：人之言曰：近君者勢不震而盛，用事者權不招而集。權勢之所歸，禍敗之所隨也。雖然，此勢說也，非理說也；此權勝也，非義勝也。不有明以察夫消息盈虛之機，辨以別夫上下尊卑之分，明而又明，辨而又辨，晰以昭夫古今興亡之數，諗乎賢愚禍福之原矣乎？則不有其盛而處其衰，不居其滿而處其虛，周公之不以至親廢恐懼，伊尹之不以寵利居成功是已。其次張安世畏父子封侯之盛而辭祿遠權，郭子儀杖其子肆言之失而歸朝待罪，又其次。若鄭祗德為江西觀察使，以子顥尚萬壽公主，通顯固求散地，罷為賓客分司後，顥營求作相，祗德與書曰：「聞女已判戶部，是吾必死之年；又聞欲求作相，是吾必死之日也。」顥懼，表辭。庶乎其免矣。不然，幸則萌芒刺灑淅之疑，不幸則致怏怏跋扈之死，大不幸則為楊邠總機政，郭威主征伐，史弘肇典宿衛，王章掌財賦。邠、弘肇嘗議事於隱帝，曰：「陛下但噤聲，有臣等在。」卒為誅死，非苟然也。故曰：聖人之知，固已多矣。其所守者有幸，故舉而必榮。愚人之知，固已少矣。其所事者多妄，故動而必窮。吳起、張儀知不若孔、墨，而爭萬乘之君，此其所以車裂支解也。《易》曰：「匪其彭，无咎。」

六五：厥孚交如，威如，吉。何也？葉子曰：至難起者，天下之心，非孚誠不交。然而誥誓不及五帝，詛盟不及三王，交質子不及二霸，其「惟朕心朕德，惟乃知」〔註25〕。蕭王推赤心，置人腹，此臣民所以翕合而通為一身也。周桓畏鄭而紿曰「無之」〔註26〕，衛侯叛晉而詭朝國人，改卜嗣質，公子行工商，〔註27〕臣民不解體乎？不易屈者，天下之勢非德威不畏。然而道德之威成

〔註25〕《尚書．康誥》。

〔註26〕《左傳．隱公三年》：「鄭武公、莊公為平王卿士。王貳於虢，鄭伯怨王，王曰『無之』。故周、鄭交質。」

〔註27〕《左傳．定公八年》：「晉師將盟衛侯於鄟澤，趙簡子曰：『群臣誰敢盟衛君者？』涉佗、成何曰：『我能盟之。』衛人請執牛耳。成何曰：『衛，吾溫、原也，焉得視諸侯？』將歃，涉佗挼衛侯之手，及捥，衛侯怒，王孫賈趨進

乎安強，暴察之威成乎危弱，狂妄之威成乎滅亡，其惟乃聖乃神乃武乃文，戒之用休，董之用威，庶頑讒說若不在時，侯以明之，撻以記之，斯天下無有反道敗德、侮慢不恭者矣。漢元之優柔不斷，而漢業遂衰；唐文之牽制文義，而卒不復振。國事不廢滅乎？故曰：事周於世則功成，務合於時則名立。昔齊桓公合諸侯以乘車，退誅於國以斧鉞；晉文公合諸侯以革車，退行於國以禮義。桓公前柔而後剛，文公前剛而後柔，然令行乎天下，權制諸侯，均者，審於世之變也。漢文帝誠信及蠻貊，而叛亂競起於國；宋仁宗能使契丹夫婦交泣以發喪，而不免於疆埸之禍。唐代宗處僕固懷恩之母，德宗處懷恩之子，未嘗不責己厚，待人恕，然而誠不能感物。則恩加人而人不親，義不足以服心則信示人而人益疑。恩威不立，紀綱卒壞而已矣。甚而天平軍亂，僖宗詔本軍宣慰之，無得窮詰。右補闕常濬上僖宗書曰：「陛下姑息藩鎮太甚，是非功過，駢首並足，致天下紛紛若此，猶未之寤。宜稍振刑典，以威四方。」〔註28〕嗚呼！事勢至此，抑又何言乎？庶幾於此者，唐憲宗用杜黃裳之謀討劉闢，用武元衡之謀討吳元濟，武宗用李德裕之謀討劉稹，誅郭誼。其剛明果斷，英敏特達，能用忠謀，不惑群議，良可詠矣。善乎先達之言曰：賈生有言：髖髀之所，非斤則斧。天下固有尊官大僚方命圮族者，有剖克剝截元元者，有執左道以亂政者，有寇賊鴟義者，有強宗豪右凌虐孤寡者，有作邪行以敗俗者，有為訛言異服淫聲奇技以疑眾者，是髖髀也，不斧而斤之，可乎？是故四罪而天下服舜之所以帝，三罪而民服文之所以霸，威之不可弛也如是夫！《司馬法》曰：「教笞不可廢於家，刑罰不可弛於國，征誅不可偃於天下。」《書》曰：「其尚克詰爾戎兵，方行天下，以陟禹之跡。」〔註29〕又曰：「張皇六師，無廢高祖寡命。」〔註30〕蓋有以諗此矣。晉武平吳而去州兵；唐穆宗即位，兩河略定，蕭俛、段

曰：『盟以信禮也。有如衛君，其敢不唯禮是事而受此盟也。』衛侯欲叛晉，而患諸大夫。王孫賈使次於郊。大夫問故，公以晉詬語之，且曰：『寡人辱社稷，其改卜嗣，寡人從焉。』大夫曰：『是衛之禍，豈君之過也？』公曰：『又有患焉，謂寡人必以而子與大夫之子為質。』大夫曰：『苟有益也，公子則往，群臣之子敢不皆負羈絏以從？』將行，王孫賈曰：『苟衛國有難，工商未嘗不為患，使皆行而後可。』公以告大夫，乃皆將行之。行有日，公朝國人，使賈問焉，曰：『若衛叛晉，晉五伐我，病何如矣？』皆曰：『五伐我，猶可以能戰。』賈曰：『然則如叛之，病而後質焉，何遲之有？』乃叛晉。晉人請改盟，弗許。」

〔註28〕《資治通鑑》卷二百五十六《唐紀七十二》。

〔註29〕《尚書・立政》：「其克詰爾戎兵，以陟禹之跡，方行天下。」

〔註30〕《尚書・康王之誥》：「張皇六師，無壞我高祖寡命。」

文昌以為天下已平，宜漸銷兵，請密詔軍鎮，每歲八人之中限一人逃死〔註 31〕；無備甚矣，天下能不易而潰之乎？雖然，兵以威國，將以威兵。命將不嚴，威固不立。昔者城濮之敗，楚殺子玉；鄢陵之敗，再殺子反。用能轉敗為勝，以弱為強，與晉爭霸，橫行江漢。其最後也，敗於柏舉，而其將囊瓦出奔，不復能舉先王之法。於是楚自此不振，平王之屍鞭，懷王紿以入秦，其子孫以六千里之地而為讎人役，至於亡而後止也。可不慎與？昔李光弼與史思明戰於河陽，裨將郝廷玉奔還，僕固懷恩少卻，皆命取其首，二將乃奮力齊進，而賊大潰。周世宗高平之戰，誅敗將樊愛能、何徽，卒取威定霸。宋太祖命曹彬取江南，出匣劍付之，而江南平。狄青討儂智高，陳曙敗績於金城。青會諸將，堂上揖曙起，驅出軍門斬之，而智高卒滅。為君者既不能強，至於不得已而用兵，又不善將，使敗其師而得逃死，將何以安其身而存其位也耶？《易》曰：「厥孚交如，威如，吉。」

上九：自天祐之，吉无不利。何也？葉子曰：履信思乎順，人道備矣；天與而人歸，神道全矣。履端於始而舉正於終，人與其成而天防其敗，不亦美乎？昔者孫叔敖遇狐丘丈人，狐丘丈人曰：「有三利必有三害。爵高者，人妒之；官大者，主惡之；祿厚者，怨歸之。」孫叔敖曰：「不然。吾爵益高，吾志益下；吾官益大，吾心益小；吾祿益厚，吾施益博。可以免於患矣。」〔註 32〕噫！人不滿則天無所從槩，非伊尹、周公曷足以當此？霍光不負周公之託，孔明益虔後主之誠。燕陽鷟歷事四朝，年耆望重，自太宰恪以下皆拜之，而鷟謙恭謹厚，過於少時。戒束子孫，雖朱紫羅列，無敢違犯其法度者。抑亦可以為次矣。故曰：所貴乎位者，達道於天下，達惠於民，達德於身。不然，而以貴高人，以富奉身，以肆報心，則生災矣。劉聰螽斯則百堂災，燒殺聰子二十一人。斯堂之名何居，而乃殺其子若此之多也？不履信，不思順，天不祐之，而凶禍乃如此。《易》曰：「自天祐之，吉无不利。」

謙䷎

謙：亨，君子有終。何也？葉子曰：君子知天下之不可以先也，故後之，德言盛而禮言恭；知夫人之不可以上也，故下之，善無伐而勞無施。然則雖有功而不自居，雖有能而不自有，君子之致為矣。家邦之必達，州里蠻貊之可行，

〔註 31〕參《渙》上九。
〔註 32〕《列子・說符第八》、《淮南子・道應訓》、《韓詩外傳》卷七。

狡偽因之獻誠，而暴慢所由以致恭，夫豈苟然而已乎？欒黶不能違而伯石所受祿也，有由然矣。夫有功而不居，喪其功矣，而竟也人莫與爭功；有能而不有，泯其能矣，而卒之人莫與爭能。則君子之居世不矜也。所以自晦也，而實光其不伐也；所以自降也，而實升以屈為伸，以晦為明。斯天下莫及而為萬夫之望，禹之所以歷數在躬而終陟元後也歟？不然，盛滿之國不可以仕任，盛滿之家不可以嫁女，驕倨傲暴之人不可與交，是天下之所棄也，而況於服人乎！《傳》曰：「吾語子：服人之志，高尚尊賢不以驕人，聰明聖知不以齒人，勇猛強武不以侵人，齊給便捷不以欺侮人」，〔註 33〕遇君則修臣下之義，出鄉則修長幼之義，遇長老則脩子弟之義，遇等夷則脩朋友之義，遇少而賤者則脩告道寬裕之義，故無不愛也，無不敬也，無與人爭也。曠然而兼天地，包萬物也。如是則「老者安之，少者懷之，朋友信之」〔註 34〕，君子之所務也如此。《易》曰：「謙：亨，君子有終。」

初六：謙謙君子，用涉大川，吉。何也？葉子曰：「言忠信，行篤敬，雖蠻貊之邦，行矣。言不忠信，行不篤敬，雖州里行乎哉？」〔註 35〕孔子之訓也，何也？下者，萬物之所歸；虛者，天下之所遺。古人有言曰：「過故鄉而下車，悍夫可驅；過喬木而趨，水火可踰。」〔註 36〕又曰：「居不為垣牆，人莫能毀傷；行不從周衛，人莫能暴害。此君子之行也。」〔註 37〕昔者子路持劍，孔子問曰：「由，安用此乎？」子路曰：「善者固以善之，不善者因以自衛。」孔子曰：「君子以忠為質，以仁為衛，不出環堵之內，而聞千里之外。不善以忠化，寇暴以仁固，何為持劍乎？」〔註 38〕故曰：杜林行義，烈士假其命；趙孟懷忠，匹夫成其仁。〔註 39〕《易》曰：「謙謙君子，用涉大川，吉。」

〔註 33〕《說苑》卷十《敬慎》：「高上尊賢無以驕人，聰明聖智無以窮人，資給疾速無以先人，剛毅勇猛無以勝人。」

〔註 34〕《論語．公冶長》。

〔註 35〕《論語．衛靈公》。

〔註 36〕《說苑》卷十《敬慎》：「常摐有疾，老子往問焉，曰：『先生疾甚矣，無遺教可以語諸弟子者乎？』常摐曰：『子雖不問，吾將語子。』常摐曰：『過故鄉而下車，子知之乎？』老子曰：『過故鄉而下車，非謂其不忘故耶？』常摐曰：『嘻，是已。』常摐曰：『過喬木而趨，子知之乎？』老子曰：『過喬木而趨，非謂敬老耶？』常摐曰：嘻，是已。』」

〔註 37〕莊辛之語，見《說苑》卷五《貴德》。

〔註 38〕《說苑》卷五《貴德》。

〔註 39〕《後漢書》卷二十七《杜林傳．論》：「故趙孟懷忠，匹夫成其仁；杜林行義，烈士假其命。」

六二：鳴謙，貞吉。何也？葉子曰：君子中和之德充積於中而發見於外，則聲名之盛洋溢於近而施及於遠。《傳》曰：伯姬賢行著於家，故致女使卿以特厚其嫁遣之禮；賢名聞於遠，故諸國爭媵以信其無嫉妒之心。一女子之賢，尚聞於諸侯，況士君子哉！故曰：宗族稱其孝，鄉黨稱其弟，交遊稱其仁，執友稱其信，名譽流聞，實德彰著，此閔子騫人不間於其父母昆弟之言者也，豈特騰聲三輔、揚名上國者哉？彼色取仁而行違者何與焉？《易》曰：「鳴謙，貞吉。」

九三：勞謙，君子有終吉。何也？葉子曰：功在王室，澤在生民，眾人之所叢忌也。恃功而矜能，挾有勳勞而傲天下，舉世之所通患也。不祛人情之通患，而當眾人所叢忌，難乎免於今之世矣。《書》曰：「地平天成，萬世永賴，時乃功。」〔註40〕然而且曰：「女惟不矜，天下莫與女爭能；女惟不伐，天下莫與女爭功。」〔註41〕成王封伯禽於魯，而周公戒之曰：「往矣，子無以魯國驕士。吾，文王之子，武王之弟，成王之叔父也，又相天下，吾於天下亦不輕矣。然一沐三握髮，一飯三吐哺，猶恐失天下之士。可不慎與？吾聞之，易有一道，大足以守天下，中足以守其國，近足以守其身，謙之謂也。夫天道虧盈而益謙，地道變盈而流謙，鬼神害盈而福謙，人道惡盈而好謙。是以衣服成則必缺衽，宮成則必缺隅，屋成則必加拙，示不成者，天道然也。戒之哉！其無以魯國驕士也。」〔註42〕齊侯使管夷吾平戎於王，王以上卿之禮享之。管仲辭曰：「臣，賤有司也。有天子之二守國、高在。」王曰：「舅氏，予嘉乃勳。應乃懿德，往踐乃職，無逆朕命。」管仲受下卿之禮而還。君子曰：「管仲之世祀也宜哉！讓不忘其上。」〔註43〕鞍之戰，晉師歸，范文子後入。武子曰：「無為吾望爾也乎？」對曰：「師有功，國人喜以逆之，先入必屬耳目焉。是代帥受名也，故不敢。」武子曰：「吾知免矣。」郤克見，公曰：「子之力也。」對曰：「君之訓也，二三子之力也，臣何力之有焉？」范叔見，勞之如郤伯，對曰：「庚所命也，克之制也，燮何力之有焉？」欒伯見，公亦如之，對曰：「燮之詔也，士用命也，書何力之有焉？」〔註44〕君子曰：「為主將者不有其功而歸於君，為偏裨者不居其功而歸於將，庶幾乎濟濟

〔註40〕《尚書・大禹謨》。
〔註41〕《成王》。
〔註42〕《韓詩外傳》卷三。
〔註43〕《左傳・僖公十二年》。
〔註44〕《左傳・成公二年》。

師師之風矣。」王允與士孫端〔註45〕謀討董卓，而允自專討賊之榮，士孫端歸功不侯，故得免於難。〔註46〕唐彬與渾、濬伐吳，未至建業二百里，即稱疾不視事，其後果有先至者爭物，後至者爭功，而彬獨以賢稱。〔註47〕辛讜在泗州犯圍，出迎兵糧，往返凡十二，除亳州刺史。乃上表言臣之功非杜慆不能成。〔註48〕僖宗幸興元，道中無供，賴漢陰令李康以驢負糧數百獻之，從行軍士始得食。上問：「康何能如是？」曰：「臣不及此，乃張濬教臣。」遂召濬為兵部侍郎。〔註49〕後唐明宗王都之亂，晏球承命討之，擒楊隱，斬禿餒虜，王都舉族自焚。自始攻至克定，州未嘗戮一卒，三月入朝，唐主美其功。晏球謝久煩饋運而已。〔註50〕五代吳史官問中書令柴再用戰功，對曰：「鷹犬微效，皆社稷之靈，再用何功之有？」竟不報。〔註51〕噫！禹、周公尚矣。茲數公者，前以免不賞之禍，後以光青史之榮，萬民之所服，而眾美

〔註45〕按：士孫端乃士孫瑞之誤。《三國志・魏書・董二袁劉傳》：「三年四月，司徒王允、尚書僕射士孫瑞、卓將呂布共謀誅卓。」又：「孫瑞為亂兵所害。」裴松之《注》引《三輔決錄注》曰：「瑞字君榮，扶風人」云云。《呂布傳》：「時允與僕射士孫瑞密謀誅卓，是以告布使為內應。」

〔註46〕《後漢書》卷六十六《王允傳》：「允見卓禍毒方深，篡逆已兆，密與司隸校尉黃琬、尚書鄭公業等謀共誅之。乃上護羌校尉楊瓚行左將軍事，執金吾士孫瑞為南陽太守，並將兵出武關道，以討袁術為名，實欲分路征卓，而後拔天子還洛陽。卓疑而留之，允乃引內瑞為僕射，瓚為尚書。二年，卓還長安，錄入關之功，封允為溫侯，食邑五千戶。固讓不受。士孫瑞說允曰：『夫執謙守約，存乎其時。公與董太師並位俱封，而獨崇高節，豈和光之道邪？』允納其言，乃受二千戶。三年春，連雨六十餘日，允與士孫瑞、楊瓚登臺請霽，復結前謀。瑞曰：『自歲末以來，太陽不照，霖雨積時，月犯執法，彗孛仍見，晝陰夜陽，霧氣交侵，此期應促盡，內發者勝。幾不可後，公其圖之！』允然其言，乃潛結卓將呂布，使為內應。會卓入賀，呂布因刺殺之。語在《卓傳》。……允性剛棱疾惡，初懼董卓豺狼，故折節圖之。卓既殲滅，自謂無復患難，及在際會，每乏溫潤之色，杖正持重，不循權宜之計，是以群下不甚附之。……傕乃收允及翼、宏，並殺之。」

〔註47〕《晉書》卷四十二《王渾王濬唐彬傳》：「後與王濬共伐吳，彬屯據衝要，為眾軍前驅。每設疑兵，應機制勝，陷西陵、樂鄉，多所擒獲。自巴陵、沔口以東，諸賊所聚，莫不震懼，倒戈肉袒。彬知賊寇已殄，孫皓將降，未至建鄴二百里，稱疾遲留，以示不競。果有先到者爭物，後到者爭功，於時有識莫不高彬此舉。……史臣曰：……唐彬畏避交爭，屬疾遲留，退讓之風，賢於渾、濬遠矣。」

〔註48〕袁樞《通鑑紀事本末》卷三十六上《龐勳之亂》。

〔註49〕朱熹《資治通鑑綱目》卷五十一。

〔註50〕朱熹《資治通鑑綱目》卷五十六。

〔註51〕司馬光《資治通鑑》卷二百七十九。

之攸歸也，不亦宜乎？若溫季位在七人之下，而求掩其上，亡無日矣。王渾、王濬爭功不已，濬稍知所讓，而於心終不能平，至形諸言曰：「此是吾褊心。」〔註 52〕亦豈善後之道哉？雖然，讓功可也。女有國色，軼南威、紫沖而不自美，則賢之。若嫫母、無鹽焉，而自狀其醜，祇益人之哂且耳。故窶家子膝行蒲伏，言語姁姁，不見禮於人。而都三公位有萬金產者，一卑辭降色，則眾口遍肥矣。是不可不慎也。《易》曰：「勞謙君子，有終吉。」

六四：无不利，撝謙。何也？葉子曰：居今之世而不以賢知先人者，善也。然居勳庸功多之右而不以史巫紛若者，亦非善之善者也。昔齊、魯從鄭伐許，得許以歸魯，魯卑辭而卻之，鄭卒存許。君子以為善處有功者莫如鄭，善處無功者莫如魯。〔註 53〕然則履多懼之地，而位有功之上，其可苟然而已乎？不思降階之由，君心或有所不足；不盡巫史之誠，眾志或有所不堪。明於世故而安於法則者，不如是也。是故笑貌聲音之作，恭傴僂曲躬之引，敬君子非以遠恥

〔註 52〕《晉書》卷四十二《王濬傳》：「濬自以功大，而為渾父子及豪強所抑，屢為有司所奏，每進見，陳其攻伐之勞，及見枉之狀，或不勝忿憤，徑出不辭。帝每容恕之。益州護軍范通，濬之外親也。謂濬曰：『卿功則美矣，然恨所以居美者，未盡善也。』濬曰：『何謂也？』通曰：『卿旋旆之日，角巾私第，口不言平吳之事。若有問者，輒曰：「聖主之德，群帥之力，老夫何力之有焉！」如斯，顏老之不伐，龔遂之雅對，將何以過之。藺生所以屈廉頗，王渾能無愧乎！』濬曰：『吾始懼鄧艾之事，畏禍及，不得無言，亦不能遣諸胸中，是吾偏也。』時人咸以濬功重報輕，博士秦秀、太子洗馬孟康、前溫令李密等並表訟濬之屈。帝乃遷濬鎮軍大將軍，加散騎常侍，領後軍將軍。王渾詣濬，濬嚴設備衛，然後見之，其相猜防如此。」

〔註 53〕《左傳．隱公十一年》：「秋七月，公會齊侯、鄭伯伐許。庚辰，傅於許，潁考叔取鄭伯之旗蝥弧以先登。子都自下射之，顛。瑕叔盈又以蝥弧登，周麾而呼曰：『君登矣！』鄭師畢登。壬午，遂入許。許莊公奔衛。齊侯以許讓公。公曰：『君謂許不共，故從君討之。許既伏其罪矣，雖君有命，寡人弗敢與聞。』乃與鄭人。鄭伯使許大夫百里奉許叔以居許東偏，曰：『天禍許國，鬼神實不逞於許君，而假手於我寡人。寡人唯是一二父兄不能共億，其敢以許自為功乎？寡人有弟，不能和協，而使餬其口於四方，其況能久有許乎？吾子其奉許叔以撫柔此民也，吾將使獲也佐吾子。若寡人得沒於地，天其以禮悔禍於許？無寧茲許公復奉其社稷。唯我鄭國之有請謁焉，如舊昏媾，其能降以相從也。無滋他族實偪處此，以與我鄭國爭此土也。吾子孫其覆亡之不暇，而況能禋祀許乎？寡人之使吾子處此，不唯許國之為，亦聊以固吾圉也。』乃使公孫獲處許西偏，曰：『凡而器用財賄，無寘於許。我死，乃亟去之。吾先君新邑於此，王室而既卑矣，周之子孫日失其序。夫許，大岳之胤也，天而既厭周德矣，吾其能與許爭乎？』君子謂：『鄭莊公於是乎有禮。禮，經國家、定社稷、序民人、利後嗣者也。許，無刑而伐之，服而舍之，度德而處之，量力而行之，相時而動，無累後人，可謂知禮矣。』」

辱也，存位安身之道、處世下人之節不得不然也。不然，居功臣之上而敬不足，則幾乎王渾之排濬，非所以安分；敬有功之臣而禮不加尚，不如李愬之事度，非所以為禮。然則君子豈好為過恭之行而無禮，病於夏畦以自鄙哉？范文子不敢亟歸以慰武子之望，令尹子文必推貴仕以靖子玉之難，君子知其不得已矣。《易》曰：「无不利，撝謙。」

六五：不富以其鄰，利用侵伐，无不利。何也？葉子曰：懰群策者，自屈其力者也；屈群策者，屈群力者也。有慈父愛子之心，有慈母畜子之道，而天下之群臣不報禮重、庶民不子來趨者，生民以來，未之有也。天下之諸侯懷之若父母，而庶民趨之若子來，而有不先之而忘其勞、犯難而忘其死者，生民以來，亦未之有也。昔者舜以溫恭允塞之德陟於帝位，則九官十二牧奮庸熙載，時亮天工，而庶績咸熙矣，又安事後世督責之術，假庸君驅役之煩乎？豈惟是也。漢高帝豁達大度，不恥自降，曰：「運籌幃幄之中，決勝千里之外，吾不如子房。鎮國家，撫百姓，給饋餉，不絕糧道，吾不如蕭何。連百萬之眾，戰必勝，攻必取，吾不如韓信。」欿然退然，自以為三子之不及也，而天下之大智大勇奔走服役，惟其所使，而莫之格矣。何也？《書》曰：「德日新，萬邦惟懷；志自滿，九族乃離。」〔註54〕又曰：「滿招損，謙受益。」〔註55〕蓋帝德廣運，則民懷有仁，聖作物睹，群生利用，天下歸之，如夜蟲之赴火耳。固不必破岸幘，削邊幅，附背握手，以結豪傑之心；亦不必箕踞盛氣以折其驕，嘲誚謔浪以盡其歡，慷慨歌呼，出肺肝相示以明其情；亦不必踞洗以挫英布，隨以王者之供張嫚罵以辱趙將，隨以千戶之侯封顛倒天下之豪傑，而使莫測其端倪，而天下豪傑將自俛首帖耳，降其虛而服其恭矣。故貫澤之會，桓公有憂中國之心，不召而至者，江人、黃人也；葵丘之會，桓公震而矜之，叛者九國。魏武一得荊州，而張松見忽，荊州隨非其有。唐高季興謂將佐曰：「新朝百戰，方得河南。」乃對功臣舉手云：「吾於十指上得天下。」〔註56〕矜伐如此，則他人皆無功矣，其誰不解體，遂不歸朝。此皆所謂勤之於數十年之間而喪之俯仰之頃，英雄肯為其所役哉？雖然，大順在上，而獨夫顧為不順之臣；有道為君，而一人乃為叛道之舉。則亦非聖人之所宥也。是故苗民逆命，弗率於化，則命禹徂征；布貃外叛，直犯天常，則自將擊斬。蓋所謂親征不庭，而非窮兵

〔註54〕《尚書・仲虺》。
〔註55〕《尚書・大禹謨》。
〔註56〕司馬光《資治通鑑》卷二百七十二。

黷武，聖人之不得已焉耳。雖然，誠不至而詐行，道不設而術用，雖死不服，雖勝不臧矣。若韓信不顧酈生而破田廣，李靖不恤唐儉而擒頡利，皆所謂狙詐徼幸之計，而非至誠心服之道也。其後河東都將楊弁作亂，結劉稹為兄弟，石會關守將又以關降稹。朝議諠然，言應罷兵。王宰則言遊奕將得稹表，有意歸附。李德裕借韓信、李靖事為說，且言可令王宰失信，豈得損朝廷威命，望遣使督其進兵。〔註 57〕其後稽山群盜寇掠果州，詔刺史王贄弘討之。崔鉉曰：「此皆陛下赤子，迫於飢寒，盜弄兵於溪谷間，不足辱大軍。但遣一使者可矣。」乃遣京兆少尹劉潼招諭之。潼言：「使之歸命，其勢甚易。所慮者，武臣恥不戰之功，議事者責欲速之效耳。」潼至山中，盜皆請降。潼至館，而贄、弘已引兵至山下，竟擊賊滅之矣。〔註 58〕雖然，尤有甚焉。劉守光驕淫日甚，使人諷鎮定，求為尚父。晉諸將請尊之，以稔其惡。及其自稱帝，張承業又請遣使賀之，以驕其心。則是以聲音笑貌之間而為恭敬謙虛之態，假欲取固與之術以成自斃可殪之機，曾不若晉王存勖直欲伐之之為正矣。豈知湯之所以處葛，斯其為聖人之謙德而有孚之威如乎？《易》曰：「不富以其鄰，利用侵伐，无不利。」

上六：鳴謙，可用行師，征邑國。何也？葉子曰：屈之極者，可以求伸。己不屈而欲伸，是貪忿也。晉景公以笑辱之故，而暴行於齊，《春秋》之所誅也。所為屈者，為伸之感。不求伸而徒屈，是畏葸也。宋高宗以二帝之故，而終身不加兵於金，志士之所憾也。其惟晉文乎？退三舍而臣犯，則一戰可以取威。抑亦秦穆乎？施三惠而不報，則一舉可以定霸。其又晉悼乎？息民和眾，五年而後用之，則三駕而楚不能與之爭。我無先事之圖，而伸生於屈之極；我不為欲伸之屈，而屈感乎極之伸。噫！非知鬼神之情狀者，曷足以語此？雖然，齊桓失霸，威不行於敵楚，而區區山戎之是伐；晉文自怠，伐弗及於齊楚，而規規胡沈之是問。抑末矣。干戈之所及不以恥，天下之橫行而以貫包中之跳躍，是焉得為道之光乎？《易》曰：「鳴謙，可用行師，征邑國。」

豫䷏

豫：利建侯行師。何也？葉子曰：濟大事以人為本，用兵不以天時地利為急，而以人和為先。然不難於得人心之和，而難於順理以動。動不順理，則無

〔註 57〕參《臨》六四。

〔註 58〕《資治通鑑綱目》卷五十下。

以通天下之志而協天下之心。事不和民，則強人以所不能，事必不立。禁人以所必犯，法必不行矣。故《管子》曰：「棟生橈不勝任則屋覆，而人不怨者，其理然也。弱子，慈母之所愛也。不以理動者，下瓦則慈母笞之。故以其理動者，雖覆屋不為怨；不以其理動者，下瓦必笞。故曰：生棟覆屋，怨怒不及。弱子下瓦，慈母操箠。」〔註59〕然則動而當天下之理，舉而協天下之心，可以感天地，動鬼神，而況人道之大事乎！是故列爵分土，惟五惟三，是為五帝尚賢，以德三王。尚親以功，樹之君公。使司牧之無失民性，是所以同民心而出治道也。其次不憚徵繕，以輔孺子。出師圍許，若將改立新君者，其亦因民之所利而利之乎？不然，則雖以項羽之威而王三降將，沛公一出而秦父兄棄之如遺矣。又況假之為沙中之偶語，成貳師之美封，命不正之功而建尾大之勢者，天下擾擾，何時而定也？貔貅百萬，虎賁三千，是為誅暴而禁亂，保大而定功，發強剛毅，一怒而安天下之民，是所以對天下而助上帝也。其次次陘之八國，城濮之七百乘，夫亦勢之所不容已乎？不然，雖以紂之暴，率其旅如林，而會於牧野，罔有敵於我師，前徒倒戈矣。又況同役而不同心，爾西而我馬欲東，雜無上之聽而違舉國之諫者，生民蠢蠢，何由而全也？《易》曰：「豫：利建侯行師。」

初六：鳴豫，凶。何也？葉子曰：以鳥鳴春，以雷鳴夏，以蟲鳴秋，以風鳴冬，天機之不容或已者也。以堯、舜、禹、湯、文、武、周公鳴治，以孔子、曾參、子思、孟軻鳴道，人道之不容或缺者也。不然，絡緯之不停聲，不如蜘蛛之寂寂。中流之砥柱，其叫號也不如長江渾渾日夜之無聲。而況以其卑末之微志鳴一身之佚樂哉！「昔者齷齪不足嗟，今朝曠蕩恩無涯。」〔註60〕此以詩而鳴其樂者也。「家本秦人，能為秦聲。婦趙女也，雅善鼓瑟。拂衣而起，酒後耳熱。仰天大笑，而呼嗚嗚。」〔註61〕是誠荒淫無度，不知其不可，此以書而鳴其樂者也。自鳴其不幸，猶且不可，而胡以佚樂為哉？滿其志，亦喪其志；爽其身，亦禍其身。此蔚宗、石崇、潘岳之徒卒之不免主客同誅也歟？《易》曰：「鳴豫，凶。」

六二：介于石，不終日，貞吉。何也？葉子曰：同酣醉鄉者，彼昏不知，不覺一醉之日富也。別坐者觀之，則豫知其側弁之俄而已，不忍與其亂矣。同

〔註59〕《管子．形勢解》。
〔註60〕孟郊《登科後》。
〔註61〕楊惲《報孫會宗書》。

狎大川者，莫知其他，不覺載胥之及溺也。陵居者視之，則早見其過涉之滅而已，不肯履其陷矣。此非其知有所弗若也，見得而忘其形，見利而忘其真，自墮於螳螂黃雀之禍，雖有明言曲曉，彼將以為狂焉，而況於早知獨覺乎！君子則不然。志道德而功名事業不足以累其心，守中正而富貴利達不得以昏其志。則天下之滔滔皆是也，而吾之砥柱自在，曷與之同流？天下之比比皆然也，而吾之中正自在，曷與之同倚？夫惟不溺於利，此利之所不能昏；不逐於物，此物之所不能蔽也。禍福利害之原，成敗得失之故，孰謂不在其靜觀中邪？故《荀子》曰：「權利不能傾也，群眾不能移也，天下不能蕩也。生乎由是，死乎由是，夫是之謂德操。德操然後能定，能定然後能應，夫是之謂成人。天見其明也，地見其光也，君子貴其全也。」〔註62〕又曰：「冥冥而行者，見寢石以為伏虎也；見植林以為後人也，冥冥蔽其明也。醉者越百步之溝，以為跬步之澮；俯而出城門，以為小之閨也。酒亂其神也。掩目而視者，視一以為兩；掩耳而聽者，聽漠漠以為哅哅。」〔註63〕知夫此，則夫湛澹泊之性者，機事忘而必不升槃樂之堂；躋懷安之域者，天光昧而必不萌先事之慮。「巍巍乎！舜、禹之有天下而不與焉。」〔註64〕況出天下之下者哉！是以周公之富不能迷其東都之避，孔子之功不能遏其膰肉之行。《易》曰：「介于石，不終日，貞吉。」

六三：盱豫，悔，遲有悔。何也？葉子曰：《語》稱：「巍巍乎！舜、禹之有天下也而不與焉。」〔註65〕又曰：「不義而富且貴，於我如浮雲。」〔註66〕夫聖人何以有是也？富貴外物也，所樂不存焉；天下贅疣也，所性不存焉。聖人視之渺然而已矣，況下此而瑣瑣卑卑者哉！況彼之與我不相干者哉！故曰：「君子素其位，而行不願乎其外。」〔註67〕又曰：「無然畔援，無然欣羡。」〔註68〕良有以也。惟其不知天命之性而弗勝效大之私，則將無任朵頤之觀而不覺銀海之眩矣。是故幸則為高帝之過秦而喟然，不幸則為儋括之見王而浩歎，又不幸則為楚之成章華之臺，召諸侯落之；而晉侯遂成虒祁之宮，使諸侯往賀之。視人富貴，作已歡樂，斯豈君子之所為也？而又況冀宵燭之末光，邀潤屋

〔註62〕《荀子・勸學》。
〔註63〕《荀子・解蔽》。
〔註64〕《論語・泰伯》。
〔註65〕《論語・泰伯》。
〔註66〕《論語・述而》。
〔註67〕《中庸》。
〔註68〕《大雅・皇矣》。

之微澤，分雁鶩之稻粱，沾玉斝之餘瀝者乎！嗚呼！斯繩樞之子，窮巷之賓，外之為夫眾之所姍，而內之為良心之所羞者乎？雖然，羞之而解使去己，惡之而推以與人，君子所不念也不然，長禍之萌而不悟，樂禍之成而不去。若朱穆不能脫梁冀，蔡邕不能辭董卓，潘岳不能離賈謐，蕭至忠不能去公主，卒之主客同誅，交相為累矣。夫亦何嗟之及哉！《易》曰：「盱豫，悔，遲有悔。」

九四：由豫，大有得，勿疑，朋盍簪。何也？葉子曰：君子之際大行也，其君用之則安富尊榮，其民賴之則富壽康寧，此得志之秋，無不如意之極也。雖然，功蓋天下者懷不賞之慮，勇略震主者畏身危之禍，此人之情，亦勢之所必至者也。能無疑乎？是故上焉者功成名遂而身退，次焉者避讒畏譏而不前，下焉者前無所冀則退為身慮，無所不至矣。若是而於大臣之道何取焉？勿畏其權，惟其分之所當為；勿慮其跡，惟其事之所可為；勿顧其事，惟其道之所得。為天下能無量我乎？窮巷之人可以見廟堂之作為，幽谷之婦得以明元老之心志。心之所白，眾之所歸也。眾之所歸，身之所安也。身之所安，禍之所免也。周公以之。其次諸葛孔明、范仲淹、司馬君實而已矣。故曰：「開誠心，布公道，廣忠益，集眾思。」〔註69〕曰：為之自我當如是〔註70〕；至於成敗利鈍，非吾所能與。〔註71〕曰：「天若祚宋，必無此事。」〔註72〕嗚呼！此非萬世人臣之準與？安原白曰：「發一誠心則李廣之石可使為虎，發一疑心則樂令之弓亦能為蛇。」《易》曰：「由豫，大有得，勿疑，朋盍簪。」

六五：貞疾，恒不死。何也？葉子曰：古語有之：「實盛者披其枝，披其枝者傷其心；大都者強其臣，強其臣者弱其主。」〔註73〕蓋言國不可分而權不當貳也。晉建曲沃而黜翼哀，衛有蒲戚而黜獻公，楚有陳蔡不羹而叛棄疾，鄭城櫟而寘子元，昭公卒不克復國也。是故大權在下而威福去己，軟懦微弱而號令不行，則醫家之所謂走肉耳，何以負綱常而載仁義，履遠道而勝百用乎？是天下之廢人也。故曰：周自遷洛陽，名分盡亡；漢自召董卓，綱紀盡壞；唐自立三帥，威福盡移。天下分崩，無復生氣，但其名分位號猶未盡亡，人心天意猶未盡絕，如人四肢風痺，身首拘攣，所恃五藏未絕，六脈猶存。臥死伏枕，尚沿數十載而未絕也。故曰：祭仲逐昭公則立突，衛公子泄逐惠公則立黔牟，

〔註69〕《後出師表》。
〔註70〕歐陽修《資政殿學士戶部侍郎文正范公神道碑銘》：「曰為之自我者當如是。」
〔註71〕《後出師表》：「至於成敗利鈍，非臣之明所能逆睹也。」
〔註72〕司馬光語。
〔註73〕《戰國策・秦策三》。

孫林甫逐獻公則立剽。而意如逐魯昭，八年無君，非惟不敢如田和三晉之篡立，亦不敢別立君者，以魯秉周禮，禮義在人心者深，是猶懼忠義之討而未敢肆無忌憚也。故蘇子由曰：以臣僭君，不義而得民，要亦以其力斃。君雖失眾，而其實無罪，則民將哀之，其勢固當然哉！」〔註74〕是故人心位號所賴甚深，人心未去則位號猶有可張，位號尚在則人心猶有所統。周赧王以微弱之資，不及一小國諸侯之勢，當七雄角逐之時，內則齊、楚塞其喉，外則燕、趙抗其背，遠則嬴秦踦其足，近則韓、魏揕其胸，周之不亡，特須臾耳。然而魯連一說，足以奠九鼎而鎮泰山，天下卒知水之有源，木之有根本，不敢以其為弁髦而棄之，使不失為數十年之共主，位號猶存故也。漢獻帝以孱羸之身，託寄生之地，當天下鼎沸之秋，內則曹操以嬰兒玩之於掌股之上，外則袁紹以奇貨爭之於鋒鏑之餘，遠則孫權昵比窺覦俟時而竊伐，近則劉表排闥操縱乘間而輒行，漢之不亡，僅毛髮耳。然而董承一詔，孔融一言，足以起枯骸而回潰肉，天下猶知世之有君，漢之有帝，不忍以其多重負而釋之，使不失為漢家之共主者，人心猶未去故也。有天下者，其慎之哉？《易》曰：「貞疾，恒不死。」

上六：冥豫，成有渝，无咎。何也？葉子曰：甘曲蘗者，馴至於酩酊，故曰彼昏不知。耽逸欲者，漸至於矇，故曰死而不悟。佚樂之地，豈易反步之鄉乎？是故古之人君朝脩其禁令，晝考其國職，夕省其典刑，夜警百工，無使慆淫而後即安。禹之克勤於邦，荒度土工；湯之慄慄危懼，檢身若不及；文王之自朝至於日中昃，不遑暇食；用咸和萬民者，為是故也。夫苟內作色荒，外作禽荒，甘酒嗜音，峻宇雕牆，心昏而出惡政，言計非是而具曰予聖，亡無日矣，而何足與言存哉？雖然，此其下愚者也，亦有警而覺亟而反者焉。《玄〔註75〕經》有言：「日月之逝，改於屍，尚未晚也。」陳成公既為雞澤之盟而卒，則是固已變乎夏矣，吾何求哉？〔註76〕而況亟反之者哉！昔者宋昭公出亡，與其御曰：「吾知其所以亡矣。」御者曰：「何哉？」昭公曰：「吾被服，而立侍御者數十人無不曰吾君麗者也。吾發言動事，朝臣者數百人無不曰吾君聖者也。吾外內不見吾過，夫是以亡也。」於是改操易行，安義行道，不出二年，而美聞於宋人。宋人迎而復之，諡為昭漢。武帝求神仙，興土木，黷兵戈，玩聲色，人間之樂事盡矣。一朝而有輪臺之悔，田千秋大鴻臚之拜，以趙過為搜粟都尉

〔註74〕《古史論・魯》。
〔註75〕「玄」，底本作「元」。
〔註76〕參《隨》初九。

之命，復以耄老而遂過焉。而漢之天下卒以不喪，為中興之英主。改過之功，誠大矣哉！嗚呼！曷使商太甲、齊威王獨美於前乎？《易》曰：「冥豫，成有渝，无咎。」

葉八白易傳卷五

隨䷐

隨：元亨，利貞，无咎。何也？葉子曰：王者，往也。天下之所歸往也，中天下而立，定四海之民，君子樂之而已矣。其次得天下之英材而教育之乎？亦君子之三樂也。然而君天下有道。益之戒於舜曰：「罔失法度，罔遊於佚，罔淫於樂，罔違道以干百姓之譽，罔咈百姓以從己之欲。是故德惟善政，政在養民。水、火、金、木、土、穀，惟修；正德、利用、厚生，惟和；九功惟敘，九敘惟歌。戒之用休，董之用威，勸之以九歌，俾勿壞。」〔註1〕熙熙皥皥而百姓忘於帝力者，帝王撫眾統物之大權也，師天下有德。周公之戒於商子曰：無以學術禍天下，無以功利熾人心，無以刑名亂四海，無以權謀術數擾人人。是故禮義以養其心，威儀以淑其質，忠信以崇其德，禮法以道其行。精一以嚴其軌，聖賢以要其歸，光明正大而開來學以善道者，君子成德達材之正常也。不然，則詭隨而阿比矣，而可以不慎乎？昔者容成問於木子曰：「三王五霸之治民何如？」木子曰：「三王以佚道使民，以生道殺民。五霸以死道役民。秦氏以死道養民，而後世以死道戲其民矣。」陶弘景謂「注《易》誤，不至殺人。注《本草》誤，則有不得其死者」。而唐子西駁之曰：「注《本草》誤其禍疾而小，注六經誤其禍遲而大。前世儒士引經誤國，其禍至於伏屍百萬，流血千里。」〔註2〕學術不

〔註1〕《尚書·大禹謨》。

〔註2〕唐庚《易庵記》:「隱居曰:『注《易》誤，猶不殺人。注《本草》誤，則有不得其死者矣。』……前世儒臣引經誤國，其禍至於伏屍百萬，流血千里。《本草》之誤豈至是哉！注《本草》誤，其禍疾而小；注六經誤，其禍遲而大。」見呂祖謙《宋文鑒》卷八十四。

明之故也。然則有君師之責者，非堯、舜、孔、孟誠不足以當之矣。漢之治也，雜霸；唐之治也，雜夷。仲淹有其才而未得其道，退之循其名而未責其實。降是焉，可知已。《易》曰：「隨：元亨，利貞，无咎。」

初九：官有渝，貞吉，出門交有功。何也？葉子曰：就有道而正焉者，君子好學之功；因不失而可宗者，君子擇交之志。然則誠不惡於變其心以求友，亦惟貴於謹其始以慮終焉耳。蔡沒入楚，垂二百年，不同中國之會盟，不向桓文之信義。鄭成公不背楚德，臨終而謂其群臣曰：「棄力與言，人誰昵我？免寡人，惟二三子。」其臣子駟不聽諸大夫之從晉，而固曰：「官命未改。騑也受其咎。」〔註 3〕君子初不以其恒久不變為盡善也。陳成公既為雞澤之會而卒，則曾子以為變於夏，曰：「改于尸，未晚也。吾何求哉？」〔註 4〕「犧牲玉帛，待於二竟，以待強者，而庇民」〔註 5〕，必於惟強與有禮者是從，而不敢有異志。君子亦不以非鄭之二三其德而外之也。然則君子不病於事人之有更而特貴於正人之是與。如其道，事之終身無改可也。如其非道，朝從而暮易，又何負於義哉？朱子初從劉屏山，繼事胡籍溪劉白水，而晚師李延平，君子不病其有變。程子門人一聞偽學之禁，而絕口不言其師，甚至改事他師以圖進用，則去陳相無幾何矣。雖然，從正固矣，而聞見不廣，交遊不眾，亦非多聞多見之資也。指引者，師之功；嚴憚切磋者，友之益。雖朱子之學而猶有呂、張諸公之助，況其他乎！孟子所以貴尚友也。《易》曰：「官有渝，貞吉，出門交有功。」

六二：係小子，失丈夫。何也？葉子曰：昵於昵則遠者不麾而自退，從於邪則正者不間而自疏。出此入彼之機，一定而不容髮者也。故羿用寒浞則棄武羅、伯因、熊髡、尨圉〔註 6〕，曹乘軒者三百人則不用僖負羈〔註 7〕，鬭舒恃

〔註 3〕《左傳．襄公二年》：「鄭成公疾，子駟請息肩於晉。公曰：『楚君以鄭故，親集矢於其目，非異人任，寡人也。若背之，是棄力與言，其誰暱我？免寡人，唯二三子。』秋七月庚辰，鄭伯睔卒。於是子罕當國，子駟為政，子國為司馬。晉師侵鄭，諸大夫欲從晉。子駟曰：『官命未改。』」

〔註 4〕高閌《春秋集注》卷二十八《襄公四年》「春王三月己酉，陳侯午卒」條：「《玄經》有言：『日月之逝，改于尸，尚未晚也。』陳成公既為雞澤之盟而卒，則是國已變於夏矣。曾子曰：『吾何求哉？』」

〔註 5〕《左傳．襄公八年》。

〔註 6〕《左傳．襄公四年》：「昔有夏之方衰也，后羿自鉏遷於窮石，因夏民以代夏政。恃其射也，不修民事，而淫於原獸，棄武羅、伯因、熊髡、尨圉，而用寒浞。」

〔註 7〕《左傳．僖公二十八年》：「三月丙午，入曹。數之，以其不用僖負羈而乘軒者三百人也。」

雋才而昵群小則棄仲章。棄賢保佞，狂瞽之所從來久矣。豈特陳相聞許行之言，盡棄其學而學之，卒為聖世之亂民，治國之蟊蠹，以負天下之大義哉？善乎誠齋之說曰：「薳子馮初嬖八人，而申叔退避以遠罪；郭子儀初信張曇，而幕僚相率以求去。而況不為薳、郭者乎！」〔註 8〕雖然，尤有可憾者焉。蓋勳為京兆尹，左將軍皇甫嵩將兵三萬屯扶風，勳密與嵩謀討董卓，卓素怨嵩，徵為城門校尉，欲因殺之。嵩將行，長史梁衍說之曰：「卓寇掠京邑，廢立從意。今征將軍，大則危禍，小則困辱。今卓在洛陽，天子來西，以將軍之眾迎接至尊，奉令討逆，袁氏迫其東，將軍迫其西，此成擒也。」嵩不從而就徵，卒為董卓所辱。陶謙與諸守相共奏記，推朱儁為太師，因移檄牧伯，欲以同討李傕，奉迎天子。會李傕用尚書賈詡策，徵儁入朝，儁乃辭謙議而就徵，復為太僕，後憤懣發病死。范蔚宗曰：皇甫嵩、朱儁並以上將之略，當倉卒之時，而捨格天之大業，蹈鄙夫之小諒，卒狼狽虎口，為智士笑，豈天之長斯亂也，何智勇之不終！〔註 9〕《易》曰：「係小子，失丈夫。」

六三：係丈夫，失小子，隨有求得，利居貞。何也？葉子曰：善與惡為仇，邪與正相敵。入芝蘭之室則腥膻之氣自不能，近友直諒多聞之士則便佞善柔之類自不為。親親道德功名之上臣，則庸碌卑鄙之下流豈不在所捨乎？薳子馮親申叔而退八人〔註 10〕，管夷吾登隰朋而謝豎刀，聯其巨而散其細，君子之致為則然也。雖然，大人者，爵祿束帛之所擅也；上交者，言聽諫行之所由也。昔者楚文王謂申侯曰：「惟我知女，予取予求，不女瑕疵。」〔註 11〕鄧禹杖策謁劉秀，秀曰：「生遠來，寧欲仕乎我？」得專封拜。則君子之貴遊而達仕也。不曰隨有獲而求得之者乎？嗟夫！求也者，請也。古之人重請，又何言乎重請。人之所以為人者，讓也。請道去讓也，則是捨其所以為人也，而可以不重乎？是以《春秋》譏來求車，言上不得干取於其下也。書殺成虎，言下不得懷寵於其上也。故古之為上者，必昭儉德以照臨百官；古之為下者，必執清修以勵介節。然後上下辨而民志定，各安其分而天下治矣。不然，侈心一動，莫為防制，必至抗不衷，官失德，廉恥道喪，寵賂日章，淪於危亡而後止。可不戒乎？是以古之有道者，得之不得曰有命，其道之將行曰命也，其道之將廢曰命也，因所依而竊之以利，幸馮所附而假之以足欲，

〔註 8〕楊萬里《誠齋易傳》卷五《隨》六二爻。

〔註 9〕《後漢書》卷七十一《皇甫嵩朱儁列傳》。

〔註 10〕參《解》九四注。

〔註 11〕《左傳・僖公七年》。

不為也。故孔子之主貞子，不以其陳侯周之可以通也；其主蘧伯玉，不以其靈夫人之可以言也。君子其亦安於義，寧道之不行聽於天，寧功之不立守乎己，寧泯泯沒沒以終其身焉可矣，奚以丐人為哉？雖然，士則不可求矣。為宗子之家相，擅詔王之大權，乃不行士道，而顧使求其道之行，不已過乎？周公下白屋，勤吐哺，以見天下之士，不苟然也。若王子明使張師德兩及其門，韓魏公使客求見以希用，而為程子之所責。師德與客固不足論，其為二公之累、大臣之歉，亦已多矣。雖然，尤有主政不綱，知人不哲，使之可以罔而求與？求之不得，方且使之得以怒而報。若晉魏錡求為公族未得而怒，趙旃求為卿未得而怒。非惟不能平其志，而又俾之使於楚，召楚盟，卒致邲之大敗。其為國家之禍，可勝言哉？《易》曰：「係丈夫，失小子，隨有求得，利居貞。」

九四：隨有獲，貞凶。有孚在道，以明，何咎？何也？葉子曰：樹功立業以光榮富貴乎一世者，君子之福也。致福有基，得君道焉耳。孚嘉信志以順聽俯從乎一人者，人臣之禍也。轉禍有道，不及其君焉耳。何則？在昔賢者之未遭遇也，圖事揆策則君不用其謀，陳見悃誠則上不然其信。進仕不得，施效斥逐，又非其愆。是故伊尹耕於鼎俎，太公困於鼓刀，百里自鬻，寧子飯牛，離此患也。及其遇明主，遭聖君也，運籌合上意，諫諍即見聽，進退得關其忠，任職得行其術，去卑辱奧渫而升本朝，離疏釋蹻而享膏粱，剖符錫壤而光祖考，傳之子孫，以資遊士，建德樹功，以華當年；立身揚名，以顯後世。所得不既多乎？噫！多則多矣，而非人臣之福也。挾震主之威者負不賞之罪，位極人臣而功蓋天下者起芒刺之機。宰相之有權，怏怏非少主臣，果非人臣之福也。雖然，監於日月星辰之行者得遲留順逆之序，明乎消息盈虛之運者諗進退存亡之幾。君臣上下之際，豈盡禍敗死亡之會哉？子曰：「下之事上也，雖有庇民之大德，不敢有君民之心，仁之厚也。是故君子恭儉以求役仁，信讓以求役禮，不自尚其事，不自有其功，尊其身，儉於位，而寡於欲，讓於賢，卑己而尊人，小心而畏義，求以事君，得之自是，不得自是，以聽天命。《詩》曰：『莫莫葛藟，施于條枚。豈弟君子，求福不回。』其舜、禹、文王、周公之謂歟？」〔註12〕然則以忠信不欺為主本，以鞠躬盡瘁為當然，以明哲保身為順事，則履信思順，而自天祐之，吉無不利矣。伊尹放太甲於桐，太甲賢，乃勤勤懇懇，陳戒於德，而申誥於王，終之拜手稽首，以率於訓。曰：「既往背師保之訓，弗

〔註12〕《禮記・表記》。

克於厥初，尚賴匡救之德，圖惟厥終。」〔註13〕武王崩，成王幼，不能踐祚。周公踐祚而治。管叔及其群弟流言於國，曰：「公將不利於孺子。」周公誅武庚，殺管叔，而蔡蔡叔，天下震恐。乃告二公曰：「我之弗闢，我無以告我先王。」於是成王涕泣以言曰：「昔公勤勞王家，惟予沖人，弗及知。今天動威以彰周公之德，惟朕小子其親迎，我國家禮亦宜之。」〔註14〕諸葛武侯身都將相，手握重兵，出入二十餘年，既而臨終顧命，受遺作相。劉後授之無疑心，武侯受之無懼色，繼體納之無貳情，百姓信之無異辭。君臣之際，良可詠矣。郭汾陽校中書令考凡二十四月，入俸錢二萬緡，私產不在焉。府庫珍貨山積。家人三千人，八子七婿，皆為顯官。然身擁重兵，詔書以一紙徵之，無不即日就道。故程元振、魚朝恩讒毀百端，終不能行。天下以其身為安危者，殆三十年。功蓋天下而主不疑，位極人臣而眾不疾。裴晉公出將入相，威望遠達四夷，亦以其身繫國家輕重，如子儀者二十餘年，而考終令後，今古罕及。李聽為河中節度使，文宗嘗歎曰：「付之兵柄不疑，置之散地不怨，惟聽為可以然。」嗟乎！彼二聖四賢，豈不遭人臣之極哉，而卒之愆咎不及其身，蓋必有不道之道，不言之辨。德休乎道之所為，而言休乎知之所不知者矣，夫豈苟然而已哉？霍子孟擁昭立宣，朝野倚望，非不偉然高且顯也。而不學無術，去徐偃王無幾矣。肉未寒而族無噍類，不亦可哀也哉？《易》曰：「隨有獲，貞凶。有孚在道，以明，何咎？」

九五：孚于嘉，吉。何也？葉子曰：激楚揚阿，至妙之容，臺妝者之所貪。飛兔騕褭，絕足奔放，良樂之所急。百里之才，超乘之哲，明君之所契。何也？劉向有言：「浮江湖者託於船，致遠道者託於乘，欲霸王者託於賢。伊尹、呂尚、管夷吾、百里奚，此霸王之船乘也。釋父兄子弟，非疏之也。任庖人屠釣與仇讎僕虜，非阿之也。持社稷、立功名之道，不得不然也。」〔註15〕信於善而不遷，聽於君子而不惑。上智以為謀，不使詐參焉；大勇以為斷，不使怒間焉；至仁以為施，不使貪貳焉。以純心任純德，夫然後其位高而不危，存而不亡，治而不亂，安而無彊。通於道，約於事，佚於己，勞乎人，永昌於天下。此堯、舜所以三代都俞籲咈於一堂之上而治隆俗美，非後世之所及也。孔明、先主，其殆庶幾焉！漢昭帝年十四，而識上官桀之詐，知霍光之忠；燕主慕容

〔註13〕《尚書・太甲中》。
〔註14〕《尚書・金縢》。
〔註15〕《說苑・尊賢》。

煒年十二，而知慕容恪之忠，辯慕輿根之詐。此亦天資之近者矣。若蜀欲攻吳，吳人或言諸葛瑾別遣親人與漢相聞者。孫權曰：「孤與子瑜有死生不易之誓，子瑜之不負孤，猶孤之不負子瑜也。昔孔明至吳，孤嘗與子瑜曰：『卿與孔明同產，何不留之？』子瑜言：『亮已委質於人，義無二心。弟之不留，猶瑾之不往也。』其言已貫神明，非外言所能間。」蜀敗於吳之後，黃權降魏，有司請收權妻子。先主曰：「孤負權，權不負孤也。」待之如初。後魏人或言漢已除權妻子，丕令發喪。權曰：「臣與劉、葛推誠相與，明臣本心，竊疑未實。」後得審問。吳曦反，豪傑付之，撫髀太息，惟四川轉運安丙周旋其間，計圖誅曦。方反書之上，朝論大震，寧宗與群臣計事，咸謂無出安公右，賜書勉以圖曦。書未至而丙誅曦之捷聞。夫詔書下頒，露布上騰，以其時考之，蓋項背相屬於道。地之相去若此其遠，而君臣一心如合符節，可謂相信之深而孚契之篤矣。唐祿山之亂，河朔二十四郡獨有一顏真卿，而玄宗乃不知其作何狀。李克用破王行瑜，欲遂取李茂貞。昭宗以為茂貞覆滅，則沙陀太盛，朝廷危矣，下詔止之。及欲入朝而蓋寓以為天子，還未安席，人心尚危，若引兵渡渭都，驚駭郡邑，迤邐歸鎮，而茂貞遂驕橫不可支，卒致犯闕播遷之禍。夫克用於三鎮，非有父兄之怨，特為王室雪恥，故仗義而來。昭宗不仗君臣之大義，而任術數，終疑克用而黨茂貞，自取困殆之辱。而克用兵方強盛，義聲宏振，亦不能以義扶主，挺身入覲，力陳不可不除之義，或逕自剿滅，以明安社稷、利國家之義。釋此不為，乃坐致唐祚移而晉陽危，不亦君臣胥失之乎？何也？信小人易，信君子難。是故用賢如轉石，去佞如拔山，世主之通患也。姜公輔言朱泚必反，蕭復言鳳翔必亂，何其明也。而德宗略不以為意，雖暫使為相，不旋踵而斥之。盧杞以百口保泚而泚反，請遣大臣宣諭，而吳溆沒又誤援軍，奉天益危。謀國乖剌如此，其人可知矣，而至死且以為賢。李晟、渾瑊、馬燧忠勇剛正，有大功於國，德宗不之信任，反猜忌焉，使其懼不保朝夕。至於張延賞之讒言一發則疏晟，不終日吐蕃歸；馬弇之奸謀一聞則惡馬燧，若響應。夷狄憸夫則推誠而信之，元老柱石則百慮而疑忌。下至石敬瑭為楊光遠而出桑維翰，為杜重威而出劉知遠。夫契丹之事翰、遠，任之有餘者而委任不專，設施不久，使他日契丹入寇，維翰無權而知遠顧望，蓋晉祖使然也。若之何其不敗乎？《易》曰：「孚於嘉，吉。」

上六：拘係之，乃從維之。王用亨于西山。何也？葉子曰：白頭如新，語相貳也，交雖極久而無所要其終。傾蓋如舊，語相投也，始雖不戒而未可卜諸

久。其惟擇而交，久而敬，不以富貴貧賤易其情，不以利害禍福褫其氣，不以存亡變故移其心，為左、杜〔註16〕，為管、鮑，為陳、雷〔註17〕，以死相從而不解，然後為友道之全也。故曰：聖人之與人結約也，上觀其事君也，內觀其事親也，必有可知之理，然後結約。結約而不襲於理，後必相倍。故曰：「不重之結，雖固必解。」〔註18〕是故不擇而交，則為戎夷之苟謬。戎夷違齊如魯，天大寒，與弟子宿郭外，謂其弟子曰：「子與我衣，我活也。我與子衣，子活也。我，國士也，為天下惜死。子，不肖人，不足愛也。子與我子之衣。」弟子曰：「夫不肖人也，又烏能與國士並衣哉？」夷歎曰：「嗟哉！道其不濟夫！」解衣與弟子，夜半而死。〔註19〕擇而不久，則為管華之薰蕕。管寧少時與華歆為友，嘗與歆共鋤菜，見地上有金，寧揮鋤不顧，歆捉而擲之。人以是知其優劣矣。〔註20〕寧則終身不仕，而歆為魏逼，漢惡不可言，神鬼誅戮，萬世不宥矣。友道可易言哉？嗚呼！吾有傷於燕之左伯桃、羊角哀焉。二人相為友也，聞楚平王善待士，乃同入楚。值雨雪，山道阻絕，糧少，桃度不能俱生，乃並衣食與哀，令往事楚，自餓死空樹中。哀至楚，為上大夫，乃言於平王，備禮以葬伯桃。畢，自殺，下從之。〔註21〕嗚呼！推其情豈可一日而異處，此之謂上不愧皇天，下可望四嶽。《易》曰：「拘係之，乃從維之。王用亨于西山。」

蠱䷑

蠱：元亨，利涉大川。先甲三日，後甲三日。何也？葉子曰：君臣一心，治可久尋。上下之情兩隔而不通，則有處堂之勢而莫之或知。君臣一德，治道無惑。上下之才兩弱而不立，則有累卵之危而莫知所措。天下之事，積弊而壞者，其勢然也。雖然，不亂不治，不壞不知。所有事，多難所以開國，無患足以喪邦，故曰：「齊有無知之禍，而桓公以興；晉有驪姬之難，而文公用霸。

〔註16〕《說苑．立節》：「左儒友於杜伯，皆臣周宣王，宣王將殺杜伯而非其罪也，左儒爭之於王，九復之而王弗許也，王曰：『別君而異友，斯汝也。』左儒對曰：『臣聞之，君道友逆，則順君以誅友；友道君逆，則率友以違君。』王怒曰：『易而言則生，不易而言則死。』左儒對曰：『臣聞古之士不枉義以從死，不易言以求生，故臣能明君之過，以死杜伯之無罪。』王殺杜伯，左儒死之。」

〔註17〕《後漢書》卷八十一《獨行列傳．雷義傳》：「義歸，舉茂才，讓於陳重，刺史不聽，義遂陽狂被發走，不應命。鄉里為之語曰：『膠漆自謂堅，不如雷與陳。』」

〔註18〕《管子．形勢》。

〔註19〕《呂氏春秋．恃君覽．長利》。

〔註20〕《世說新語．德行篇》。

〔註21〕《太平御覽》卷十二《天部十二》引「《烈士傳》曰」。

禍亂之作，天所以開聖人也。」〔註22〕又曰：「屈伸之數，隱而昭。有仍之困，復夏之萌也。鼎雉之異，興殷之符也。邵宮之難，隆周之應也。會稽之棲，霸越之機也。子噲之亂，強燕之征也。」〔註23〕盈虛消息，天豈苟然而已哉？雖然，亂不自治，治之有綱；壞不自起，起之有方。胡五峰曰：「欲撥亂興治者，當正大綱。知大綱，然後本可正而末可定。大綱不知，雖或善於條目，有一時之功，終以大綱不正而生亂。然大綱無定體，各隨其時事。故魯莊之大綱在於復讎，衛國之大綱在於正名也。讎不復，名不正，雖有仲尼之德，不能聽魯、衛之政矣。」〔註24〕然則治秦之壞以恩澤，治漢之壞以法，治唐之壞以辨華夷，治宋之壞以懲退怯。君子慎其所有事而已，是故天下之事不能無敗也，而不可棄其敗也。當救敗以為新，因其終而謀乎始，務使為可大之規，則後事因之而起其端，而曷至於大傾覆乎？天下之事，今始有成也，而不可恃其成也，當慮敗於其成，永乎終而知其敝，務使為可久之業，則前事因之而弭其失，而奚至於遽傾壞乎？此因中寓夫革，革而可常因者也；革中寓夫因，因而不必革者也。循天運之自然，驗盈虛消息之一定，其武王周公之事乎？反商政，政由舊，因而因者，因而革者也。百世之利，其一世之利乎？立周政，命周官，革而革者，革而因者也。一世之利，其萬世之利乎？噫！非聰明聖智神武而不殺者，其孰能與於此？故程子曰：「善救則前弊可革，善備則後利可久。此古之聖王所以新天下而垂後世也。後世不明此義，故勞於救世而亂不革，功未及成，弊已生矣。」〔註25〕至哉言乎！《易》曰：「蠱：元亨，利涉大川。先甲三日，後甲三日。」

初六：幹父之蠱，有子考，无咎，厲，終吉。何也？葉子曰：君子所以樂夫後之有人者，為其昌增光前烈之志也；君子所以貴於前之能光者，為其持憂勤惕厲之心也。《書》曰：「爾尚蓋前人之愆。」〔註26〕甯殖出其君，臨死，謂其子曰：「若能掩之，則吾子也。」〔註27〕故蔡叔以仲免，郤芮以缺免，公孫

〔註22〕《漢書》卷五十一《路溫舒傳》。

〔註23〕《申鑒・雜言上》。

〔註24〕胡宏《知言》卷三。

〔註25〕《伊川易傳・蠱》卦辭。

〔註26〕《尚書・蔡仲之命》。

〔註27〕《左傳・襄公二十年》：「衛甯惠子疾，召悼子曰：『吾得罪於君，悔而無及也。名藏在諸侯之策，曰：『孫林父、甯殖出其君。』君入，則掩之。若能掩之，則吾子也。若不能，猶有鬼神，吾有餒而已，不來食矣。』悼子許諾，惠子遂卒。」

敖以文伯惠叔而得書其奔，卒與喪歸。子之善，父之善也。豈惟是哉？穆姜棄位而姣者也，而其女伯姬以共婦顯；沈充叛臣也，而其子勁以守節著；李義府姦臣也，而其子湛以忠義聞。譙周賣國，其子居巴西，為成太守馬脫所殺。其子登詣劉弘，請復仇。弘表登為梓潼內史，攻脫，斬之，食其肝，遂據涪城。成人攻之三年，無一人離叛。城陷見獲，成主雄欲宥之。登辭氣不屈，乃殺之。〔註28〕史弘肇之子德琉頗讀書，嘗不樂父之所為。有舉人呼噪於貢院門，蘇逢吉命執送侍衛司，欲其痛笞而黜之。德琉言於父曰：「書生無禮，自有臺府治之，非軍務也。此乃欲彰大人之過乎？」弘肇即破械遣之。〔註29〕嗟夫！此類猶不失有子也，況其他乎！夫父之愆尚可以蓋，家之壞猶可以圖，則夫魁人傑士以道德勳業啟之於前，而後生小子以刻厲淬磨承之於後，使其家聲赫奕，久而益昌，若虞之元凱，周之召、尹，漢之袁楊，其慶當何如哉！不然，若齊桓公征楚，而孝公與之盟於國；齊桓公攘夷，而孝公與之盟於邢。《書》曰：「厥父菑，厥子乃弗肯播。厥父基，厥子乃弗肯堂。」〔註30〕其為先德之累，亦既多矣。叔孫昭子曰：「忠為令德，其子弗能任，罪猶及之，難不慎也？喪夫人之力，棄德曠宗，以及其身，不亦害乎？」〔註31〕故先穀之累友軫，越椒之累子，文歆之累向，杞之累奕，其去李陵幾何哉？而況欒郤、狐慶之後者，抑又不足言矣。故曰：以功名相付者，謂之世濟；以富貴相承者，謂之世祿。金、張、許、史，重侯累將，窮富極貴，不足為世輕重，而六龍三鳳之流聯飛，並鶩垂芳於無窮。而唐袁利貞族祖誼為蘇州刺史，自以其先世宋太尉淑以來，盡忠帝室。琅琊王氏導雖奕世臺鼎，而為歷代佐命，恥與為比，常曰：「所貴於名家者，為其世篤忠貞，才行相繼故也。彼鬻婚姻、執利祿者，又烏足數乎？」噫！此類誠足嘉矣。雖然，幹之固矣。幹之而少不克慎焉，未有不遺天下之大患者。唐代宗優寵宦官，奉使四方，還問其所得頗少，則以為輕我命，由是中使所至，公求賂遺，重載而歸。德宗素知其弊，遣中使邵光超賜李希烈旌節，希烈贈之僕馬及縑七百段。上怒，杖光超而流之。於是中使之未歸者，皆潛棄所得於山谷。雖與之，莫敢受。夫德宗矯代之失而深懲宦者之蠹，可謂明也已矣。然其終也，舉不信群臣，而惟宦官之從，至委以禁兵，而其後人主廢置遂

〔註28〕《資治通鑑綱目》卷十八。
〔註29〕《資治通鑑》卷二百八十八《後漢紀三》。
〔註30〕《尚書・大誥》。
〔註31〕《左傳・昭公十年》。

出於其手，則其為害有甚於代矣。何哉？不知明王改其先過之道，而乘之以輕銳之氣，不能守之以忠信誠慤之心，而出之以率意妄動之情，夫是以初年之矯所失，愚人以為喜，而明哲以為憂也。孔子曰：「三年無改於父之道，可謂孝矣。」〔註32〕有以哉！《易》曰：「幹父之蠱，有子考，无咎，厲，終吉。」

九二：幹母之蠱，不可貞。何也？葉子曰：父之壞，常也。母之壞，天下之大變也。治父之壞，可守常也。治母之壞，而不通天下之變，可乎？呂后死，而平、勃誅諸呂以安劉，呂后則無及矣。武照之禍，古所未有也。張柬之等第知反正廢主，而不能以大義處非常之變，為唐室討罪人，君子安得而不謂其膠常守故，不學無術，而無以善其終始乎？是故處天下之大變者，不可不執天下之大義；知天下之大義者，然後不泥天下之大常；不泥天下之大常者，然後為得天下之大中。故文姜與弒魯桓，莊公即位，外之不能復父之仇，內之不能禁母之淫，復使會於禚，會於師，享於祝丘，再次如莒，公卿大臣不能使之討齊，車馬僕從不能使之不出魯，此不過匹夫之行，而非達孝之道也。是故觀於夫子《春秋》所書文姜、哀姜，而幹母之大權可以得之矣。《易》曰：「幹母之蠱，不可貞。」

九三：幹父之蠱，小有悔，无大咎。何也？葉子曰：弊之當革也，則革之。革之而不力，則有趙抃之過。然雖革其所當革也，革之而過焉，則有熙豐之禍。君子可無慎乎？是故有撥亂反正之盛心者，常存觀變察幾之智；抱有能有為之大略者，當知從容順應之常。不然，悔吝生而過責歸矣。向戌來聘，且尋盟。見孟獻子，尤其室，曰：「子有令名，而美其室，非所望也。」對曰：「我在晉，吾兄為之毀之，重勞且，不敢閒。」〔註33〕夫獻子於兄之所為，無大過焉者，寧居之不改如是？則魯文公之必毀泉臺者，宜《春秋》之所譏也。〔註34〕昔者唐宣宗初立時，君臣務反會昌之政，至僧尼之弊，皆復其舊。熙寧之法，病民者將二十年，司馬君實起而為政，毅然以天下自任，開言路，進賢才，凡新法之害民者，一切取而更張之，海內之民歡欣鼓舞，甚於更生。一變而為嘉祐治平之治，君子稱其有旋乾轉坤之功矣。然而法相因則事成，無漸則民病。范純仁言之而不聽，不幾於激天下之亂耶？特其情雖過而心則無尤，氣雖張而理則

〔註32〕《論語・學而》。

〔註33〕《左傳・襄公十五年》。

〔註34〕《春秋・文公十六年》：「毀泉臺。」《公羊傳》：「泉臺者何？郎臺也。郎臺則曷為謂之泉臺？未成為郎臺，既成為泉臺。毀泉臺，何以書？譏。何譏爾？築之譏，毀之譏。先祖為之，己毀之，不如勿居而已矣。」

不拂，君子於是乎有通論焉耳。不然，見天下之弊不勝其忿，一決而去之，此其禍不為鼂錯，則為景延廣，可勝悔哉？噫！能剛能柔，不過不激，吾於管仲之定襄王，子房之安太子，仁傑之反唐祚有取焉。《易》曰：「幹父之蠱，小有悔，无大咎。」

六四：裕父之蠱，往見吝。何也？葉子曰：拯溺者不俟河之涸，救焚者不需雨之落。七年之病而求三年之艾者，不俟時日之良。故曰：「天之方難，無然憲憲。天之方蹶，無然泄泄。」〔註35〕不然，板蕩之禍，夫豈紆徐迂闊者之濟乎？趙盾輔靈公，繼襄業，以大芘中夏。正當力攘荊楚，急扼其始橫，而大宣其威力可也。顧於狼淵之舉，方且視為泛常，而諸大夫之會，緩不及事。師及鄭而楚已因公子去矣。悼敬之難，子朝之亂，霸者所當亟辨邪正，戮力靖之。而二年之後，晉始使士景伯蒞問周故，辭子朝之使又踰年。趙鞅激於太叔嫠婦恤緯之言，感於瓶罄惟壘之恥，始為黃父之會，以期明年之師。不求急難纓冠之義，而姑問揖讓周旋之禮，是豈拯溺救焚之道哉？楚子聞宋殺申無畏也，投袂而起，屨及於窒皇，劍及於寢門之外，車及於蒲胥之市，〔註36〕蠻貊之敏於猾夏如此。而盾則怠緩，鞅則坐視，《春秋》安得不譏之乎？故曰：「救鄭不及楚師，卿不書，緩也，以懲不恪。」〔註37〕又曰：王室之亂，五年而未平，傷天下之無霸也。嗚呼！軍旅之事，夫子以為未學。〔註38〕而《春秋》所書戰伐之事，無有以為合於義而許之者。獨於救兵，皇皇汲汲如此，不可以知拯難之義乎？故胡文定曰：「凡書救者，未有不善之者也。救在京師，則罪列國。子突救衛是也。救在夷狄，則罪諸侯。狄救齊，吳救陳是也。救在遠國，則罪四鄰。晉陽處父帥師伐楚以救江是也。救而不速救者，則書所次以罪其慢。叔孫豹救晉，次於雍榆是也。救而不能救者，則書所至，以罪其怯。齊侯伐我北鄙圍成，公救成至遇是也。書法若此，聖人之情見矣。」〔註39〕若夫狄以閔之元年伐邢，後二年而邢始遷於夷儀；狄以閔之二年滅衛，後二年而齊始封衛於楚丘；則是長人之亂而以張吾之惠，多寇之虐而以明吾之動，以千萬人之命而易吾一身之名，尤為聖人之所惡矣。故東萊之說曰：「王者之所憂，霸者之所喜也。夫不經桀之暴，則民不知有湯；不經紂之惡，則民不知有武。功因亂而立，

〔註35〕《大雅・板》。
〔註36〕《左傳・宣公十四年》。
〔註37〕《左傳・文公九年》。
〔註38〕《論語・衛靈公》：「軍旅之事，未之學也。」
〔註39〕《春秋胡傳》卷十閔公元年「齊人救邢」。

名因功而生，要非聖人之本心也。若霸者則異是。亂不極則功不大，功不大則名不高。故將隆其名，則必張其功；將張其功，則必養其亂。養其亂而使社稷已傾，都邑已頹，屠戮已酷，流亡已眾，然後徐起而收之，拔之於危蹙顛困之中，致之於豐樂太平之地，則深仁重施，力大而名赫矣。」〔註40〕嗚呼！是誠何心，豈非聖人之所深惡而痛絕者哉？甚至楚圍宋而告急於晉，伯宗以為天方授楚，未可與爭，不敢出師，卻使解揚如宋，使無降楚。〔註41〕則又鼠之行而賊之心。劉曜逼長安，琅琊初無救援之意。及聞長安不守，則姑出師露次，移檄四方，假漕運稽期斬督運，使淳于伯及劉隗上言其冤，不過引咎自責。〔註42〕則秦人之肥瘠而越人之視。田令孜遣朱玫、李昌符攻河中，李克用救之，進逼京城，僖宗奔鳳翔。明年，田令孜劫帝如寶雞，宰相朝臣皆不知，翰林承旨杜讓能獨追及之，乃有太子太保孔緯等數人繼至。緯令百官赴行在，辭以無袍笏。緯召三院御史，泣謂曰：「布衣親舊有急，猶當赴之，豈有天子蒙塵而臣子屢召不往耶？」御史請辦行裝，數日而行。〔註43〕則又坐觀其至親骨肉之溺而談笑以道之者。嗚呼！其罪尚可得而勝誅也哉？《易》曰：「裕父之蠱，往見吝。」

六五：幹父之蠱，用譽。何也？葉子曰：飭治振起者，英君自奮之志；左右奔走者，群雄並翼之功。昔者桓公在位，管仲見，立有間，有二鴻飛而過之。桓公歎曰：「仲父，今彼鴻鵠有時而南，有時而北，有時而往，有時而來，四方之遠，所欲至而至焉，非有羽翼之故，是以能通其意於天下乎？寡人之有仲父也，猶飛鴻之有羽翼也，若濟大水之有舟楫也。」〔註44〕然則以群材之幹而支大廈之傾，則支之也若張蓋；以多驥之力而起廣車之僨，則起之也若反掌矣。高宗之夢卜傅說而嘉靖殷邦，宣王之錫命樊侯而王猷允塞，晉文公之得五人而歸為霸主，燕昭王之賢士歸往而頓復齊仇，漢光武之延攬英雄而恢復故物，業所從來久矣，豈庸常淺陋之所能與哉？彼宋襄公有一子魚而不能聽，魯昭公有一子家駒而不能用，漢靈帝有一陳蕃而斥且免，唐文宗有一裴度方將屏棄而不錄，夫何為哉？《易》曰：「幹父之蠱，用譽。」

上九：不事王侯，高尚其事。何也？葉子曰：天下不可無此等人，亦不可

〔註40〕呂祖謙《左氏博議》卷九《齊侯戍曹遷邢封衛　諸侯救邢城楚丘》。

〔註41〕《左傳・宣公十五年》。

〔註42〕《資治通鑑》卷八十九《晉紀十一》。

〔註43〕《資治通鑑》卷二百五十六《唐紀七十二》。

〔註44〕《管子・霸形第二十二》。

無彼等人；天下不可無此等事，亦不可無彼等事。與君偕出，孰與立節？與我偕遁，孰與撥亂？十八侯司其事矣，四皓可與紫芝而同老；二十八將成其能矣，嚴光可與富春而同歸。是故王者有事事者，則不待吾事；眾人無尚事者，吾安得不尚吾事乎？此其志蓋將立天下之人，極建世道之綱維者歟？何其義也？《孟子》曰：「聖人，百世之師也。故聞伯夷之風者，頑夫廉，懦夫有立志。」〔註45〕信乎！《易》曰：「不事王侯，高尚其事。」

臨☷

臨：元亨，利貞。至於八月有凶。何也？葉子曰：權盛則動而如意，勢昌則為無不成。君子能進而凌逼於物矣，而其志有不行哉？所貴者壯而能正，健而能說，決而能和，不於頄而於心，不於氣而於理焉耳，惟舜之去四凶為能誅而不怒，惟周公之去三監為能怒而不擊，惟孔子之去少正卯為能擊而不忿。陽球磔王甫之屍，未嘗不快也，而識者早知禍機之已伏。石介慶夏竦之去，未嘗不幸也，而君子先諗禍本之已存。宋哲宗幼沖嗣位，太后高氏臨朝，任用賢相，政事修舉，國內大治，號曰女中堯舜。太后崩，熙豐黨人得志橫行，追貶元祐正人，殆無虛日，卒致禍亂，內變外寇，乘釁而起，中原卒不支矣。權之盛，勢之昌，夫豈易處乎？雖然，此人事也，有天道焉。極盛者則必衰，極昌者則必萎。君子知必至之天運，而委曲周旋以圖之，庶幾自保之道矣。人事以速亂，而天運適遭其所窮，豈知禍之所終哉？此常安民所以有薛季昶之慮也。《易》曰：「臨：元亨，利貞。至於八月有凶。」

初九：咸臨，貞吉。何也？葉子曰：君子之居世也，時不遇而道廢焉，則無以斬豺狼之當道；遇其時而身屈焉，亦無以問狐狸之野嗥。有其時居其位矣，凡有小人，何者不在其凌逼之中乎？子路初仕衛，不敢委，曰小臣不問大事也。其質之孔子也，不敢忌，曰下官無侵上職也。方墮郈，又墮費。既墮費，又墮成。必欲公家之強而私室之弱，豈敢安乎其位、一事置之不問哉？若曰事之不濟則天也，吾如彼何哉？殫其心而竭其力，率以正而臧其謀，神其機而妙其發，此則君子之所自盡也。不然，則志邪而意肆矣。君子為之乎？《易》曰：「咸臨，貞吉。」

九二：咸臨，吉无不利。何也？葉子曰：未嘗不欲凌小人者，君子之心也；欲凌之而卒不能凌者，所遇之不同也。有其位矣，而德不足，則釁生。

〔註45〕《孟子・盡心下》。

李懷光欲誅盧杞、趙贊、白志貞之奸，而卒為所圖，陷身為賊。君子之所憾也。有其德矣，而權不侔，則說費。劉蕡論宦官之禍而廢於唐，陳東、歐陽澈極言黃潛善、汪伯彥之奸而廢於宋，君子之所痛也。其惟司馬君實乎！放李定，貶范淵，竄惠卿，免蔡確，去一時之小人而活萬人之命，罷數十年之患政而興一時之利，以其德實而才充，位尊而望重耳。不然，能無困蹶之患乎？故曰：「去河北賊易，去中原朋黨難。」〔註46〕《易》曰：「咸臨，吉无不利。」

六三：甘臨，无攸利。既憂之，无咎。何也？葉子曰：罔拂百姓以從己之欲者，君子悅以先民之道也；罔違道以干百姓之譽者，君子悅以利貞之戒也。不以正而以邪，天生民而樹之，君之意固若是乎？使司牧之無失其性，其道固如是乎？君子不由也。曷之何其弗禁焉？《荀子》曰：「順州里，定廛宅，養六畜，閒樹藝，勸教化，趨孝悌，以時順修，使百姓順命，安樂處鄉，鄉師之事也。論禮樂，正身行，廣教化，美風俗，兼覆而調一之，辟公之事也」〔註47〕；「垂事養民，撫循之，唲嘔之，冬日則為之饘粥，夏日則與之瓜麮，以偷取少頃之譽焉，是偷道也。可以少頃得奸民之譽，然而非長久之道也。事必不就，功必不立，是奸治者也。」〔註48〕嗚呼！此五霸之道，易盈易涸，終不足以語於仲尼之門，有由然哉！下此而假君之惠以濟其民，竊上之寵以和其下，若陽生之入而不敢言語，欒孺子而皆泣，陳氏厚施於國，宋鮑禮於國人，季氏世修其勤，是謂並其守國之器而竊之，於以遂其終身之詐，而成其滔天之惡，而不容於堯、舜、三代之世者矣。況以之而制小人乎！以肉飼虎，終為所吞；以蜜喂蜂，必為所螫。光明正大之道不如是也。《易》曰：「甘臨，无攸利。既憂之，无咎。」

六四：至臨，无咎。何也？葉子曰：君子之治民也，以平易安靜為極功；而其制小人也，以必諮於周為切務。漢章帝之詔曰：「夫俗吏矯飾外貌，似是而非，朕甚厭之，甚苦之。安靜之吏，悃愊無華，日計不足，月計有餘。如襄城令劉方，吏民同聲謂之不煩。雖未有他異，斯亦殆近之矣。夫以苛為察，以刻為明，以輕為德，以重為威，四者或興，則下有怨心。」〔註49〕章帝此詔意何為哉？俗吏之為患甚矣，其可惡也，以辦事為功，以稱職為能，以刻為威，

〔註46〕參《夬》九二爻注。
〔註47〕《王制篇》。
〔註48〕《富國篇》。
〔註49〕《後漢書》卷三《肅宗孝章帝紀》。

以察為明，以政化為高論，以風俗為迂闊。當其初也，百姓畏其威，令行禁止，所求者遂，所欲者得，有所任使，不避劇易，皆能成功。故朝廷之上翕然以為能，而天下之士爭慕傚之，翕然成風，民心離散，國體破壞，元氣消喪，而風俗自然耗矣。彼豈知善人君子安靜不擾，悃愊無華，其政悶悶，若不足以快人意，而豈弟慈祥，寬宏廣大，不自知其感化民心，扶植教德，薰蒸和氣，與一世共躋於仁壽之域，其功之至極，孰有加於此哉？若夫其制小人也則不然。未始以疏視之也，識到計到，以折其奸心；未始以慢治之也，威到力到，以搖其厲氣；未始泄泄沓沓以加之也，謀到聽到，以專其成事。然後小人得而去之矣。視之以疏，則彼得以玩我迂；治之以慢，則彼得以格我；怯加之泄沓，則彼得以間我漏。夫可苟焉而已哉？唐敬宗遣中使賜朱克融時服，克融以為疏惡，執留敕使，奏以春衣不足，乞度支給三十萬端疋，又奏欲將兵馬及丁匠五千助修東都。敬宗患之，欲遣使臣宣慰，仍索敕使。裴度對曰：「克融無禮已甚，殆將斃矣。譬如猛獸自於山林中咆哮跳踉，久當自困，必不敢輒離巢穴。願勿遣宣慰，亦勿索敕使。旬日之餘，徐賜詔書云：聞中官至彼，稍失去就，俟還，朕自有處分。時服有司製造不謹，朕甚欲知之，已令區處。其將士春服，非朕所愛，但素無此例，不可獨與。所稱助修工匠，皆是虛語。若欲直挫其奸，則云丁匠宜速遣來。若欲且示含容，則云不假丁匠遠來。如是而已，不足勞聖慮也。」不二月，幽州軍亂，殺克融並其子昭義。〔註50〕節度使劉從諫卒，其子稹自為留後，武宗欲討之。宰相諫官多不可。李德裕以澤潞事體與河朔三鎮不同，獨請討之。武宗問計，對曰：「稹所恃者三鎮，但得鎮、魏不與之同，則稹無能為也。若遣重臣往諭王元逵、何弘敬，得其聽命，不從旁阻撓官軍，則成擒矣。」遂決意討稹，群臣之言不復入矣。二鎮果聽命，德裕又恐劉悟有功，稹未可亟誅。上曰：「悟迫於救死耳，非素心徇國也。藉使有功，父子為將相二十餘年，國家報之足矣。先是，河北諸鎮有自立者，朝廷必先有弔祭贈使，宣慰使繼往商榷，然後用兵，故常及半歲，軍中得以為備。」至是，宰相亦欲遣使，上即下詔討之。稹使牙將薛茂卿拔河陽科斗寨，距懷州十餘里。議者鼎沸，以為澤潞不可取。上亦疑之。德裕曰：「小小進退，兵家之常，願陛下勿聽，則成功矣。」上乃謂宰相曰：「為我語朝士，有上疏阻議者，我必於賊境上斬之。」議者乃止。及洺州刺史李恬以書與從弟石云：「稹願舉族歸命。」石以聞，德裕言：「今官軍四合，賊勢窮蹙，故偽輸誠款，冀以緩師。宜詔石

〔註50〕《資治通鑒綱目》卷四十九下。

答恬書云：『前書未敢聞奏。若郎君誠能悔過，面縛境上，則石當往受降，護送歸闕。若虛為誠款，則石誠不敢以百口保人。』仍望詔諸道，乘其上下離心，速進兵攻討。」上皆從之。稹果擒斬。〔註51〕此皆老臣知周萬物而道濟天下，無所不用其極者也。以是而制小人，小人其有不去者乎？高駢使僧景仙說驃信，馮寶使妻洗氏使李遷仕，致其溺而怠，啟其信而驚，亦庶幾切計極務者矣。《易》曰：「至臨，无咎。」

六五：知臨，大君之宜，吉。何也？葉子曰：治天下有要道也，達者知之，眾人昧焉。何也？《淮南子》曰：「古者法設而不犯，刑措而不用，非可以刑而不刑也。百工惟時，庶績咸熙，禮義修而任賢德也。故舉天下之高以為三公，一國之高以為九卿，一縣之高以為二十七大夫，一鄉之高以為八十一元士。故知過萬人者謂之英，千人者謂之俊，百人者謂之豪，十人者謂之傑。英俊豪傑各以小大之才處其位，得其宜，由本流末，以重制輕，上唱而民和，上動而下隨，四海之內，一心同歸，背貪鄙而向義理，其於化民也，若風之搖草，無之而不靡。」〔註52〕《傳》曰：先王之宰天下也，律天時，因地利，協人和。如此而已矣。是故知天之道者，拜以為師矣；知地之道者，進以為友矣；知人之道者，任以為臣矣。燮理陰陽，而四時以敘，知天道也。經略剛柔，而庶土以平，知地道也。啟沃仁義，而五品以遜，知人道也。雨暘愆期，寒暑無節，郊焉而天神有弗格，則師贊之考，其道如此，而不復其常，則免其官，曰官天之命也。山冢崒崩，川流不跡，社焉而地祇有弗歆，則友助之修，其德如此，而不復其常，則削其祿，曰祿地之產也。教化晦塞，風俗不美，廟焉而神鬼有弗享，則臣詔之省，其功如此，而不復其常，則褫其服，曰服人之章也。三才有定職也，三事有成能也，此先王所以不勞而成治也。故曰：「上必無為而用天下，下必有為為天下用。」〔註53〕昔者舜明四目，達四聰，諮十二牧，蓋捨己從人，樂取諸人以為善，此舜之所以為大智也。何也？以天下之目為視，則何所不明？以天下之耳為聽，則何所不聞？以天下之心為思，則何所不得？苟不集人之眾，而惟任己之獨，則必有遺視、遺聽與遺思矣，是豈帝王之高致哉？故曰：「去聽以無聞則聰，去視以無見則明，去知以無知則公。三者不任則治，三者任則亂。」〔註54〕是以舜恭己而正南面，神而明之，以成至治。非

〔註51〕《資治通鑑綱目》卷五十上。
〔註52〕《淮南子・泰族訓》。
〔註53〕《莊子・天道》。
〔註54〕《呂氏春秋・審分覽・任數》。

天下之大知，其孰能與於此？降而知是道者，周公也。《記》曰：「篤仁而好學，多聞而道慎，天子疑則問，應而不窮者謂之道。道者，尊天子以道者也。常立乎前，是周公也。誠立而敢斷，輔善而相義者謂之充。充者，充天子之志者也。常立於左，是太公也。廉潔而切直，匡過而諫邪者謂之弼。弼者，拂天子之過者也。常立於右，是召公也。博聞強記，伎給而善對者謂之承。承者，承天子之遺忘者也。常立於後，是史佚也。故成王中立而聽朝，則四聖維之，是以慮無失計而舉無過事。」〔註55〕然則人君而獨任其知，其斯以為不知乎？故《管子》曰：「明主不用其知而用眾人之知，不用其力而任眾人之力，故以眾人之知思慮者，無不知也；以眾人之力起事者，無不成也。能自去而用天下之知力，則身佚而福多。獨用其知而不用眾人之知，獨用其力而不用眾人之力，則身勞而禍多。故曰：「獨任之國，勞而多禍。」〔註56〕故曰：「雷霆草木，人不能為之；舟車陶冶，天亦不能為之也。」〔註57〕威福玉食，人臣不當為之；簿書期會，君亦不當為之也。又曰：「無代馬走，反盡其力。無代鳥飛，反蔽其翼。」〔註58〕夫萬機庶務皆當不自用而任人，況制小人乎！唐憲宗用杜黃裳之獨對，任高崇文討蜀，卒梟劉闢之首，威行兩河；用武元衡之壯謀，任王鍔討吳，卒斬李錡父子，藩鎮惕息；用裴度之獨斷，任李愬討淮西，卒擒吳元濟於蔡州，天下震懾。雖以李吉甫故，罷裴垍學士，然寵信彌厚，未幾復擢為相，謂之曰：「以太宗、玄宗猶藉輔佐以成其理，況如朕不及先聖萬倍者乎！」每有軍國大事，必與諸學士謀之。嘉翰林學士崔群讜直，命學士自今奏事，必取群連署，然後奏之。故再用李絳之謀，未敢輕動河北，而魏博果亂。推田興為留後，率眾聽命。復用絳謀，遣裴度宣慰魏博，頒賞軍士，六州百姓，給復一年，軍士受賞，歡聲如雷。成德、兗鄆使者數輩見之，相顧失色歎曰：「倔強者果何益乎？」鄆蔡恒遣遊客，間說多方，興終不聽。李師道使人謂韓弘曰：「我世與田氏約相保援，今興非其族，又首變兩河事，公之所惡也，我與成德合軍討之。」弘曰：「我不知利害，知奉詔行事。」〔註59〕所臨如是，其知不亦大乎？不然，將不免於譚忠之所窺矣。田季安聞吐突承璀討王承宗，聚其徒曰：「師不跨河二十五年矣。今一旦越魏伐趙，趙虜，魏亦虜矣。為之奈何？」其將有超伍，

〔註55〕《大戴禮記》卷三《保傅第四十八》引「《明堂之位》曰」。

〔註56〕《管子・形勢》。

〔註57〕張載《性理拾遺》。

〔註58〕《管子・心術篇》。

〔註59〕《資治通鑒》卷二百三十九《唐紀五十五》。

而言者曰：「願借騎五千，以紓君憂。」季安欲從之，牙將譚忠使魏，知其謀，入謂季安曰：「如某之計，是引天下之兵也。往年王師取蜀取吳，算不一失，是皆相臣之謀。今王師越魏伐趙，不使耆臣宿將，而專付中臣，不輸天下之甲，而多出秦甲，君知誰為之謀？此乃天子自為之謀，欲將誇服於臣下也。若師未叩趙而先碎於魏，是上之謀反不如下，能不恥且怒乎？既恥且怒，必任知士畫長策，伏猛將，練精兵，畢力再舉。鑒前之敗，必不越魏而伐趙。較罪輕重，必不先趙而後魏矣。」季安曰：「然則若之何？」忠曰：「王師入，魏君厚犒之，而悉甲壓境，號曰伐趙。陰遺趙書，使解陴障，遺魏城，持以奏捷，則魏之霸基安矣。」季安曰：「善。」遂陰與趙計，得其堂陽。〔註60〕嗚呼！若是而幾何不為人之所愚弄乎？《易》曰：「知臨，大君之宜，吉。」

上六：**敦臨，吉，无咎。**何也？葉子曰：君子之抱道守貞也，有險夷不易之心；其憂國愛民也，有死生不變之節。則其與小人固不容一日比，以至終其身而不能少間與之合者，況當國家之任，繫天下之故，而臨之有不厚且長乎！史魚之於子瑕，死且不置，必以屍而斥去之；〔註61〕宋璟之於二張，雖君父之意有不恤，終不可得而少假焉。可謂處小人之上而臨之終始如一矣。魏元忠再相之後，依阿取容，任三思之惡而不言；元稹一經挫折，不克固守，後遂自毀，與賢人君子為仇敵焉；李晟以杯酒間遂釋張延賞之怨，而且求其女與子為婚；裴度、令狐楚、鄭覃受李訓之豢，而不知辭避；則不克有終矣。君子志在潔身而貞行、保國而和民者，不免若是二三其德也，而可乎？《易》曰：「敦臨，吉，无咎。」

觀䷓

觀：盥而不薦，有孚顒若。何也？葉子曰：君者，人則也。是故「其儀不忒」，而後可以「正是四國」也。君者，非則人者也。是故其為父子兄弟足法，而後民法之也。管子之言曰：「民不可稍而掌也，可井而牧也；不可暴而殺也，可麾而致也。眾不可戶說也，可舉而示也。」〔註62〕然則舉天下而示之則，奈之何其輕且苟哉？《書》曰：「惟幾惟康」〔註63〕、「其難其慎」〔註64〕。《詩》

〔註60〕《資治通鑒綱目》卷四十八。
〔註61〕參《升》上六。
〔註62〕《說苑》卷七。
〔註63〕《尚書．益稷》。
〔註64〕《尚書．咸有一德》。

曰:「敬慎威儀，惟民之則。」〔註65〕《禮》曰:「王者中心無為，以守至正。」〔註66〕傳曰:「洗心以退藏於密，齊戒以神明其德。」〔註67〕不輕於自用，不果於有為，不苟於發設，夫然不失「正是四國」之道，下觀而化之則也。不有以立君道之準乎？故曰:「成王之孚，下土之式。」〔註68〕又曰:「為政以德，譬如北辰，居其所而眾星共之。」〔註69〕又曰:「人主之術，處無為之事，行不言之教，清淨而不動，一度而不搖，因循而任下，責成而不勞。」〔註70〕又曰:「橋梓直立而不動，俛仰取則焉。人主靜默而不躁，百官得修焉。」〔註71〕又曰:「上無事而民自試」、「抱獨不言而廟堂既修」、「鴻鵠鏘鏘，惟民歌之。濟濟多士，殷民化之」。〔註72〕是所以為示天下之道乎？是故觀諸天下，堯、舜率天下以仁而民從之是也；觀諸其國，顏淵為政而由、賜無所施其能是也；觀諸其家，萬石君家不言而躬行是也。嗚呼！其可以易言乎？《易》曰:「觀：盥而不薦，有孚顒若。」

初六：童觀，小人无咎，君子吝。何也？葉子曰：童子觀畫，知其備五采耳，雜山川草木人物焉耳，而不知其圖古蹟也；童子觀戲，知其備詞曲耳，雜喜怒悲歡離合耳，而不知其示忠孝也。是故知其通變之利，知聖人服民之心，而不知其神道之教，百姓日用而不知，童眸矇曨而無見也。孔子曰:「民可使由之，不可使知之。」〔註73〕吾何尤焉？若夫老子之言曰:「不出戶，知天下；不窺牖，知天道。」《管子》曰:「行其田野，視其耕耘，計其農事，而饑飽之國可知也。行其山澤，觀其桑麻，計其六畜之產，而貧富之國可知也。入國邑，視宮室，觀車馬衣服，而侈儉之國可知也。課凶饑，計師役，觀臺榭，量國費，而虛實之國可知也。入州里，觀習俗，聽民之所以化其上，而治亂之國可知也。入朝廷，觀左右，求本朝之臣論上下之所貴賤者，而強弱之國可知也。置法出令，臨眾用民，計其威嚴，寬惠行於其民與不行於其民可知也。計敵與，量上

〔註65〕《魯頌・泮水》。
〔註66〕《禮記・禮運》。
〔註67〕《周易・繫辭上》:「聖人以此洗心，退藏於密。……聖人以此齊戒，以神明其德夫。」
〔註68〕《大雅・下武》。
〔註69〕《論語・為政》。
〔註70〕《淮南子・主術訓》。
〔註71〕《淮南子・主術訓》。
〔註72〕《管子・形勢解第六十四》。
〔註73〕《論語・泰伯》。

意，察國本，觀民產之所有餘不足，而存亡之國可知也。」〔註74〕本其著，知其微，察其跡，得其幾，君子之秉哲，達人之通觀也。矇矇昧昧，短見而瞽窺，斯十九年而有童心矣〔註75〕，亦可鄙之甚乎！《易》曰：「童觀，小人无咎，君子吝。」

六二：**窺觀，利女貞**。何也？葉子曰：以門外為等閒，不出戶而無攸遂，此女子之道也。大丈夫以天下為一家，中國為一人，畏天命而悲人窮，吾分內事矣。內之為女貞，可乎哉？是故觀文明之盛而不思啟天下於文明，仰康樂之安而不思躋天下於康樂，享和平之福而不思納天下於和平，深入門庭而不出，偷鄙之極矣。昔者天王使劉定公勞趙孟於潁，館於洛汭。劉子曰：「美哉禹功！明德遠矣。微禹，吾其魚乎？子盍亦遠績禹功而大庇民乎？」對曰：「老夫罪戾是懼，焉能恤遠？吾儕偷食，朝不謀夕，何其長也？」劉子歸以語王，曰：「諺所謂老將至而耄及之者，其趙孟之謂乎？為晉正卿，以主諸侯，而儕於隸人，朝不謀夕，棄神人矣。」〔註76〕穆叔至自會，見孟孝伯，語之曰：「趙孟死。為政者，其韓子乎？吾子曷與季孫言之，可以樹善。」孝伯曰：「人生幾何，誰能無偷？朝不及夕，將焉用樹？」〔註77〕嗚呼！此食租衣稅，止願為太平之民者之所為，而君子為之，不亦淺之乎其為丈夫乎？《易》曰：「窺觀，利女貞。」

六三：**觀我生，進退**。何也？葉子曰：不顧其身而必進，趾之壯者也，是謂忘其身；不顧其君而必退，節之苦者也，是謂忘其君。二者則有間矣，以言乎失道則均焉。是故士君子懷才抱器，未嘗不欲行道濟時、致君澤民為心。然才器雖已有，而道之通塞則繫於天，用舍行藏尤在於時。君子得時則大行，不得時則龍蛇，安於所遇，俾身名俱全，斯為處世之善矣。不然，若漢末陳蕃、李膺、范滂諸賢，始履虎尾之危，幸脫虎口之厄，復捋虎鬚之險，卒抉虎吻之噬，不亦可悲也哉！雖然，不為數子而飾偽以要譽，釣奇以驚俗，不食君祿而爭屠沽之利，不受小官而規卿相之位，名與實反，心與跡違，斯又聖王之所必誅，而不足與於士林之列矣，尚何出處之為道哉？善乎！李固之勸黃瓊，欲其一雪當世之議也。《易》曰：「觀我生，進退。」

〔註74〕《管子・八觀第十三》。
〔註75〕參《蒙》上九注。
〔註76〕《左傳・昭公元年》。
〔註77〕《左傳・襄公三十一年》。

六四：觀國之光，利用賓於王。何也？葉子曰：橫政之所出，橫民之所止，則伯夷、太公不忍居。三綱絕，人道忘，則逢萌為之掛冠，梅福為之去亂。然則禮樂文明之炳曜，紀綱法度之昭彰，大明在上，聖化光颺，君子豈固為蒙澤之叟、岩壑之棄也耶？傅說對揚天子之休命，箕子親近天子之耿光，山東之民願少須臾無死，以觀漢室德化之成，感於時也。故曰：蟋蟀俟秋吟，蜉蝣出以陰。〔註78〕又曰：明天子在上，可以出而仕矣。嗚呼！世不喪道而道不喪世如此，君子其能不為之一慶哉？《易》曰：「觀國之光，利用賓於王。」

九五：觀我生，君子无咎。何也？葉子曰：元箴以自審者，人君比天下之道；皇建其有極者，人君立成王之孚。《傳》曰：「《詩》云：豈弟君子，民之父母。君子為民父母何如？曰：君子者，貌恭而行肆，身儉而施博，故不肖者不能逮也。殖盡於己而區略於人，故可盡身而事也。篤愛而不奪，厚施而不伐。見人有善，欣然樂之；見人不善，惕然掩之。有其過而兼包之。授衣以最，授食以多。法下易由，事寡易為。是以中立而為人父母也。」〔註79〕是故君子之行也，《記》曰：「在朝廷則道仁義禮知之序，燕處則聽雅頌之音，行步則有環佩之聲，升車則有鸞和之音，居處有禮，進退有度，百官得其宜，萬事得其序。《詩》曰：『淑人君子，其儀不忒。其儀不忒，正是四國。』此之謂也。」〔註80〕《淮南子》曰：「人主之居也，如日月之明也，天下之所同。側耳而聽，延頸舉踵而望也。是故非澹泊無以明德，非寧靜無以致遠，非寬大無以兼覆，非燕厚無以懷眾，非平正無以斷制。」〔註81〕是君子之行也。有是君子之行以臨其兆民，庶幾其不疚乎？舍堯、舜、三代不足以與此。宋祖之言曰：「洞開重門，正如我心。少有邪曲，人皆見之。」其亦庶幾於此。《易》曰：「觀我生，君子无咎。」

上九：觀其生，君子无咎。何也？葉子曰：天下有達尊三：爵一，齒一，德一。爵不在而齒在，則天下之所讓年也，為天下所讓年而徒以其年，可乎？齒不在而德在，則天下之所尊道也，為天下所尊道而不以其道，可乎？是故居事外而有事之志不可忘，不為觀而反觀之心不容已。何也？爵者，政之所出；而齒、德也者，俗之所趨也。故曰：觀政在朝，觀俗在野。又曰：政之所及者

〔註78〕《漢書》卷六十四下《王褒傳》。
〔註79〕《韓詩外傳》卷六。
〔註80〕《禮記．經解》。
〔註81〕《淮南子．主術訓》。

淺，而俗之所得者深。善政未必遽移薄俗，而美俗則足以救惡政。昔者閔公之難，齊使仲孫湫省焉。湫歸，而桓公問曰：「魯可取乎？」對曰：「猶秉周禮，未可動也。」〔註82〕夫閔公為君，生甫八歲，哀姜君母棄位而奸，慶父大臣弒逆而賊。周禮大禁，舉皆犯之。而湫曰云云，則不於其政而於其俗也。嗚呼！俗其可以苟焉而已哉？為天下風流之所趨而民俗之所效者，又可以輕忽云乎哉？是故子賤之治單父，而入其郛者，見棄魚之俗；魯恭之治中牟，而履其郊者，見馴雉之風。有由然矣。其分彌尊，其節彌厲；其身彌退，其道彌高；其事彌閒，其德彌盛；其位彌遠，其行彌堅。振其清穆之風，以養禮義之俗；敦其一時之行，以為百世之師。此君子之所不容懈者也。古之君子，子思之在魯，子夏之在西河之上，子方之在魏，嚴子陵之在富春，裴晉公之在綠野，與夫洛社耆英之在洛陝也。若之何其為觀哉？而若之何其自考哉？故曰：舟車鹽鐵，何如采蕨。期會簿書，莫忘采薇。《易》曰：「觀其生，君子无咎。」

〔註82〕《左傳．閔公元年》。

葉八白易傳卷六

噬嗑䷔

噬嗑：亨，利用獄。何也？葉子曰：兩情之不通者，一孽之為間也；萬理之未融者，一疑之為窒也。然則惑既辨而悅諸心，隙既塗而協其志，不亦天下之定理乎？故《淮南子》曰：「水之性，淖以清。窮谷之污，生以青苔，不治其性也。掘其所流而深之，茨其所決而高之，使得循勢而行，乘衰而流，雖有腐髊流漸，弗能污也。其性非異也，通之與不通也。」〔註 1〕管氏之書曰：「水未始弗勝火也，鬵釜鬲之，則火烈熾然，熬而不已，水涸竭枯乾而失其性矣。」鬵釜之鬲，其患乃如此。然則君臣、父子、朋友之間，而一有讒邪間於其中，其害可勝言哉！成王、周公之管、蔡，楚平、子建之無極，高國與諸大夫之陳乞，一日不去，則君臣、父子、朋友一日不得而合矣。是故梗者決而後心始悅，間者融而後情可通。自一身而推之天下，無不皆然者，非特父子、君臣、朋友而已也。夫間而必使通，隔而必使融，此疏淤理滯之道，通塞決壅之機也。是故以是道而聽訟，情則無壅；以是道而斷辭，民則無諂。舜、禹之興而為天下之所趨者，此其道乎？皋陶之明刑，子路之折獄，亦率是軌也已。《易》曰：「噬嗑：亨，利用獄。」

初九：屨校滅趾，无咎。何也？葉子曰：豪傑之士不待文王而後興，陳良是也；英斷之人不必懲戒而自改，周處是也。若夫小人，豈易易哉？不威則不懲，不懲則不戒。故曰：「君子以情用，小人以形〔註 2〕用。榮辱者，賞罰之精

〔註 1〕《淮南子．泰族訓》。

〔註 2〕「形」，《申鑒．政體第一》作「刑」。下同。

華也。故禮教榮辱以加君子，化其情也；桎梏鞭扑以加小人，治其形也。」又曰：「教化之廢，引君子而墜於小人之域；罰懲之飾，引小人而納於君子之塗。」〔註3〕然則「庶頑以撻而格，王駘以兀而賢，朝為小人，暮為君子」〔註4〕。聖人之刑，蓋期於無刑。信矣，誠齋之言乎！昔者楚之為楚，聖人立，必後至；天子弱，必先叛。周王不君，而橫行江表，遠交魯，近伐鄭，駸駸乎守闕問鼎之勢矣。齊桓一舉召陵之師，則退休江漢，不敢犯王室者幾二十年。晉文一勝城濮之戰，則遠避荊郢，不敢亂中國者五六十載。小懲而大誡如此。不然，周室為其所併矣。此一匡天下，民到於今受其賜。「微管仲，吾其被髮左衽」〔註5〕者，夫子所以大其始懲之功也。《易》曰：「屨校滅趾，无咎。」

六二：**噬膚滅鼻，无咎**。何也？葉子曰：匪佞折獄，惟良折獄。故天下之最可以服人者，惟賢惟德也。而鴟義奸宄，奪攘矯虔，亦有卒不可以賢德服者，巨憸猾豪也。雖然，賢德在我，君子亦修其歉焉，求良而已矣。憸猾之懲而弗吾服，吾何容心哉？古之人所以不罪人而罪我，有由然矣。是故舜有好生之德，而苗民逆命；禹有訟獄之歸，而防風不來。非舜、禹之歉也，所乘非其人也。然則大順大化之中固有負固梗逆之醜耶？故子路之片言折獄，而終不能墮成；子產之舉國順命，而不能克子南、子晰之訟。勢所不行，有自來矣。吾於聖賢乎何尤？雖然，吾有服人之德而人有不服之心，吾何愧矣。若武后有憾於郝象賢，使奴誣告象賢，族誅之。象賢臨刑，極口罵太后，發揚宮中隱慝。自後法官刑人，先以木丸塞其口。〔註6〕則不務德而務禁人，抑末矣。彼雖不得言，而吾服彼，服彼云乎哉？《易》曰：「噬膚滅鼻，无咎。」

六三：**噬腊肉，遇毒，小吝，无咎**。何也？葉子曰：弱於齒而噬大堅，齒必不全；短於才而治巨黠，黠則反詰。然則欲治人之不道而才不稱信，取辱焉而已矣。魯桓以弒君之賊，無恥之人，而強平宋、鄭，故宋、鄭為之辭。平欲平莒，及郯而莒人不肯。故雖侵宋伐莒，而必不能使心服矣。朱全忠襲李克用，克用前後八表，稱全忠陰猾禍賊，異日必為國患，惟乞下詔削其官爵，臣自率本道兵討之。僖宗無德威以為畏，無德明以為明，祗優詔和解之。故朱全忠益無所憚，而克用終鬱鬱，心不能平，卒之不服，而為唐之梗矣。故曰：百揆非舜，則去四凶以安民，祗以危民；司寇非仲尼，則誅正卯以治魯，祗以禍魯。

〔註 3〕《申鑒・政體第一》。
〔註 4〕楊萬里《誠齋易傳》卷六《噬嗑》初九爻。
〔註 5〕《論語・憲問》。
〔註 6〕《資治通鑒》卷二百四《唐紀二十》。

雖然，邪以間正，則治邪者為輔正；奸以梗賢，則治奸者為護賢。才雖不逮，而推其心，可以保國；力雖不堪，而扶其義，足以定邦。故大者，翟義舉兵西誅不當攝者，李敬業以匡復廬陵王為辭。次者，陳蕃、竇武之去漢賊，李訓、鄭注之去唐凶。事雖不濟，君子蓋有通論矣。是故吾寧為魏戊，不為叔魚、伯州犁。《易》曰：「噬腊肉，遇毒，小吝，无咎。」

九四：噬乾胏，得金矢，利艱貞，吉。何也？葉子曰：天下之流奔蝅赴而不可禁止者，莫急於有抑而欲伸；天下之疾趨亟往而莫能遏御者，最先於有辭而欲白。「惟官、惟反、惟內、惟貨、惟來」〔註7〕，而奔者注，赴者止，德威不畏，德明不明，而趨者反，往者復矣。剛柔分動而明，雷電合而章，惟齊非齊，有倫有要，而天下之強梗服。無情者不得盡其辭，則天下之有所抑而欲言、有其辭而欲達者不之我而曷之哉？文王之虞芮質成，包拯之裹糧聽斷是也。不然，將為愚谷之老人，寧喪馬而不來矣。昔者桓公獵於山谷之中，見一老公而問之，曰：「是名何谷？」對曰：「以臣名為愚公之谷。」公問其故，對曰：「臣故畜牸牛，生子大而賣之，而買駒。少年曰：『牛不能生馬。』遂持駒去。傍鄰聞之，以臣為愚，故名此谷為愚公之谷。」桓公歸，以語管仲。仲曰：「此臣之愚也。使堯在上，皋陶為理，安有取人之駒者乎？若有見暴如是叟者，必不與也。知公訟獄之不正，故去之而不訟耳。」〔註8〕然則訟者之來，不有以知致之乎？雖然，緹縈有言：「獄者，天下之大命。死者不可復生，刑者不可復續。」〔註9〕其可苟焉而已哉？不曰其難其慎，則以民命為戲；不由正常平直，則為獄吏所舞。其不流為秦刑隋法者幾希矣。可不慎乎？故曰：「天地之大德曰生，萬物之大極曰死。」〔註10〕死者不可以生，刑者不可以復。先王之刑也，官師以成之，棘槐以斷之，情訊以寬之，朝市以共之，哀矜以恤之。刑斯斷，樂不舉，情之至也。刑哉，刑哉，其慎矣夫！《易》曰：「噬乾胏，得金矢，利艱，貞吉。」

六五：噬乾肉，得黃金，貞厲，无咎。何也？葉子曰：小人之惡，止之於初矣。順者變而為君子，逆者積而為獨夫。獨夫，天所棄，而人所疾，塊然死物而已。食其肉而寢處其皮也，夫何難哉？此天下之大順，遠近之大化。舜去四凶而訟獄之咸歸，禹格苗民而萬國之畢會者也。雖然，元惡大憝固當誅，而

〔註 7〕《尚書・呂刑》。
〔註 8〕《說苑・政理》。
〔註 9〕《史記》卷一百〇五《倉公列傳》。
〔註10〕《申鑒・政體》。

欽哉之恤不可以不慎；一怒安民固所望，而好生之德不可以不全。故曰：「獄者，天下之大命。」〔註11〕又曰：「刑者，成也。一成而不可反。」〔註12〕是故州郡之不當，刺史得而平反之；刺史之不當，廷尉得而轉移之；廷尉之不當，天子得而更張之；天子之不當，天下鮮有所措其手足矣。故唐高祖之言曰：「雖太子有罪，亦不可赦。」近於公矣，而失父子之恩，使太子不免於絀死。玄宗以重刑加於後黨之輕罪，近於斷矣，而傷夫婦之義，使皇后不免於廢殺。故曰：「幾者，動之微。」〔註13〕不可以不慎也。又曰：八議設而後輕重得其宜。君子戒之焉！《易》曰：「噬乾肉，得黃金，貞厲，无咎。」

上九：何校滅耳，凶。何也？葉子曰：稔惡之極，天網之所不漏也；獲罪於天，人刑之所必及也。鄭莊公曰：「不義不昵，厚將崩。」〔註14〕齊仲孫湫曰：「難不已，將自斃。」〔註15〕州吁弒完而虐用其民，眾仲知其必不克。商人弒捨而多行無禮，季文子知其弗能立。楚頵僭王，馮陵中夏，戰勝諸侯，毒流天下，復以不仁處其身，而以不孝處其子，卒之禍發蕭牆而莫之覺。楚虔殺麇自立，而求諸侯於晉，晉人許之，中國從之，執徐子，圍朱方，遷賴於鄢城。竟莫校，畏其彊盛，則曰「晉、楚惟天所授，不可與爭」〔註16〕；滅陳而不能救，則曰「陳亡而楚有之，天道也」；〔註17〕滅蔡而又不能救，則曰：「天將棄蔡以壅楚，盈而降之罰也」。〔註18〕至使窮凶極惡，師潰於梁，身竄於棘裏而縊於申亥，人不致討，而天自討之。下至李斯、趙高滅於秦，董卓、梁冀滅於漢，韓全誨、崔允滅於唐，蔡京、童貫、王黼、梁師成、秦檜、賈似道、韓侂胄之徒滅於宋。所謂小人以小惡為無傷而弗去，而不知「格人元龜，罔敢知吉」〔註19〕，重辟所潛至矣，夫孰有能遁其天刑者哉？雖然，自取之也。使耳而聰，聰而明，則聞言而聽，知過可改，何至為天下之大僇乎？陳轅頗出奔鄭。

〔註11〕路溫舒《尚德緩刑書》。

〔註12〕《禮記・王制》：「刑者，侀也。侀者，成也。一成而不可變，故君子盡心焉。」

〔註13〕《周易・繫辭下》。

〔註14〕《左傳・隱公元年》。

〔註15〕《左傳・閔公元年》。

〔註16〕「晉、楚惟天所授」見《左傳・成公十六年》。「晉、楚唯天所相，不可與爭」見《左傳・昭公四年》。故「授」當作「相」。

〔註17〕俟考。

〔註18〕《左傳・昭公十一年》：「鄭子皮將行，子產曰：『行不遠，不能救蔡也。蔡小而不順，楚大而不德，天將棄蔡以壅楚，盈而罰之。蔡必亡矣。』」

〔註19〕《尚書・西伯戡黎》。

初，頗為司徒，賦封田以嫁公女。有餘，以為己大器。國人逐之，故出。道渴，其族袁咺進稻醴、粱糗、腵脯。喜曰：「何其給也？」對曰：「器成而具。」曰：「何不吾諫？」對曰：「懼先行。」〔註 20〕郭君出郭，謂其御者曰：「吾渴欲飲。」御者進清酒。曰：「吾饑欲食。」御者進乾脯、粱糗。曰：「何備也」？曰：「臣儲之。」曰：「奚儲之？」曰：「為君之出亡而道饑渴也。」曰：「子知吾且亡，何不諫？」曰：「君喜道諛而惡至言，臣欲諫而恐先郭亡，是以不諫。」〔註 21〕閻樂將兵入望夷宮，射二世。二世怒，召左右，皆惶擾不鬥。傍有宦者一人，侍不敢去。二世曰：「公何不早告我？」宦者曰：「臣不敢言，故得全。使臣早言，皆已誅，安得至此？」〔註 22〕故曰：「赴谷必墜，失水必溺，人見之也。赴阱必陷，失道必沉，人不見之也，不察之故。君子慎乎所不察。」〔註 23〕自古昏亂之禍皆如此，豈特一商鞅不聽趙良之言，蕭至忠不受宋璟之諫乎？《易》曰：「何校滅耳，凶。」

賁䷕

賁：亨，小利，有攸往。何也？葉子曰：盛矣哉，文之始乎！洋洋乎！郁郁乎！用之邦國焉，用之鄉黨焉，薦之於鬼神焉，羞之於王公焉，何其通達而敷暢乎！故曰：「無本不立，無文不行。」〔註 24〕父子主恩，必有嚴順之體；君臣主敬，必有承接之儀。禮讓存乎內，待威儀而後行；尊卑有其序，非物則無別文之與實相須而不可缺也。傷矣哉！文之盛乎！用之久則彌甚，行之遠則滅質。始於黃、唐而極於有周，繁華盛而樸素亡，物采彰而真實泯，其何以行之哉？昔者孔子筮，得《易・賁》卦，愀然而不樂，彰文之弊也。其曰「周監於二代，郁郁乎文哉！吾從周」〔註 25〕，正以苦於文而厄於時，不得已焉耳。不然，何以曰「如用之，則吾從先進」〔註 26〕？先進也者，羲、黃之真，三皇五帝之精也。嗚呼！文乎達於始而弊於盛乎？非有道者，孰能識之？《易》曰：「賁：亨，小利，有攸往。」

〔註 20〕《左傳・哀公十一年》。
〔註 21〕《韓詩外傳》卷六。
〔註 22〕《史記》卷六《秦始皇本紀》。
〔註 23〕《申鑒・雜言下》。
〔註 24〕《禮記・禮器》。
〔註 25〕《論語・八佾》。
〔註 26〕《論語・先進》。

初九：賁其趾，舍車而徒。何也？葉子曰：君子一身，斯文之會也。故曰：「文王既沒，文不在茲乎？」〔註27〕是故達而在上也，弁冕朱纓以文首，錦衣繡裳以文身，虎變彪炳以文乎天下。不幸而窮在下也，夫何飾哉？華其足，不妄行以垢辱；文其拇，恒兀兀以防走。豹變絢蔚以文乎其身而已矣。煙霞之處，其雲漢之章乎？奚事分外之榮焉？伯夷棄列土之封，而采薇首陽之巔；嚴光舍諫議大夫，而釣於富春之水；於陵仲子辭三公，而為人灌園谷口；鄭子真不屈其志，而耕乎岩石之下。彼豈以一物之微而動其心者哉？《易》曰：「賁其趾，舍車而徒。」

六二：賁其須。何也？葉子曰：君子處天下之事也，有道焉。可以速則速，其速也不為躁；可以緩則緩，其緩也不為遲。是故備武事則啟處之不遑。故曰：「玁狁孔熾，我是用急。」〔註28〕又曰：「元戎十乘，以先啟行。」〔註29〕修文教則優游而不迫。故曰：「禮樂，積德百年而後興。」〔註30〕又曰：「孔明而不死，禮樂其庶幾矣？」〔註31〕進退遲速皆道也，然則文章禮樂而可驟然為之乎？可以非其人率意而為之乎？是故乃翁有馬上之習，而說以詩書；謙讓有未遑之心，而導以禮樂。不俟人也，君子以為陋而疏得。古磬三十六，而請興禮樂於外戚用事之朝；見博士不講習，而請修學校於閹宦弄權之日。不俟時也，君子以為迂而妄。善乎致堂之言曰：「曹褒深見叔孫通之儀未當，故憤然欲正之。而章帝亦排班固廣集諸儒共議得失之儀，任其獨斷矣。豈知博徵名儒，遲以年歲，猶庶幾乎不大違戾。而乃身當重任，決以獨見，遽成百五十篇，且又雜以讖記之文，蓋不待見其書而可以逆知其舛繆矣。」〔註32〕嗚呼！曾謂禮樂文章而可以苟然乎哉？《易》曰：「賁其須。」

九三：賁如濡如，永貞吉。何也？葉子曰：鴻荒之世，其民涸以焦；羲農之世，其民澀而燥。其惟堯、舜、成、周之盛乎？禮樂興，製作備，文物具，典章成。由其世者，足以華身而澤體，潤耳而濕目，生民之大幸，君子之盛際也。故曰：「巍巍乎其有成功也，煥乎其有文章。」〔註33〕又曰：「周監於二代，

〔註27〕《論語・子罕》。
〔註28〕《小雅・六月》。
〔註29〕《小雅・六月》。
〔註30〕《史記》卷九十九《孫通列傳》：「禮樂所由起，積德百年而後可興也。」
〔註31〕《中說・王道篇》：「使孔明而無死，禮樂其有興乎？」
〔註32〕《讀史管見》卷四和帝章和元年。
〔註33〕《論語・泰伯》。

郁郁乎文哉！」〔註34〕然則君子際此，奈之何？固其質不使以文滅，篤其初不使以末疏，執其貞不使以華淩，敦其樸不使以儀牿。孔子之從先進，孟子之守古制，率是道也。林放問禮之本，抑亦其善反者乎？不然，水積而生相食之魚，土積而生自穴之獸，禮義飾而生偽匿之本，其弊不可勝言矣。《易》曰：「賁如濡如，永貞吉。」

六四：賁如皤如，白馬翰如。匪寇，婚媾。何也？葉子曰：生文明之世者，文盛則樂；主文明之運者，文盛則優。居近君之位，近臣之親不主其柄而挽其趨，反其本而黜其靡，可乎？故身處其白，示天下以則；馬乘而疾，亟反之以質；此豈與天下為鬥、逆其好而拂之欲哉？防其流而節其潰，所以存其性而教之中。父母之心，愷悌之念也。伊周之訓誥，用是道乎？中古以後，斯道替矣。知此者，霍光知時務之要，楊綰敦清簡儉素之節，司馬光守純樸貞白之風。《易》曰：「賁如皤如，白馬翰如。匪寇，婚媾。」

六五：賁于丘園，束帛戔戔，吝，終吉。何也？葉子曰：楚之興也，篳路藍縷；而其衰也，翠被豹飾。吳之興也，食不重席；而其衰也，次有臺榭陂池，宿有妃嬙嬪御。故國之興衰成敗，視其君之奢儉而已矣。何也？漢時長安語曰：「城中好高髻，四方高一尺。城中好廣眉，四方且半額。城中好大袖，四方全疋帛。」上之所好，下必甚焉。《管子》曰：「工以巧矣，而民不足於備用者，其悅在玩好；農以勞矣，而天下饑者，其悅在珍怪方丈陳於前；女以巧矣，而天下寒者，其悅在文繡。是故博帶梨，大袂列，文繡染，刻鏤削，雕琢採。」〔註35〕明君子務也。君淫而民侈，國濫而俗流。雖有天下，其能一朝居乎？是故卑宮室，惡衣服，菲飲食，不為廟堂朝著之飾，而為丘陵田園之務，大布之冠，大練之衣，大浣之服，不為綺羅錦繡之文，而執簡素淺小之物，則人將曰田舍翁得此亦足矣。曰上之人無聞知富，有天下之氣象，尊為天子之規模固不如是也。然為天下敦大本，主忠信，干風俗，豈曰小補之哉？成、康尚矣！高祖聽戍卒不懷居，遷萬乘不俟終日，孝文不愛千里馬，慎夫人衣不曳地，光武手不持珠玉，真知是道矣乎？梁武雖不足道，其亦異乎陳叔寶、隋楊廣焉。《易》曰：「賁于丘園，束帛戔戔，吝，終吉。」

上九：白賁，无咎。何也？葉子曰：志有之：「夏尚忠，君子忠矣。小人失之野，救野莫如敬，故殷人尚之以質，君子質矣。小人失之鬼，救鬼莫如

〔註34〕《論語・八佾》。
〔註35〕《管子・五輔第十》。

文，故周人尚之以文，君子文矣。小人失之鄙，救鄙莫如忠。」〔註36〕是故白黑青黃旋相為尚者，色之濟也。英華果實旋相為變者，物之成也。居賁飾之極，當文窮之時，可無拯救之權乎？以忠信誠愨之心為嘉會合禮之飾，率真純樸素之務為俯仰進退之容，則是挽泰始於波靡之日，回淳初於亨盡之時，當國者之盛事也。曷使天下之靡靡乎？是之謂以質為文，以素為絢。《淮南子》曰：「舉大木者，前呼邪許，後亦應之，此舉重勸力之歌也，豈無鄭衛激楚之音哉？然而不用者，不若此其宜也。治國有禮，不在文辨。」〔註37〕嗚呼！此伊、周之訓誥，蕭、曹之清淨，平、勃之寧壹，所以為天下萬世大臣之準歟？雖然，馬廖有言：「改政移風，必有其本。」〔註38〕唐代宗以楊綰為中書侍郎，制下之日，朝野相賀。郭子儀方宴客，聞之，減坐中聲樂五分之四。京兆尹黎幹騶從甚盛，即日省之，止存十騎。中丞崔寬第舍宏偉，亟毀之。〔註39〕此可以回天下矣。不然，是為公孫之布被，而窮奢自在，徒為惡賓之嗤；揚雄之瓦器，而淫濫不救，終為千古之姍矣。〔註40〕則亦何益之有乎？《易》曰：「白賁，无咎。」

剝䷖

剝：不利有攸往。何也？葉子曰：長木之斃，無不摽也；國狗之瘈，無不噬也。陰自下起，則駸駸之勢其漸不可遏，彼落我矣；陽自上觀，則匆匆之微其盡不可保，我將落矣。小人盛而君子衰，君子將何之哉？漢征魏桓，桓不行。其鄉人勸之，桓曰：「夫干祿求進，所以行其志也。今後宮數千，其可損乎？廄馬萬匹，其可減乎？左右權豪，其可去乎？」皆對曰：「不可。」桓曰：「使桓生行死歸，於諸君何有哉？」〔註41〕裴頠薦韋忠於張華，華闢之。忠辭疾不起。人問其故，忠曰：「張茂先華而不實，裴逸民欲而無厭，棄典禮而附賊後，此豈大丈夫之所為乎？逸民每有心託我，我常恐其溺於深淵而餘波及我，況可搴裳而就之哉！」〔註42〕楊駿辟王章為司馬，章逃不受。其友怪問之，章曰：

〔註36〕《說苑》卷十九。
〔註37〕《淮南子・道應訓》。
〔註38〕《後漢書》卷二十四《馬廖傳》。
〔註39〕參《大畜》九二。
〔註40〕二事見《節》六四
〔註41〕《後漢書》卷五十三《周黃徐姜申屠列傳・序》。
〔註42〕《資治通鑑》卷八十三《晉紀五》。

「自古一姓二后，鮮有不敗。況楊太傅昵近小人，疏遠君子，專權自恣乎！吾踰海塞以避之，猶恐及禍，奈何應其闢乎？」〔註43〕亞聖之後有孟文龍者，廢於賈似道。後史彌等列薦起之，文龍答書曰：「文龍未死，慚負明神。群公相國以忠孝文龍為群公起，將何以令今之事君者敢以死辭？」〔註44〕噫！若數子者，知天行矣。不然，若前漢王式與諸博士共薦，詔除為博士。既至，為江公所辱，式恥之，謂諸生曰：「我本不欲來，諸生勸我，竟為孺子所辱。」遂謝病歸。若此者，雖往何益？可謂不諗消息盈虛之故，不察進退行藏之宜矣。《易》曰：「剝：不利有攸往。」

初六：剝床以足，蔑貞凶。何也？葉子曰：毒甚者，機不發之驟；奸深者，禍必探其端。小人之欲凶於而國也，夫豈遽及其國；害於而身也，夫豈遽及其身哉？滅乎下，使上承者無其具；懸其上，使下倚者無其資。夫然後一推而可蹶，一撼而即僕。天下之事，不中其奸、不墮其計者鮮矣。李斯、趙高佐始皇，坑殺學士，盡用法律之徒，俾高義儒者野蹲而草伏，而天下蓋岌岌焉。李林甫為相，欲蔽塞人主視聽，自專大權，明召諫官，謂曰：「今明主在上，群臣將順之不暇，烏用多言？諸君不見立仗馬乎？食三品料，一鳴輒斥去，悔之何及？」補闕杜璡嘗上書言事，明日出為下邽令。自是諫諍路絕，人主孤立。漁陽一嘯，而唐室亡矣。嗚呼！眾君子者，人主之股肱。天下豈有手足折而身獨立者乎？《易》曰：「剝床以足，蔑貞凶。」

六二：剝床以辨，蔑貞凶。何也？葉子曰：小人之禍，猶之蛇虺然。中乎一肢，未有不遍於四體者也。及於四體，未有不攻其心腹者也。誅小臣而小臣盡矣，進而及大臣也，曾是而有忌乎？滅遠臣而遠臣盡矣，進而及邇臣也，曾是而復顧乎？趙高勸始皇殺學士，立法吏矣，已而勸二世族大臣而遠骨肉，盡除去先帝之舊臣，更置陛下所親信，於是殺大臣蒙毅等，公子十二人僇死咸陽市，人人自危，欲叛者眾。而楚戍陳勝等作亂，豪傑並起，而亡秦矣。九齡罷，林甫相，一日殺三子，而天下之事尚可為乎？《易》曰：「剝床以辨，蔑貞凶。」

六三：剝之无咎。何也？葉子曰：兩虎相齧則人可逸，兩�相鬥則馬可走。邪剝正將盡，竟與類為釁；陰消陽已極，竟與黨相軋。其趙高誅李斯、國忠激祿山之時乎？君子於此可以獲弛擔之利矣。故齊、楚為釁，高祖可以

〔註43〕《資治通鑒》卷八十二《晉紀四》。

〔註44〕（明）王鏊《姑蘇志》卷五十四《人物十三・儒林・孟文龍》。

息肩；汜、漼相治，承奉得以少紓；王、呂相傾，子瞻得以緩死。《易》曰：「剝之无咎。」

六四：剝床以膚，凶。何也？葉子曰：水自地出而及於簀，火自燎突而入於寢，必然之勢也。不決諸地，不滅諸突，而曰水火不為吾害，有是理乎？撼其臥而不使之安，則臥必墜；敲其寢而不使之息，則寢必驚。斯為禍矣。傳曰：所謂禍在此矣，及身之謂也。股肱折手，足腹心裂，患豈在外乎？趙高前數言關東盜無能為，及項羽虜秦將王離等，鉅鹿下而章邯等數卻，燕、趙、齊、楚、韓、魏皆為立王，自關以東，大抵盡叛。秦諸侯咸率其眾西鄉，沛公已屠武關，高恐二世怒誅及其身，乃使其婿閻樂等將兵入望夷宮，劫二世，令自殺。召子嬰立之。嬰立三月，而秦亡矣。漁陽之兵一起，而明皇竄蜀。切近之災，夫安得而逃之乎？《易》曰：「剝床以膚，凶。」

六五：貫魚以宮人寵，无不利。何也？葉子曰：魚潛在藻，或躍於淵，孰能貫之？聖人之權，貫之奚為？承寵於陽。曷其承之？以植天綱。嗚呼！斯文王率商之叛國以事紂者乎？彼以慕仁而歸周，吾則倡義以事紂；彼以怨紂而來歸，吾以事紂而復往。翊恭王室，而大義因之自明焉；稽首商庭，而大分為之自定焉。則欲逃之父母之國者至是而無所逃於天地之間，無所逃於天地之間者至是而無解於惻隱之心矣。民雖畔商而不亡，商民雖歸周而不臣周文王，此意蓋深遠哉！噫！非內文明而外柔順之聖人，其孰能與於此？故曰：「周之德，其可謂至德也已矣。」〔註45〕《易》曰：「貫魚以宮人寵，无不利。」

上九：碩果不食，君子得輿，小人剝廬。何也？葉子曰：孤陽在上，引而未絕；大命近止，間不容髮。有文王，則天下紂之天下也，文王且服事之，而況其他乎！無文王，則為曹操之漢獻，司馬昭之高貴鄉公，劉裕之晉恭帝，本實蹶焉，而枝葉之害、一果之實誠不足數也。雖然，華督欲弒君而憚孔父，劉安欲叛漢而憚汲長孺，曹操欲篡漢而憚孔融，世變之極，苟有一士大夫直躬履方、義形於色者居於其間，力雖不足，其威望猶足以折奸人之心，況身為文王而當紂世者乎！下至唐，宦者張承業從晉，唐亡十六年而忠心耿耿，不忘舊君，能使李存勖終身以復仇為事。承業卒六月，而亞子稱帝。所謂天地間不可一日無君子，信矣！嗚呼！均一命絕之夫也，遇君子則存，遇小人則亡，其在幸與不幸之間乎？《易》曰：「碩果不食，君子得輿，小人剝廬。」

〔註45〕《論語・泰伯》。

復䷗

復：亨。出入無疾，朋來无咎。反復其道，七日來復。利有攸往。何也？葉子曰：君子不患吾道之不行，而惟患陽德之不長；不患陽德之不長，而惟患天運人事之不周。天運回，人事善，陽道盛，而萬事舉矣。宋之神宗誤用安石，而天下無復生意，陽德或幾乎絕矣。哲宗以幼沖踐祚，宣仁同政初年召用司馬光、呂公著諸賢，罷青苗，復常平，登俊良，開言路，天下人心翕然向化，為元祐之政，庶幾仁宗天下正氣久屈而不伸者，至是能無一達矣乎？故蔡確免，安石卒，惠卿竄，而馬、呂之動作無抑塞，蘇軾言「變法宜漸」，范純仁言「差役緩行」，程頤舉坐講禮，而諸賢之進退無礙阻，太平之風可指日而致，雍熙之治可刻期而得矣。尚何功之懼不成而業之慮不就耶？故曰：陽春布德而天下無滯物，元精會氣而四體無僝形。《易》曰：「復：亨。出入無疾，朋來无咎。反復其道，七日來復。利有攸往。」

初九：不遠復，無祇悔，元吉。何也？葉子曰：今之君子，過則順之，豈徒順之，又從為之辭小人之長惡非乎？而曹操之下令是已。始焉誦《茅鴟》而不覺，既而歌《相鼠》而不知，〔註46〕下愚之冥頑非乎？而慶封之為使是已。若此者，望其知過且不能，而況於改乎！是故楚靈之不能自克，以及於乾溪之難；〔註47〕商鞅之不知變，而蒙車裂之禍。古今蓋不少也。故曰：已矣乎，吾未見能見其過而內自訟者也。〔註48〕此周處為百世之俊傑，而下至唐坰之類，亦君子之所與矣。雖然，困於心，衡於慮而後作；徵於色，發於聲而後喻。其為不自得也亦大，而其為力也亦勞矣。若夫不思而未得，不勉而未中，或者有心過焉，然生於其心而即明於其心，不復萌於心；從容未中道，從心或踰矩。或者有身過焉，然形於其身而即察於其身，不復履於身。是終其身不特無口過，而亦無身過；不特無身過，而亦無心過。天命流行，至誠在我。下聖人一等，信非顏子不足以與此矣。《易》曰：「不遠復，無祇悔，元吉。」

六二：休復，吉。何也？葉子曰：「獨遠於實」者，良能或困於愚蒙；「比之匪人」者，天性或戕於險惡。固雖苦心而極力，人一而已，百將何以為明善而復初乎？嗚呼！此魯之多賢，子賤易以成德；事其大夫之賢，友其士之仁，

〔註46〕《左傳・襄公二十七年》：「齊慶封來聘，其車美。孟孫謂叔孫曰：『慶季之車，不亦美乎？』叔孫曰：『豹聞之：服美不稱，必以惡終。美車何為？』叔孫與慶封食，不敬。為賦《相鼠》，亦不知也。」

〔註47〕參上六爻。

〔註48〕《論語・公冶長》。

子貢所以為仁也與？《易》曰：「休復，吉。」

六三：頻復，厲，无咎。何也？葉子曰：夫人不能無過而難於知過，夫人不患於有過而貴於改過。方其過也，如日月之食焉，虧大明而塞昏暗，天道幾乎息矣。棄天褻天，將於是在，危孰甚焉！及其更也，人皆仰之。其何傷於日月乎？嗚呼！斯欲寡未能。伯玉雖行年五十，而猶有四十九年之非，不為過也。孔子曰：「回也，其心三月不違仁，其餘則日月至焉而已矣。」〔註49〕方其違之而去之也若是乎？道心微而人心危也。及其不違而至之也，仁在其中矣，吾何尤焉？雖然，由日月而三月，則賢矣；由三月而不息，則聖矣。方三月而必違之，至三月而必去之，天命不幾於泯乎？此君子所以貴於知之未嘗復行也與？《易》曰：「頻復，厲，无咎。」

六四：中行獨復。何也？葉子曰：同流而合污者，庸人之不克自樹也；希聖而親賢者，英豪之所以自拔也。《孟子》曰：「待文王而興者，凡民也。若夫豪傑之士，雖無文王猶興。」〔註50〕不其然乎？然則自振於流俗之中而親賢以成其德，挺拔乎污濁之世而私淑以善其身，無謂世無其人也。南容生孟氏之門，司馬牛在桓魋、子頎、子車之列，而獨從孔子。陳良生於楚，悅周公、仲尼之道，北學於中國。三子者，其古之豪傑非乎？有道而不知從，見聖而不克由，斯陳瓘所以有責沈之文，而成王所以為《君陳》之戒也。吾於孟僖子有餘美焉。何也？蘇子之言曰：「夫人之聖，其少也賤，天下莫知其為聖人。魯人曰：『此吾東家丘也。』又曰：『此鄹人之子也。』楚子西、齊晏嬰所謂賢人君子也。其言曰：『孔子之道，迂闊而不可用，況夫三桓之間，而孰知有夫孔子哉？』僖子之病也，告其子曰：『聖人有明德者，若不當世，其後必有達人。今其將在孔子乎？我若獲沒，必屬說與何忌於夫子，使事之而學禮焉，以定其位。』嗚呼！孔子用於魯三月而齊人懼其霸，以僖子之賢而知其為聖也。使其未亡，則必授之政，而魯其為東周矣。雖然，夫子之道充於天下，自僖子始。懿子學乎仲尼，請於魯君，而與之車，使適周觀禮焉。而聖人之業然後大備。僖子之功雖不能用之於未亡之前，而猶能救之於已沒之後，宜夫子稱之為補過君子也。」〔註51〕《易》曰：「中行獨復。」

六五：敦復，无悔。何也？葉子曰：帝王之所以成其德者三：一曰生質之

〔註49〕《論語・雍也》。
〔註50〕《孟子・盡心上》。
〔註51〕蘇軾《問君子能補過》。

美，二曰學問之功，三曰輔導之力。堯、舜之允執其中，無假於學問輔導者也。成王之敬迓天威，嗣守文、武大訓，無敢昏逾，則自治之勤矣。康王之自亂於威儀，無以其冒貢於非幾，豈非賢德是賴乎？質為上，學次之，教又次之。然則深潛純粹，天理之所以常存；忠信誠篤，外誘之所以不入。無資於物，無賴於勤，豈非美德之自成、人主之高致乎？漢之文，宋之仁，其殆庶幾矣。一則二十三年之間專務以德化民，一則四十餘年如一日，誠為切近矣。然而不免黃老之雜用，君子小人之叢進，則不能不下成、康一等也。噫！《易》曰：「敦復，无悔。」

上六：**迷復，凶，有災眚。用行師，終有大敗。以其國君凶，至於十年不克徵。**何也？葉子曰：禍莫大於重回首，愚莫甚於履畏途。昔者仲虺於成湯，不稱其無過，而稱其改過；仲山甫於宣王，不望其無闕，而望其補闕。古人不徒然也，復見天地之心，而況於人乎！楚靈王方會諸侯於申，誅齊慶封，作章華臺，求周九鼎，志小天下，亦已侈矣。及右尹子革誦《祈招》之詩，以止王心，乃揖而入，饋不食，寢不寐，數日不能自克，以及於難。仲尼曰：「古也有志：『克己復禮，仁也。』信善哉！楚靈王若能如是，豈其辱於乾溪？」〔註52〕然則古今小人以亢滿之資，履崇高之位，至於遂其奸而不改，迷於邪而不復，鮮有不禍於而身。天災人眚之畢集，害於而國，喪師戚君而不振者，勢所不免也。莫敖狃於勝而自用，而曰：「諫者有刑。」〔註53〕子玉逞其剛而無禮，而曰：「願以間執讒慝之口。」〔註54〕是以一則有伐羅之敗北，一則有城濮之喪師。噫！荒谷之縊，連谷之死，將能逃乎？卒使楚失其威而喪其霸，沒世不可用也。悲哉！袁紹、趙染、劉琨亦然。官渡之戰，田豐切諫，紹不聽，卒至大敗。紹恚曰：「諸人皆閔孤，獨田別駕以為快。幸其言之中也。」遂殺豐。劉曜、趙染寇長安，索綝出拒之。染有輕綝之色，長史魯徽曰：「晉之君臣自知強弱不敵，將致死於我，不可輕也。」染曰：「以司馬模之強，吾取之如拉朽。索綝小豎，豈能污吾馬蹄刃刃乎？」晨率輕騎數百逆之，曰：「要當獲綝而後食。」琳與戰於城西兵，敗而歸。悔曰：「吾不用徽言，至此，何面目見之？」先命斬徽。徽曰：「將軍愚愎以取敗，乃復忌前害勝。猶有天地，其得

〔註52〕《左傳・昭公十二年》。

〔註53〕《左傳・桓公十三年》：「莫敖使徇於師曰：『諫者有刑。』及鄢，亂次以濟，遂無次，且不設備。及羅，羅與盧戎兩軍之，大敗之。莫敖縊於荒谷。」

〔註54〕《左傳・僖公二十八年》：「子玉使伯棼請戰，曰：『非敢必有功也，願以間執讒慝之口。』王怒，少與之師，唯西廣、東宮與若敖之六卒實從之。」

死於枕席乎？」染攻北地，中弩而死。〔註55〕劉琨奢豪，喜聲色。徐潤以音律得幸，驕恣，干與政事。護軍令狐盛數以為言，琨怒，殺之。琨母曰：「女不能駕馭豪傑，以恢遠略，而專除勝己，禍必及我。」盛子泥奔漢，具言虛實。劉聰乘虛入晉陽，琨救不及，率數十騎奔常山，泥殺琨父母。〔註56〕此其剛愎之取禍，理有所不免矣。《易》曰：「迷復，凶，有災眚。用行師，終有大敗。以其國君凶，至於十年不克徵。」

〔註55〕《資治通鑑》卷八十九《晉紀十一》。
〔註56〕《資治通鑑》卷八十八《晉紀十》。

葉八白易傳卷七

无妄䷘

无妄：元亨，利貞。其匪正，有眚，不利有攸往。何也？葉子曰：天地以實理而運於氣則為誠，通誠復之本然；聖人以實心而見於行則為誠，精神應之妙道。故曰：「神也者，妙萬物而為言者也。」〔註1〕又曰：至誠而不動者，未之有也。〔註2〕然「惟天下之至誠，為能盡其性；能盡其性，則能盡萬物之性」〔註3〕。《書》曰：「惟德動天，無遠弗屆。帝初於歷山，往於田，日號泣於旻天，於父母。負罪引慝，祇載見瞽瞍，夔夔齊慄，瞽瞍亦允若。至誠感神，矧茲有苗。」〔註4〕其斯為大舜之誠乎？其斯為動而不窮乎？子路之仕衛，非以其口實也；申生之雉經，非以其畏懼也。而君子不道焉，逃乎理之常，越乎義之正，非聖行也。故曰：願言思子，不瑕有害。嗚呼！死非其所，不得為無瑕；陷父不義，不得為無害。其何以行之哉？非法於天下，不傳於後世，君子不道也。下此則抱柱之信，證父之直，思獻其兄之友，從井之仁，害乎義而傷乎教，亂大倫而天理所不直矣，何以誠為哉？何以往為哉？《易》曰：「无妄：元亨，利貞，其匪正，有眚，不利有攸往。」

初九：无妄，往吉。何也？葉子曰：雷之動也以至和，故行於天而不驚不怨；君子之動也以至誠，故行於天下而無惡無射。孔子告子張曰：「言忠信，

〔註 1〕《說卦傳》。
〔註 2〕《孟子・離婁上》。
〔註 3〕《中庸》。
〔註 4〕《尚書・大禹謨》。

行篤敬，雖蠻貊之邦，行矣。」〔註 5〕其告仲弓曰：「出門如見大賓，使民如承大祭。己所不欲，勿施於人。在邦無怨，在家無怨。」〔註 6〕然則天下無不可往之地，特患吾無至誠之德焉耳。不然，何暴慢者獻其恭，狡偽者致其誠於程子之前乎？昔楚莊王圍宋，宋華元夜見子反，以析骸易子告之。子反亦以七日之糧告，莊王怒。子反曰：「區區之宋猶有不欺之臣，可以楚國而無之乎？吾是以告之。」華元以誠告子反，得以解圍，全二國之命。〔註 7〕況身心之極誠者乎！故曰：伯夷非以死之日而有名也，其前行多修也。武王非以甲子之朝而後勝也，其前故多善矣。不然，將無所容於天地之間，無往而非殺身之地矣。昔尒朱世隆反，魏主元子攸以城陽王元徽總統內外。及兆輕兵涉河，騎叩宮門，宿衛散走。魏主步出雲龍門外，遇徽乘馬走，屢呼之，不顧而去。徽持金百斤，馬五十匹，以前洛陽令寇祖仁一門三刺史皆已所引拔，故往投之。祖仁私謂子弟曰：「今日富貴至矣。」乃怖徽云：「捕將至令其逃於他所。」使人於路要殺之，送首於兆，兆不賞，而夢徽謂己曰：「我有金二百斤，馬百匹，在祖仁家，卿可取之。」兆即捕祖仁，依夢徵之，不得，殺之。〔註 8〕夫元徽棄君，祖仁賣友，不誠不信，亦甚矣。卒之皆喪其元，不亦宜乎？《易》曰：「无妄，往吉。」

六二：**不耕穫，不菑畬，則利有攸往。**何也？葉子曰：董子曰：「仁人者正其誼不謀其利，明其道不計其功。」〔註9〕是故湯放桀，武伐紂，非以其商、周之可王也，順乎天而應乎人，以為義之在我者不得不若此。其正之者也。不然，是天之逆子也。仲尼孜孜，顏子好學，非以其天下萬世之可王也，崇夫德而廣其業，以為道之在我者不得不如此，其明之者也。不然，是天之戮民也。乘乎其所當然，順乎其所自至，若天地之無心而成化焉，此其所以為王者之業而聖賢之事也。齊桓欲復楚，先侵蔡而伐楚；晉文欲勝楚，先伐衛以致楚。求諸侯，莫如勤王。成霸安強，自宋始，是借濟人之功以為己利也。後之人將敬奉德義而申固其命，若之何待之？彼將悔前日之非，改過恤下，而撫其民，則難慮矣。是乘人之憊以為己功也。若虞人之設機而布伏焉，此豈足以窺聖人之藩界哉？雖然，惟湯、武然後能應天順人，惟孔、孟然後能德崇業廣。彼齊、晉之功，

〔註 5〕《論語・衛靈公》。
〔註 6〕《論語・顏淵》。
〔註 7〕《韓詩外傳》卷二。
〔註 8〕《資治通鑒》卷一百五十四《梁紀十》。
〔註 9〕《漢書》卷五十六《董仲舒傳》。

欲使與天壤同敝，而不知身未死而已索然矣。《詩》曰：「見晛曰消。」〔註10〕豈不信然？是故「不昏作勞，惰農自安」〔註11〕，君子不能也；「閔其苗之不長而揠之，芒芒然歸」，君子不為也；「四體不勤，五穀不分」〔註12〕，「倬彼甫田，歲取十千」〔註13〕，君子不敢也。率乎性分之固有，盡其職分所當為，沒身而已矣。《易》曰：「不耕穫，不菑畬，則利有攸往。」

六三：无妄之災，或繫之牛，行人之得，邑人之災。何也？葉子曰：天下固有不測之事，非望之過也。唐張亮過建安城下，壁壘未固，高麗兵奄至，亮素怯，據胡床，直視不言，將士見之，更以為勇，相與擊高麗兵，破之。適然之福蓋如此。則夫適然之禍，世豈少之乎？城門火而池魚殃，〔註14〕楚猿亡而林木災，〔註15〕越國兵而獻魯女，宋魋出而驟園葵，〔註16〕武氏王而君羨死，〔註17〕魯酒薄

〔註10〕《小雅・角弓》。

〔註11〕《尚書・盤庚上》。

〔註12〕《論語・微子》。

〔註13〕《小雅・甫田》。

〔註14〕《太平廣記》卷四六六《水族三・魚・池中魚》：「《風俗通》曰：『城門失火，禍及池魚。舊說池仲魚，人姓字也。居宋城門，城門失火，延及其家，仲魚燒死。又云：宋城門失火，人汲取池中水以沃灌之，池中空竭，魚悉露死。喻惡之滋，並傷良謹也。』出《風俗通》。」

〔註15〕《淮南子・說山訓》：「楚王亡其猨，而林木為之殘。」

〔註16〕二事並見《韓詩外傳》卷二第二章：「魯監門之女嬰相從績，中夜而泣涕，其偶曰：『何謂而泣也？』嬰曰：『吾聞衛世子不肖，所以泣也。』其偶曰：『衛世子不肖，諸侯之憂也，子曷為泣也？』嬰曰：『吾聞之，異乎子之言也。昔者宋之桓司馬得罪於宋君，出奔於魯，其馬佚而驟吾園，而食吾園之葵。是歲，吾聞園人亡利之半。越王句踐起兵而攻吳，諸侯畏其威。魯往獻女，吾姊與焉。兄往視之，道畏而死。越兵威者吳也，兄死者，我也。由是觀之，禍與福相及也。今衛世子甚不肖，好兵，吾男弟三人，能無憂乎？』《詩》曰：『大夫跋涉，我心則憂。』是非類與乎？」

〔註17〕《舊唐書》卷六十九《李君羨傳》：「貞觀初，太白頻晝見，太史占曰：『女主昌。』又有謠言：『當有女武王者。』太宗惡之。時君羨為左武衛將軍，在玄武門。太宗因武官內宴，作酒令，各言小名。君羨自稱小名『五娘子』，太宗愕然，因大笑曰：『何物女子，如此勇猛！』又以君羨封邑及屬縣皆有武字，深惡之。會御史奏君羨與妖人員道信潛相謀結，將為不軌，遂下詔誅之。天授二年，其家屬詣闕稱冤，則天乃追復其官爵，以禮改葬。」

《新唐書》卷九十四《李君羨傳》：「先是，貞觀初，太白數晝見，太史占曰：『女主昌。』又謠言『當有女武王者』。會內宴，為酒令，各言小字，君羨自陳曰『五娘子』。帝愕然，因笑曰：『何物女子，乃此健邪！』又君羨官邑屬縣皆武也，忌之。未幾，出為華州刺史。會御史劾奏君羨與狂人為妖言，謀不軌，下詔誅之。天授中，家屬詣闕訴冤，武后亦欲自詭，詔復其官爵，以禮改葬。」

而邯鄲圍，〔註 18〕老龜魡而枯桑禍，〔註 19〕天長陷而黃鍔摧，〔註 20〕天下不又有外至之禍、不期之變乎？所以修身以俟正命矣，而不免於桎梏之凶；守道以禦外物矣，而不免於雉罹之死。古今之可憾者多矣。誠齋曰：「橫逆不宜至，孔子以貌似陽虎而見圍；盜竊不可誣，不疑以身與同舍而償金。」〔註 21〕君子柰之何？順受其正而已矣。《易》曰：「无妄之災，或繫之牛，行人之得，邑人之災。」

九四：可貞，无咎。何也？葉子曰：一手獨拍，雖疾無聲；空柯無刃，公輸難斲。故曰：事廢於獨成，行衰於寡黨。又曰：一手不能舉鴻鼎，一臂不能推大車。天下大事而以一人為之，鮮不僨矣。斯匠石之所以悲亡質〔註 22〕，而

〔註 18〕《莊子・外篇・胠篋第十》：「故曰：脣竭則齒寒，魯酒薄而邯鄲圍，聖人生而大盜起。」《疏》：「邯鄲，趙城也。昔楚宣王朝會諸侯，魯恭公後至而酒薄。宣王怒，將辱之。恭公曰：『我周公之胤，行天子禮樂，勳在周室。今送酒已失禮，方責其薄，無乃太甚乎！』遂不辭而還。宣王怒，興兵伐魯。梁惠王恒欲伐趙，畏魯救之。今楚魯有事，梁遂伐趙而邯鄲圍。亦由聖人生，非欲起大盜而大盜起，勢使之然也。」《淮南子》卷十六《繆稱訓》：「故傳曰：魯酒薄而邯鄲圍。」許慎注：「魯與趙俱朝楚，獻酒於楚。魯酒薄而趙酒厚，楚之主酒吏求酒於趙，不與。楚吏恐，以趙所獻酒於楚王易魯薄酒。楚王以為趙酒薄而圍邯鄲。一曰趙、魯獻酒於周也。」

〔註 19〕（南朝宋）劉敬叔《異苑》卷三：「吳孫權時，永康縣有人入山，遇一大龜，即束之以歸。龜便言曰：『遊不量時，為君所得。』人甚怪之，擔出欲上吳王。夜泊越里，纜舟於大桑樹。宵中樹忽呼龜曰：『勞乎元緒，奚事爾耶？』龜曰：『我被拘繫，方見烹臛。雖然，盡南山之樵不能潰我。』樹曰：『諸葛元遜博識，必致相苦。今求如我之徒，計從安簿？』龜曰：『子明無多辭，禍將及爾。』樹寂而止。既至建業，權命煮之，焚柴萬車，語猶如故。諸葛恪曰：『燃以老桑樹乃熟。』獻者乃說龜樹共言，權使人伐桑樹煮之，龜乃立爛。今烹龜猶多用桑薪，野人故呼龜為元緒。」

〔註 20〕李心傳《建炎以來繫年要錄》卷二十：「壬子，金人陷天長軍，上遣左右內侍鄺詢往天長軍覘事，知為金人至，遽奔還。上得詢報，即介冑走馬出門，惟御營都統制王淵、內侍省押班康履五六騎隨之過市。市人指之曰：『大家去也。』俄有宮人自大內星散而出，城中大亂，上與行人並轡而馳。黃潛善、汪伯彥方會都堂，或有問邊耗者，猶以不足畏告之。堂吏呼曰：『駕行矣！』二人乃戎服鞭馬南騖，軍民爭門而出，死者不可勝數。上次揚子橋，一衛士出語不遜，上掣手劍刺殺之。時軍民怨黃潛善刻骨。司農卿黃鍔至江上，軍士呼曰：『黃相公在此。』數之曰：『誤國害民，皆汝之罪。』鍔方辨其非是，而首已斷矣。」

〔註 21〕楊萬里《誠齋易傳》卷七《无妄》六三爻：「故仲尼被圍，貌偶似陽虎也；不疑償金，偶與亡金者同舍也」。

〔註 22〕《莊子・徐无鬼》：「莊子送葬，過惠子之墓，顧謂從者曰：『郢人堊慢其鼻端若蠅翼，使匠人斲之。匠石運斤成風，聽而斲之，盡堊而鼻不傷，郢人立不失容。宋元君聞之，召匠石曰：嘗試為寡人為之。匠石曰：臣則嘗能斲之。雖然，臣之質死久矣。自夫子之死也，吾無以為質矣，吾無與言之矣！』」

玄德死，關、張死，趙雲死，而孔明自將以出祁山，卒使英雄有滿襟之淚與？然則君子於此柰之何？闔門以俟時，守己以聽命，慎密不出而已矣。《易》曰：「可貞，无咎。」

九五：无妄之疾，勿藥有喜。何也？葉子曰：人君動作以祛孽，猶之醫者用藥以攻病。然而孽有無故而自生，則亦無待動作而自定。是故疾一也，有所以致之而生者，有無所致而生者。壅閉湫底，昏亂百度，如是而得疾者，有所致之而生者也，不治者死。喜怒哀樂思慮必得其中以養神，寒暄盈虛消息必得其中以養體，如是而偶疾者，無所致而生者也，治者亦死。齊景公不去田氏之逼，不治有致之疾者也；漢武帝遠救甌越之爭，治不致之疾者也。其惟聖人乎！何也？誠齋有言：「養生者主粱肉而寇藥石，藥石固無害矣。吾无妄，焉用藥？藥無害猶不可試，而況有害者乎！故聖人曰：未達，不敢嘗。夫聖人不試无妄之藥，而秦人以未富強為疾，補之以商鞅之烏喙；晉人以未清虛為疾，下之以王衍之甘遂。」〔註23〕藥之禍，何可勝言哉！《易》曰：「无妄之疾，勿藥有喜。」

上九：无妄行，有眚，无攸利。何也？葉子曰：《傳》曰：「山銳則不高，水徑則不深，仁磏則其德不厚，志與天地擬者其人不祥。是伯夷、叔齊、卞隨、介子推、原憲、鮑焦、袁旌、申屠狄之行也，雖枯槁不捨也。」〔註24〕《淮南子》曰：「子路拯溺而受牛謝，孔子曰：『魯國必將救人於患。』子貢贖人而不受金，孔子曰：『魯國不復贖人矣。』子路受而勸德，子貢讓而止善，孔子之明，以小知大，以近知遠，通於論者也。由此觀之，廉有所在，而不可公行也。故行齊於俗，可隨也；事周於能，易為也。矜偽以惑世，抗行以違眾，聖人不以為俗。」〔註25〕故曰：恭而無禮則勞，慎而無禮則葸，勇而無禮則亂，直而無禮則絞。《易》曰：「无妄，行有眚，无攸利。」

大畜☶

大畜：利貞，不家食，吉，利涉大川。何也？葉子曰：人臣莫大於愛君，而愛君莫急於止其欲。《傳》曰：「國之大臣，榮其寵祿，任其大節，有災禍興而無改焉，必受其咎。」〔註26〕晉平公內有四姬淫以生疾，將不能圖恤社稷，

〔註23〕楊萬里《誠齋易傳》卷七《无妄》九五爻。
〔註24〕《韓詩外傳》卷一。
〔註25〕《淮南子・齊俗訓》。
〔註26〕《左傳・昭公元年》。

禍孰甚焉？而趙武身為正卿，以主諸侯，不能禁禦，是以先平公而死。齊桓公姑姊妹不嫁者數人，宮中七市女，閭七百，淫污臭穢，莫甚於此。而管夷吾身為仲父，任專且久，不能遏止，是以身沒之後不復見於齊。則不畜其君者，不愛之罪可知矣。雖然，禽荒色蠹之必絕，峻宇雕牆之必袪，神仙土木之必禁，闢土服遠之必遏，是愛也，非大愛也。愛之大者，有大止焉，其惟格君心之非已乎？「君仁莫不仁，君義莫不義，君正莫不正。一正君而國定矣。」〔註27〕然而未易易然也。非聞望之隆不足以弭其邪心，非容色之盛不足以消其逸志。故曰：「惟大人為能格君心之非。」〔註28〕又曰：非重華協帝者不能事帝，非邁種德者不能成君之德也。荀息曰：「宮之奇懦而不能強諫。」又曰：「少長於公宮，君昵之。雖諫，將不聽。」〔註29〕唐敬宗曰：「驪山若此之凶邪？朕當一往以驗其然。」〔註30〕又曰：「彼叩頭之言何足信？」是素履積行不能使之信而敬敬而畏矣，又安望其潛消而默奪也哉？雖然，聽《祈招》之詩者，不食不寐，能使之信矣，而克己復禮之道不行；〔註31〕急幃中之避者，使人可其奏，能使之敬矣，而多欲之累如故。恐韓休之知，死懷中之鷂者，望風恐懼，能使之畏矣，而禽荒遊宴之不除。夫安在其為止君之欲而愛君之大哉？而況管氏身有三歸，則桓公之內嬖我何尤焉？何曾日食萬錢，則晉武之窮奢吾未如之何矣。何也？已正物正之道，信哉其不可誣也！夫君心正矣，正人任焉；吾言聽矣，吾身用焉。太甲賴匡救之德，「圖惟厥終」〔註32〕。成王彰周公之德，親迎國家。蜀後主終師傅將相之禮於諸葛孔明之身上也。唐憲宗以奏罷蚶蛤，拜孔戣嶺南節度使。穆宗以太子時索馬不與，用李聽為河東節度使。敬宗以前日廷爭，拜劉棲楚諫議大夫。文宗以諫納李孝本二女，拜魏謨為補闕。武宗以不從選娼女，召杜悰同平章事。次也。嗣一代之丕基，守配天之大業，支累世積集之宏功，其功業亦遠矣哉！《易》曰：「大畜：利貞，不家食，吉，利涉大川。」

初九：有厲利已。何也？葉子曰：臣之立身重始進。始進而比君，後與王

〔註27〕參《小畜》卦辭。

〔註28〕《孟子・離婁上》。

〔註29〕《左傳・僖公二年》。

〔註30〕《資治通鑒》卷二百四十三《唐紀五十九》：「秦始皇葬驪山國亡，玄宗宮驪山而祿山亂，先帝幸驪山享年不長。上曰：『驪山若此之凶邪？我宜一往以驗彼言。』」

〔註31〕參《復》上六。

〔註32〕《尚書・太甲中》。

言如響矣。臣之畜君防事初。初事而不塞，終成江河莫已矣。君萌禍本，國兆危機，可謂不足煩禁戒乎？旨酒糟丘之濫觴，漆器象箸之根柢，哲人之所懼也。從是而止之，君安而國家可保矣。曷犯天下之大難也乎？李沆為相，日取四方水旱盜賊奏之，王旦以為細事，不足煩帝聽。沆曰：「人主少年，當使知四方艱難。不然，血氣方剛，不留意於聲色犬馬，則土木甲兵禱祀之事興矣。吾老不及見此，參政他日之憂也。」〔註33〕神宗從容訪富弼以治道，弼知帝果於有為，對曰：「人主好惡，不可令人窺，測則奸人得以附會。當知天之鑒善惡皆所自取，然後誅賞隨之，則功罪皆得其實矣。」又問邊事，對曰：「陛下臨御未久，當先布德澤，願二十年口不言兵，亦不宜重賞邊功。干戈一起，所繫禍福不細。」〔註34〕嗚呼！忠臣愛君，必防其漸。類如此。安得有若人者而與之言畜君之道哉？噫！此良臣之上，禁於未發之謂豫者也。不能豫防於未然而重禁其已然，若許孟容之封還詔書，胡安國之封還詞頭，李沆之對使焚詔，勞矣，拂矣。《易》曰：「有厲利已。」

九二：輿說輻。何也？葉子曰：正君之道，莫先於自正其身；止君之欲，莫先於自止以道。是故欲止君之驕心，則莫若自止以節，廉退以明節，驕斯下矣；欲止君之吝心，則莫若自止以質，簡素以明質，吝斯敦矣；欲止君之慢心，則莫若自止以禮，莊重以明禮，慢斯恭矣。此臣道之正常而愛君之急務也。宋真宗以官爵驕其臣，而錢若水則示之急流勇退；〔註35〕唐代宗以鄙嗇矜其臣，而楊綰則示之以沖淡樸素；〔註36〕宋太宗以怠褻臨其臣，而竇儀則示之卻立不

〔註33〕（宋）趙善璙《自警編》卷一。

〔註34〕《宋史》卷三百十三《富弼傳》。

〔註35〕周密《齊東野語》卷五：「錢若水為舉子時，見陳希夷於華山。希夷曰：『明日當再來。』若水如期往，見一老僧與希夷擁地爐坐。僧熟視若水，久之不語，以火箸畫灰，作『做不得』三字，徐曰：『急流勇退人也。』若水辭去，後為樞密副使，年才四十，致仕。老僧者，麻衣道者也。〔《邵氏聞見錄》。〕又，若水謁華山陳摶，曰：『目如點漆，黑白分明，當作神仙。』有紫衣老僧曰：『不然。他日但能富貴，急流中勇退人也。』〔《明道雜志》。〕」

〔註36〕《舊唐書》卷一百一十九《楊綰傳》：「綰素以德行著聞，質性貞廉，車服儉樸，居廟堂未數月，人心自化。」《新唐書》卷一百四十二《楊綰傳》：「綰儉約，未嘗問生事，祿稟分姻舊，隨多寡輒盡。造之者，清談終晷，而不及榮利，欲干以私，聞其言，必內愧止。經誥微趣，學家疑晦者，一見既詣其極。始輔政，御史中丞崔寬本豪侈，城南別墅池觀堂皇，為當時第一，即日遣人毀之；京兆尹黎幹，出入從騶馭百數，省損才留十餘騎；中書令郭子儀在邠州行營，方大會，除書至，音樂散五之四；它聞風靡然自化者，不可勝紀。世以比楊震、山濤、謝安云。」

進。〔註 37〕此揚雄所謂君子之準繩先自治而後治人者也。〔註 38〕使為之而呶呶口舌疏剳以爭其末，禁其為，其亦不思之甚乎？其次，楚莊王好獵，而樊姬不食鳥獸之肉；齊桓公好淫樂，而衛姬不聽鄭衛之音。五代間，葉翹博學質直，閩主昶以師傅禮待之，多所裨益，宮中謂之國老。昶既嗣，驕縱不與翹議國事。一日，昶方視事，翹衣道士服趨出。昶召還拜曰：「軍國事殷，久不接對，孤之罪也。」翹頓首曰：「老臣輔導無狀，致陛下即位以來無一善可稱，願乞骸骨。」昶曰：「先帝以孤屬公。政令不善，公當極言，柰何棄去？」爰賜金帛，令復位。〔註 39〕是皆知所以自止以止君，知先務矣。齊桓公宮中七市，女閭七百，國人非之。管仲不能諫，而故為三歸以掩公。〔註 40〕宋平公築臺，妨於農收，築者謳之。而子罕親執撲以行築者而抶其不勉者，以成君過。〔註 41〕於斯為下矣。《易》曰：「輿說輻。」

九三：良馬逐，利艱貞，曰閑輿衛〔註 42〕。何也？葉子曰：不知則已，知之則必直言之。前事未已，後事方且沓繼之，君將曰可而以否替之，君將曰否而以可成之，此人臣之職分而治世之良會也。不曰正人君子之深願乎？然而有犯顏敢諫之風，則又患其過於直；有仗節死義之氣，則又患其過於激。君子不可以不審矣。不慎則率意，不正則強君，不思安其身則輕謀而挑禍，不知防其變則疏脫以召災，自敗之道也，將何益於國哉？是故使君畏吾之言，不若使君信吾之言；使君信吾之言，不若使君樂吾之言。不徒懼之以法，而必開之以理；不惟本之以理，而必悟之以心。然後君能容而臣說入，不以為謗而以為忠，不以為妖而以為哲矣。此田錫、李沆之所以動人主也。不然，李泌、陸贄不免代、德之疏，孫奭不免使仁宗嘉其言而不能用。剛勁切直，事事欲聞，朱子亦致寧宗之遠矣。〔註 43〕而況其他焉者乎！嗚呼！此臨終寄命，受託不疑，繼體納之無貳情，武侯受之無懼色矣。南北興師，千里辭別，前後二表暴白孤忠，所以

〔註 37〕《宋史》卷二百六十三《竇儀傳》：「儀學問優博，風度峻整。」
〔註 38〕《法言・先知篇》：「曰：大器其猶規矩準繩乎？先自治而後治人之謂大器。」
〔註 39〕《資治通鑒》卷二百七十九。
〔註 40〕《戰國策》卷一。
〔註 41〕《左傳・襄公十七年》：「宋皇國父為大宰，為平公築臺，妨於農功。子罕請俟農功之畢，公弗許。築者謳曰：『澤門之皙，實興我役。邑中之黔，實慰我心。』子罕聞之，親執撲，以行築者，而抶其不勉者，曰：『吾儕小人，皆有闔廬，以闢燥濕寒暑。今君為一臺而不速成，何以為役？』謳者乃止。或問其故，子罕曰：『宋國區區，而有詛有祝，禍之本也。』」
〔註 42〕按：通行本下有「利有攸往」。
〔註 43〕參《小畜》上九。

為壯當年而光後世也，豈淺之乎？其夫者所能得而測識其度量者哉？《易》曰：「良馬逐，利艱貞，曰閒輿衛。」

六四：童牛之牿，元吉。何也？葉子曰：小臣之畜君也以著，大臣之畜君也以微；小臣之格君也以事，大臣之格君也以心。遏未萌之欲，則欲無所恣；防未動之邪，則邪無自侈。聲色不見於天下，而福慶已流於四海矣，其惟伊尹周公以道德默成乎？君志以禮義，潛養其君心者乎？成王將崩，乃召太保奭、芮伯、彤伯、畢公、衛侯、毛公、師氏、虎臣、百尹、御事曰：「爾尚明時朕言，敬保元子釗，弘濟於艱難。柔遠能邇，安勸大小庶邦。思夫人自亂於威儀，爾無以釗冒貢於非幾。」嗚呼！其有以知此矣。恒人識不遠而謀不豫，於是乎君臣交敝矣，可勝歎哉？趙盾不禁靈公於未發，卒至驟諫不入，三進及溜而後視。欒書不防厲公於未然，卒至棄親昵近，欲去諸大夫而立其寵人，憂其君而遂戕其君，憂其國而遂危其國，憂其身而遂陷其身。負天下萬世之大逆，皆起於始之不知豫也。可不戒哉？《易》曰：「童牛之牿，元吉。」

六五：豶豕之牙，吉。何也？葉子曰：臣以畜君為良，君以自畜為聖。畜君者，格君心之非；自畜者，剔正人之蠹。聲色臭味，心之非也；讒邪諂佞，正之蠹也。去其蠹而正人安，正人安而君心正矣。一正君而國有不定乎？何也？均是人也，而忽生小人，小人生即毒心具矣。具〔註44〕毒心者，專欲而妨善，善畏妨而儉夫德矣。故曰：歸父家遣，緣季氏也；朝吳出奔，因無極也；王章殺身，忤王鳳也；鄭侯就館，避元載也。若是而大君不孤且危乎？均是豕也，忽生怪豕，怪豕生即患牙具矣。且患牙者，齧乳則傷母，母畏傷而禁其乳矣。是故不忍己之痛。即不暇顧其兒之饑；欲全己之身，即紓其死於子之眾。若是而諸豕不餒且死乎？故善飼豕者，怪豕生而犗其牙犗，其牙而眾豕存；善用人者，小人進而絕其類，絕其類而眾正安。自畜之良，無是過矣。嗚呼！世不知凡豕，不齧物而齧物，不以牙而以唇，又豈知有怪豕者邪？世不知怪豕，有患牙而患牙，不害母則害眾，又豈知有犗之者邪？宜小人之多而君子之寡也。知此者，其惟堯、舜乎！故曰：「朕堲讒說殄行，震驚朕師。」〔註45〕《易》曰：「豶豕之牙，吉。」

上九：何天之衢，亨。何也？葉子曰：臣能畜君，一正君而國定矣；君能

〔註44〕按：以下「且患牙者」類比，「具」疑為「且」之誤。
〔註45〕《尚書．舜典》。

自畜，上下交而德業成矣。《書》〔註 46〕曰：「股肱起哉！元首喜哉！百工熙哉！」又曰：「元首明哉！股肱良哉！庶事康哉！」此黎民之所以於變而萬邦之所以協和者也。是之謂天下康寧，是之謂四海永清，是之謂堯、舜之治成。《易》曰：「何天之衢，亨。」

頤䷚

頤：貞吉。觀頤，自求口實。何也？葉子曰：上之所養，不可以不慎也。食之而弗愛，豕交之也。愛之而弗敬，獸畜之也。其惟大烹乎？或者以己養養鳥而不以鳥養養鳥也。〔註 47〕《孟子》曰：「以君命將之，再拜稽首而受。其後廩人繼粟，庖人繼肉，不以君命將之。」然則堯之於舜也，九男事之，二女女焉，百官牛羊倉廩備，以養舜於畎畝之中，庶幾得之矣乎？下之自養，不可以不慎也。以德詔爵，德則或不競矣；以功詔祿，功則或不庸矣。其惟後食乎？或者食人之食而未必人浮於食也，是以君子慎之焉。《伐檀》之詩曰：「坎坎伐檀兮，寘之河之干兮，河水清且漣漪。不稼不穡，胡取禾三百廛兮？不狩不獵，胡瞻爾庭有懸貆兮？彼君子兮，不素餐兮。」若後漢徐孺子家貧，常自耕稼，非其食不食。范文正居官，每計一日奉養之費，與所為之事相稱，則無復愧恥。苟或不然，終夜不能安寢。庶幾近之矣乎？不然，亟問亟饋，曾不如晉平之蔬食菜羹；九鼎三牲，曾不如伯夷之采薇采蕨矣。烏乎可？《易》曰：「頤：貞吉。觀頤，自求口實。」

初九：舍爾靈龜，觀我朵頤，凶。何也？葉子曰：《孟子》曰：「是非之心，人皆有之。辭讓之心，人皆有之。」〔註 48〕夫曰是非，謂其審於義利之分。夫曰辭讓，謂其嚴於取與之節。其明足以研天下之幾，其辨足以立天下之介，是之謂秉彝之心，良能之淑焉耳。有是心也，則必窮而不受嘑與蹴之簞豆，黔敖不得無禮於餓者；達而不受無禮義之萬鍾，三公不得易介於柳下。此君子之所以可生可殺而不可使為無恥，可饑可死而不可使為不義者乎？昔者曾子褐衣縕，未嘗完也；糲米之食，未嘗飽也。義不合則辭上卿，彼豈以我賤彼貴而動其心哉？守道以禦外物，貞固而卻紛拏，天下之物舉不足以入之矣。擲挺挺之

〔註 46〕《尚書・益稷》。

〔註 47〕《莊子・至樂》：「海鳥止於魯郊，魯侯御而觴之於廟，奏九韶以為樂，具太牢以為膳。鳥乃眩視憂悲，不敢食一臠，不敢飲一杯，三日而死。此以己養養鳥也，非以鳥養養鳥也。夫以鳥養養鳥者，宜棲之森林。」

〔註 48〕《告子・章句上》。

良貴，而羨津津之腐鼠，此劉歆之頭不如子陵之足；紀逡、唐林之舌不逮淵明之腰矣。嗚呼！彼豈知一絲之為貴而五柳之為富哉？雖然，少時忍欲今忍貧，此苦海之所以難逃而利波之所為易溺也。不然，何子路之剛勇而不免棤師氏之慕，閔子騫之賢德而不免有菜色之見？魯隱公，其先蓋賢君也，得位之初，慨然視千乘如鴻毛，將舉而遜其弟，締交四鄰，息民和眾。自啖鄭莊公歸祊之利，則君臣掃境以從伐宋。貪戀魯國而假曰「將老菟裘」，卒不見信於桓，而公子得行其僭。君子所以貴自克也。《易》曰：「舍爾靈龜，觀我朵頤，凶。」

六二：顛頤，拂經於丘頤，征凶。何也？葉子曰：君子之於天下也，亦惟謹其身而已矣。謹其身，淑其德，退之遇同道之朋，則有萬鍾之養；進之遇同升之主，則有衎衎之食。何所往而不得哉？惟不以道律其身，不以身凝乎德，則進退維谷，天下莫之矣。齊慶封為亂於齊，而欲走越。其族人曰：「晉近，奚不之晉？」慶封曰：「越遠，利以避難。」族人曰：「變是心也，居晉而可。不變是心也，雖遠越，其可以安乎？」〔註49〕君子曰：「慶封叛，類之梟也。請以梟喻。梟逢鳩，鳩曰：『子將安之？』梟曰：『我將東徙。』鳩曰：『何故？』梟曰：『鄉人惡我鳴，以故東徙。』鳩曰：『子能更鳴可矣。不能更鳴，東徙猶惡子之聲。』」由是觀之，有教無類，善善惡惡，天下之心一也。孔子曰：「言忠信，行篤敬，雖蠻貊之邦行矣。言不忠信，行不篤敬，雖州里行乎哉？」〔註50〕是故徇之以德義，則劉玄德所至而破家相容；行之以非道，則商鞅投諸民舍而不納，歸之故國而車裂矣。可不戒哉？《易》曰：「顛頤，拂經於丘頤，征凶。」

六三：拂頤，貞凶。十年勿用，无攸利。何也？葉子曰：明明德者，親民之具也。知所以修身者，治天下國家之本也。不以天德養其體，將何以究王道之施？不以內聖養其身，將何以致外王之業？攻之雖勤而無補，業之雖專而無用，彼以為是而終不可措之天下國家矣。是故鄧析之竹刑，秖足以殺其身；李斯之法律，徒足以滅其族。故曰：「慎子有見於後，無見於先；老子有見於屈，無見於伸；墨子有見於齊，無見於畸；宋子有見於少，無見於多。有後而無先，則群眾無門；有屈而無伸，則貴賤不分；有齊而無畸，則政令不施；有少而無多，則群眾不化。」〔註51〕若之何其濟人而利物哉？沒世無所措也已。《易》

〔註49〕《韓非子・說林上第二十二》。
〔註50〕參《謙》初六。
〔註51〕《荀子・天論》。

曰：「拂頤，貞凶。十年勿用，无攸利。」

六四：顛頤，吉。虎視耽耽，其欲逐逐，无咎。何也？葉子曰：明四目者，以天下之明為己明也；達四聰者，以天下之見為己見也。堯、舜且然，況常人乎！是故養賢以及萬民，用賢以養天下，恩不必己出，惠不必己施，吾求萬民之濟天下之寧而已矣，他何顧焉。然賢者可以及萬民，吾不壹其心志以待之，或者讒不去而色不遠，賢者去矣；賢人可以養天下，吾不繼其恭敬以求之，或者禮貌衰而言不行，賢弗留矣。然則施下惠者，大臣之光；而侈上權者，豈非大臣之過哉？子賤之治單父，所父事者二人，所兄事者四人，所友者十人；宋鮑之當國，國之才人無不事也；子皮聽鄭國之政，雖家事亦莫不聽子產之裁焉。蓋有以識此矣。其所以敬而畏之者可知矣。若晉平公內有四姬，則亥唐為徒尊；薳子馮有寵八人，則申叔不敢見。〔註52〕奚以賢者之施為哉？雖然，養賢固當專矣。不知其賢而養之，可乎？若戰國四豪，皆稱養士，而孟嘗君至以雞鳴狗盜出其門，為天下之所嗤，陋亦甚矣。雖然，雞狗畜之賤且污者，而待之誠，養之厚，尚能出其死而逃其生，猶不愈於養虎者乎？春申養李園而卒剸其胸，平原養韓益而卒醢其族，彼勝與歇者，豈愛其身不若孟嘗哉？失所養也。雖然，文亦不足道也，信陵雖悍而自用，其於侯生，則庶幾焉。《易》曰：「顛頤，吉。虎視耽耽，其欲逐逐，无咎。」

六五：拂經，居貞吉，不可涉大川。何也？葉子曰：臣道無成而代有終，君權獨奮而無多藉。不能任天下之事，養天下之民，而區區賢臣之是賴，庸君也。是故可與守常，難與慮變；可與保安境土，懷綏臣民，不可與振長策於宇內，包八荒而臣諸侯。昔者六朝五季諸人，上之不足為開基之聖主，立數百年之宏勳，次之不足為闢土之英君，振千萬里之聲教，奄奄世界，而苟竊一時。何也？江東之人知有江東而不知有天下，是以屢有戰勝之功，而卒無北窺之志。五季之主惟知賂以得國，而不知道以濟民，是以雖有號位之竊，而卒之並為驅除之借焉耳。嗚呼！知不足而才未勝，道弗宏而德彌下，果不足以大有為也。《易》曰：「拂經，居貞吉，不可涉大川。」

上九：由頤，厲吉，利涉大川。何也？葉子曰：天下由我而為養，可以得民心；我能盡養乎天下，可以沃君寵。此君子之能事，大臣之宏業也。雖然，黿羹染指，鄭靈見弒；羊羹遺御，華元見囚；戒食不召，衛獻出奔；設享不遍，中山替走。飲食，人之大欲也，或得或失，人情之所不能忘也。我以大欲濟人，

〔註52〕參《解》九四注。

而忽其所不及，人必以恒情責我，而萃其所不平。蓋德我者未必報而怨我者則必讎。是故所貴乎君子之在位也，施舍可愛而已矣。《詩》曰：「民之失德，乾餱以愆。」〔註53〕可不慎乎？慎之而光大其設施，施之而得其臣無家，則不惟平居之養滿飽而已矣。卒然有變，可使食足而信孚；不幸有方二三千里之水旱，可使民無菜色。此周公、召公相與協和共理，號稱共和之事，而子孟、君實蓋亦庶幾焉者也。《易》曰：「由頤，厲吉，利涉大川。」

大過䷛

大過：棟橈，利有攸往，亨。何也？葉子曰：惠風扇和，朝菌與椿松並煦；嚴霜降寒，芝蘭與蕭艾同涼。聖人以發強剛毅之氣，震雷厲風飛之為，用肅殺果毅之威，批馮河決澤之勢，秖見天下莫能當，而舉世為懼恐矣。故曰：神龍滃翻，四海鼎沸。迅雷轟擊，英豪落匕。其勢使然已乎？何也？有夷難之才，則造難者肉潰；有戡禍之力，則始禍者骨枯。天下之定理也。昔者三監叛王，周公弗用姑息之愛，而固縱尋斧之利；少正卯亂魯，孔子不蓋不順之恥，而實亢助天之虐。彼三監齏粉而正卯糜爛，不足言也。成王幽憂而三桓駭懾，周人震驚而魯國奔走，則亦豈得而堪之乎？故曰：「牛雖瘠，僨於豚上，其畏不死。」〔註54〕又曰：「當之者碎，觸之者焦。」〔註55〕然而私不恤而道惟存，情不徇而義則立，威不猛而行乃中，則不為震主而尊主，非以亂民而庇民。天下之志可以通，天下之業可以定，而天下之疑可以斷，周室以寧而魯國大治，當時不以忌周、孔而周、孔之道萬世其永昌矣，何所施而不可哉？噫！非天下之至精，其孰能與於此？《易》曰：「大過：棟橈，利有攸往，亨。」

初六：藉用白茅，无咎。何也？葉子曰：知莫明於量力，禍莫大於違時。蔡謨有言：「大亂將興，非命世之才不能克之。」鮑信謂曹操曰：「夫略不世出，能撥亂反正者，君也。苟非其人，雖強必斃。」是故四海鼎沸，而聞雞起舞者，豪傑之為也；天下亂離，而破帽終身者，自靖之道也。然則彼以干戈芟大難，而吾以詩書禮樂腐吾身；彼以爵祿分人憂，而我則貧賤煢煢之在疚；若之何而可哉？傴僂而俯，循牆而走，饘粥於是以糊其口，戒於聖人，儆乎欹器，無縱於逸，以墜厥世。敬天之怒，無敢戲豫；敬天之渝，無敢馳驅。其殆庶幾乎！

〔註53〕《小雅・伐木》。
〔註54〕《左傳・昭公十三年》。
〔註55〕《資治通鑒》卷七《秦紀二》：「觸之者碎，犯之者焦。」

觀之古人，亦略可見矣。郭林宗曰：「大廈將傾，非一木之支。」故明哲保身，不忤群小，而卒免於黨錮之禍。范滂等非訐朝政，自公卿以下皆折節下之，太學生爭慕其風，以為文學將興，處士復用。申屠蟠獨歎曰：「昔戰國之世，處士橫議，列國之主至為擁彗先驅，卒有坑儒焚書之禍。今之謂矣。」乃絕跡於梁碭之間，因樹為屋，自同傭人。二年，滂等果罹黨錮之禍，惟蟠超然免於評論。〔註56〕《易》曰：「藉用白茅，无咎。」

九二：枯楊生稊，老夫得其女妻，无不利。何也？葉子曰：天地交而泰，日月會而蘇。陰陽合際之餘，百務由成之道也。邵子曰：「一動一靜之間者，天地人之至妙至妙者與？」誠哉是言矣！是故剛強擊斷之方嚴，而遽接之以柔，則廣心浩大之所容，剛得其調而平矣。陽威震奮之始肅，而即承之以陰，則寬裕溫柔之所涵，陽得其濟而和矣。神氣伸而元氣不索，枯槁及而生意勃然，天下之衰可以興而廢可以舉，出入動靜，蔑不濟矣。鞍之戰，晉大勝矣，而怒猶未怠，曰：「必以蕭同叔子為質，使齊之封內盡東其畝。」魯、衛從而諫曰：「齊疾我矣，其死亡者皆親暱也。子若不許，讎我必甚。惟子則又何求？子得其國寶，我亦得地，而紓於難，其榮多矣。齊、晉亦惟天所授，豈必晉？」晉人許之，遂為袁婁之盟。〔註57〕諸葛亮治蜀，頗尚嚴峻，人多怨歎者，而法正即以願緩刑弛禁以慰民望勸之。〔註58〕暴勝之為直指使，所誅殺二千石以下尤多，而雋不疑即以太剛則折威行施之，以恩然後樹功，揚名以終其祿戒之。〔註59〕韓滉性苛暴，方為德宗所任，百官群吏救過不贍，而柳渾即以作福非人

〔註56〕參《蹇》初六注。

〔註57〕《左傳・成公二年》。

〔註58〕《三國志・蜀書五・諸葛亮傳》裴松之《注》：「其一事曰：亮刑法峻急，刻剝百姓，自君子小人咸懷怨歎。法正諫曰：『昔高祖入關，約法三章，秦民知德，今君假借威力，跨據一州，初有其國，未垂惠撫；且客主之義，宜相降下，願緩刑弛禁，以慰其望。』亮答曰；『君知其一，未知其二。秦以無道，政苛民怨，匹夫大呼，天下土崩，高祖因之，可以弘濟。劉璋暗弱，自焉已來，有累世之恩，文法羈縻，互相承奉，德政不舉，威刑不肅。蜀土人士，專權自恣，君臣之道，漸以陵替；寵之以位，位極則賤，順之以恩，恩竭則慢。所以致弊，實由於此。吾今威之以法，法行則知恩，限之以爵，爵加則知榮；榮恩並濟，上下有節。為治之要，於斯而著。』」又載《資治通鑿》卷六十七。

〔註59〕《漢書》卷七十一《雋不疑傳》：「武帝末，郡國盜賊群起，暴勝之為直指使者，衣繡衣，持斧，逐捕盜賊，督課郡國，東至海，以軍興誅不從命者，威振州郡。勝之素聞不疑賢，至勃海，遣吏請與相見。不疑冠進賢冠，帶櫑具劍，佩環玦，褒衣博帶，盛服至門上謁。門下欲使解劍，不疑曰：『劍者，君子武備，所以衛身，不可解。請退。』吏白勝之。勝之開閣延請，望見不疑容貌尊嚴，衣冠

臣所宜讓之。〔註 60〕哲宗起司馬光為相，銳意為治，將盡改熙豐之法，而蘇軾即以「法相因則事易成，有漸則民不驚」〔註 61〕，范純仁則以「去其太甚，更當熟講而緩行」〔註 62〕規之。晉不失霸，蜀成鼎足，而哲致大治，暴無禍敗，而韓保功名，有由然矣。《易》曰：「枯楊生稊，老夫得其女妻，无不利。」

九三：棟撓，凶。何也？葉子曰：陽剛不可以先物，猛勇不足以成功。桓公曰：「金剛則折，革剛則裂，人君剛則國滅，人臣剛則朋友絕。」晉陽處父聘於衛，過寧，寧嬴從之。及溫而還，其妻問之。嬴曰：「以剛。《商書》曰：『沉潛剛克，高明柔克。』夫子壹之，其不沒乎？天為剛德，猶不干時，況在人乎！予懼不獲其利而離其難，是以去之。」〔註 63〕項羽喑啞叱吒，止一范增而不能用〔註 64〕，而韓信〔註 65〕、陳平〔註 66〕竟歸漢祖。苻堅虺蝮劈截，舉

甚偉，勝之躧履起迎。登堂坐定，不疑據地曰：『竊伏海瀕，聞暴公子威名舊矣，今乃承顏接辭。凡為吏，太剛則折，太柔則廢，威行施之以恩，然後樹功揚名，永終天祿。』勝之知不疑非庸人，敬納其戒，深接以禮意，問當世所施行。」又載《資治通鑒》卷二十一。

〔註 60〕《資治通鑒》卷二百三十二：「壬子，映貶夔州刺史。劉滋羅為左散騎常侍，以兵部侍郎柳渾同平章事。韓滉性苛暴，方為上所任，言無不從，他相充位而已，百官群吏救過不贍。渾另為滉所引薦，正色讓之曰：『先相公以褊察為相，不滿歲而罷，今公又甚焉。奈何榜吏於省中，至有死者！且作福作威，豈人臣所宜！』滉愧，為之少霽威嚴。」

〔註 61〕《宋史》卷三百三十八《蘇軾傳》：「司馬光為相，知免役之害，不知其利，欲復差役，差官置局，軾與其選。軾曰：『差役、免役，各有利害。免役之害，掊斂民財，十室九空，斂聚於上而下有錢荒之患。差役之害，民常在官，不得專力於農，而貪吏猾胥得緣為奸。此二害輕重，蓋略等矣。』光曰：『於君何如？』軾曰：『法相因則事易成，事有漸則民不驚。三代之法，兵農為一，至秦始分為二，及唐中葉，盡變府兵為長征之卒。自爾以來，民不知兵，兵不知農，農出穀帛以養兵，兵出性命以衛農，天下便之。雖聖人復起，不能易也。今免役之法，實大類此。公欲驟罷免役而行差役，正如罷長征而復民兵，蓋未易也。』光不以為然。」

〔註 62〕《宋史》卷三百十四《范純仁傳》：「時宣仁後垂簾，司馬光為政，將盡改熙寧、元豐法度。純仁謂光：『去其太甚者可也。差役一事，尤當熟講而緩行。不然，滋為民病。願公虛心以延眾論，不必謀自己出；謀自己出，則諂諛得乘間迎合矣。役議或難回，則可先行之一路，以觀其究竟。』光不從，持之益堅。」

〔註 63〕《左傳・文公五年》。

〔註 64〕《史記》卷八《高祖本紀》：「項羽有一范增而不能用，此其所以為我擒也。」

〔註 65〕《史記》卷九十二《淮陰侯列傳》：「及項梁渡淮，信杖劍從之，居戲下，無所知名。項梁敗，又屬項羽，羽以為郎中。數以策干項羽，羽不用。漢王之入蜀，信亡楚歸漢。」

〔註 66〕《史記》卷五十六《陳丞相世家》：「漢王召讓平曰：『先生事魏不中，遂事楚

國諫之而不肯聽，而慕容垂為之坐觀。〔註 67〕剛之為禍，槩可知矣。何也？剛

而去，今又從吾遊，信者固多心乎？』平曰：『臣事魏王，魏王不能用臣說，故去事項王。項王不能信人，其所任愛，非諸項即妻之昆弟，雖有奇士不能用，平乃去楚。聞漢王之能用人，故歸大王。』」

〔註 67〕《晉書》卷一百十四《苻堅載記下》：「晉將軍朱綽焚踐沔北屯田，掠六百餘戶而還。堅引群臣會議，曰：『吾統承大業垂二十載，芟夷逋穢，四方略定，惟東南一隅未賓王化。吾每思天下不一，未嘗不臨食輟餔，今欲起天下兵以討之。略計兵杖精卒，可有九十七萬，吾將躬先啟行，薄伐南裔，於諸卿意何如？』秘書監朱肜曰：『陛下應天順時，恭行天罰，嘯吒則五嶽摧覆，呼吸則江海絕流，若一舉百萬，必有徵無戰。晉主自當銜璧輿櫬，啟顙軍門，若迷而弗悟，必逃死江海，猛將追之，即可賜命南巢。中州之人，還之桑梓。然後回駕岱宗，告成封禪，起白雲於中壇，受萬歲於中嶽，爾則終古一時，書契未有。』堅大悅曰：『吾之志也。』左僕射權翼進曰：『臣以為晉未可伐。夫以紂之無道，天下離心，八百諸侯不謀而至，武王猶曰彼有人焉，回師止旆。三仁誅放，然後奮戈牧野。今晉道雖微，未聞喪德，君臣和睦，上下同心。謝安、桓沖，江表偉才，可謂晉有人焉。臣聞師克在和，今晉和矣，未可圖也。』堅默然久之，曰：『諸君各言其志。』太子左衛率石越對曰：『吳人恃險偏隅，不賓王命，陛下親御六師，問罪衡、越，誠合人神四海之望。但今歲鎮星守斗牛，福德有吳。懸象無差，弗可犯也。且晉中宗，藩王耳，夷夏之情，咸共推之，遺愛猶在於人。昌明，其孫也，國有長江之險，朝無昏貳之釁。臣愚以為利用修德，未宜動師。孔子曰：遠人不服，修文德以來之。願保境養兵，伺其虛隙。』堅曰：『吾聞武王伐紂，逆歲犯星。天道幽遠，未可知也。昔夫差威陵上國，而為句踐所滅。仲謀澤洽全吳，孫皓因三代之業，龍驤一呼，君臣面縛，雖有長江，其能固乎！以吾之眾旅，投鞭於江，足斷其流。』越曰：『臣聞紂為無道，天下患之。夫差淫虐，孫皓昏暴，眾叛親離，所以敗也。今晉雖無德，未有斯罪，深願厲兵積粟以待天時。』群臣各有異同，庭議者久之。堅曰：『所謂築室於道，沮計萬端，吾當內斷於心矣。』群臣出後，獨留苻融議之。堅曰：『自古大事，定策者一兩人而已，群議紛紜，徒亂人意，吾當與汝決之。』融曰：『歲鎮在斗牛，吳、越之福，不可以伐一也。晉主休明，朝臣用命，不可以伐二也。我數戰，兵疲將倦，有憚敵之意，不可以伐三也。諸言不可者，策之上也，願陛下納之。』堅作色曰：『汝復如此，天下之事，吾當誰與言之！今有眾百萬，資仗如山，吾雖未稱令主，亦不為暗劣。以累捷之威，擊垂亡之寇，何不克之有乎！吾終不以賊遺子孫，為宗廟社稷之憂也。』融泣曰：『吳之不可伐昭然，虛勞大舉，必無功而反。臣之所憂，非此而已。陛下寵育鮮卑、羌、羯，布諸畿甸，舊人族類，斥徙遐方。今傾國而去，如有風塵之變者，其如宗廟何！監國以弱卒數萬留守京師，鮮卑、羌、羯攢聚如林，此皆國之賊也，我之仇也。臣恐非但徒返而已，亦未必萬全。臣智識愚淺，誠不足採；王景略一時奇士，陛下每擬之孔明，其臨終之言不可忘也。』堅不納。遊於東苑，命沙門道安同輦。權翼諫曰：『臣聞天子之法駕，侍中陪乘，清道而行，進止有度。三代末主，或虧大倫，適一時之情，書惡來世。故班姬辭輦，垂美無窮。道安毀形賤士，不宜參穢神輿。』堅作色曰：『安公道冥至境，德為時尊。朕舉天下之重，未足以易之。非公與輦之榮，此乃朕之顯也。』命翼扶安升輦，

而不和，不和則不可用，是故四馬不和，取道不長，而況君子任天下之大事者乎！暴而陵人，哲人之所逃避；猛而愎諫，忠臣無可如何。其不凶於而家害於而國者幾希矣。《易》曰：「棟撓，凶。」

九四：棟隆，吉，有它吝。何也？葉子曰：大臣，國家之柱石。而剛柔不偏，則大臣之要道。昔者楚子木問於趙孟曰：「范武子之德何如？」對曰：「夫子之家事治，言於晉國無隱情，其祝史陳信於鬼神無愧。」辭子木歸，以語王。王曰：「尚矣哉！宜其光輔五君以為盟主也。」〔註68〕伯宗以剛敗，孔光以柔廢，棄寵名而壞梁木矣，何以承天下之重而懋官方之榮也哉？其惟孔明乎！以嚴治蜀，而又盡時人之器用；以寬役民，而又適位分之治體。所以中興漢帝而定業，三分天下，後世稱雄傑也。彼房琯迂而庾亮疏矣，濟以劉秩之鄙、殷浩之浮，敗而喪功，何其陋哉！《易》曰：「棟隆，吉，有它吝。」

九五：枯楊生華，老婦得其士夫，无咎，无譽。何也？葉子曰：君德以剛為主，是故貴陽也，而陽不可過也。過極者畏首畏尾身，其餘幾而無用。以不情遇無用，則耳目無所加，手足無所措，天下之事欲為而卒不為，求成而竟無成矣。齊景公耄年狂悖，挾魯、衛之孱弱，乃欲力政經營，以定霸統，抑晉代

顧謂安曰：『朕將與公南遊吳、越，整六師而巡狩，謁虞陵於疑嶺，瞻禹穴於會稽，泛長江，臨滄海，不亦樂乎！』安曰：『陛下應天御世，居中土而制四維，逍遙順時，以適聖躬，動則鳴鑾清道，止則神棲無為，端拱而化，與堯、舜比隆，何為勞身於馳騎，口倦於經略，櫛風沐雨。蒙塵野次乎？且東南區區，地下氣癘，虞舜遊而不返，大禹適而弗歸，何足以上勞神駕，下困蒼生。《詩》云：『惠此中國，以綏四方。』苟文德足以懷遠，可不煩寸兵而坐賓百越。』堅曰：『非為地不廣、人不足也，但思混一六合，以濟蒼生。天生蒸庶，樹之君者，所以除煩去亂，安得憚勞！朕既大運所鍾，將簡天心以行天罰。高辛有熊泉之役，唐堯有丹水之師，此皆著之前典，昭之後王。誠如公言，帝王無省方之文乎？且朕此行也，以義舉耳，使流度衣冠之冑，還其墟墳，復其桑梓，止為濟難銓才，不欲窮兵極武。』安曰：『若鑾駕必欲親動，猶不願遠涉江、淮，可暫幸洛陽，明授勝略，馳紙檄於丹陽，開其改迷之路。如其不庭，伐之可也。』堅不納。先是，群臣以堅信重道安，謂安曰：『主上欲有事於東南，公何不為蒼生致一言也！』故安因此而諫。苻融及尚書原紹、石越等上書面諫，前後數十，堅終不從。堅少子中山公詵有寵于堅，又諫曰：『臣聞季梁在隨，楚人憚之；宮奇在虞，晉不窺兵。國有人焉故也。及謀之不用，而亡不淹歲。前車之覆軌，後車之明鑒。陽平公，國之謀主，而陛下違之；晉有謝安、桓沖，而陛下伐之。是行也，臣竊惑焉。』堅曰：『國有元龜。可以決大謀；朝有公卿，可以定進否。孺子言焉，將為戮也。』……諸軍悉潰，惟慕容垂一軍獨全，堅以千餘騎赴之。垂子寶勸垂殺堅，垂不從，乃以兵屬堅。」

〔註68〕《左傳・襄公二十七年》。

興。然而次五氏，次垂葭，會於牽，又會於蘧拿，徘徊睥睨，卒不敢以伐晉。終五十八年之久，漫無一事也。劉裕欲經略中原，有封狼居胥意，而與白面書生輩謀之，由是伐魏無功，而元嘉之政衰矣。北兵再敗，喪名損望，孰與不為之無過哉？是故幸不為大，不幸為而無成。誠齋曰：「以魯昭公誕妄而倚公衍、公為、季後以去季氏，邵陵厲公之狂悖而倚曹爽以抑司馬懿，唐文宗之無能為而倚訓、注以除宦官，何可久也？」〔註69〕《易》曰：「枯楊生華，老婦得其士夫，无咎，无譽。」

上六：過涉滅頂，凶，无咎。何也？葉子曰：天下之不可為者，時也；其不能為者，材也；而不可不為者，義也。時適所遇而材稟於天，吾將如之何哉？獨有吾義所當為，不可廢焉者，君子為之而已矣。材之不足而時之不濟，吾何計焉？昔者孔子觀於呂梁之水，懸流三十仞，流沫四十里，黿鼉魚鱉之所不能游也。見一丈夫，游之數百步而出，披發行歌，而遊於塘下。孔子從而問焉，曰：「蹈水有道乎？」曰：「亡。吾始乎故，長乎性，成乎命，與齊俱入，與汨皆出，從水之道而不為私焉，此吾所以蹈之也。」〔註70〕夫有是丈夫之能，則齊入而偕出矣。不然，其不葬魚腹而享鱉靈者，不亦鮮乎？故曰：江湖所以濟舟，亦所以覆舟；仁義所以全身，亦所以害身。然而先賢玉摧於前，來哲攘袂於後，豈非天懷衷發，名教拘束者乎？雖然，身罹大戮矣而心不虧，載胥及溺矣而義則取，古今之士蓋不少焉。昔宋之末，元師渡江，天下勤王，詔至贛，江西提刑知贛州文天祥捧之涕泣，使陳繼周發郡中豪傑，並結溪洞山蠻，使方興召吉州兵，諸豪傑皆應，有眾萬人，遂入衛。其友止之曰：「今敵兵三道鼓行，破郊畿，薄內地，君以烏合萬餘赴之，何異驅群羊而搏猛虎？」天祥曰：「吾亦知其然也。第國家養育臣庶三百餘年，一旦有急徵，天下兵無一人一騎赴者，吾深恨之。故不自量，欲以自徇，庶幾忠臣義士將有聞風而起者。義勝者謀立，人眾者力濟。如此，則社稷猶可保也。」卒之功雖不成，而凜凜大節，照映千古。雖曰不幸，而於義何疵？故曰：「無求生以害仁，有殺身以成仁。」〔註71〕又曰：「生，我所欲也。義，亦我所欲也。二者不可得兼，舍生而取義者也。」〔註72〕雖然，此其才之不足耳。仲遂殺惡及視而立宣公，以君命召惠

〔註69〕楊萬里《誠齋易傳》卷八《大過》：「魯昭公欲去季氏而倚公衍、公為，邵陵厲公欲抑司馬氏而倚曹爽，唐文宗欲除宦寺而倚訓、注，何可久之驗也？」

〔註70〕《莊子・達生》。

〔註71〕《論語・衛靈公》。

〔註72〕《孟子・告子上》。

伯。其宰公冉務人止之曰：「入必死。」叔仲曰：「死君命，可乎？」公冉務人曰：「若君命可死，非君命何聽？」弗聽，乃入，殺而埋之馬矢之中。〔註 73〕齊崔杼弒莊公，殺賈舉、州綽、邴師、公孫敖、封具、鐸父、襄伊、僂堙、祝佗父、申蒯、鬷蔑，而晏子立於崔氏之門外。其人曰：「死乎？」曰：「獨吾君也乎哉？吾死也？」曰：「行乎？」曰：「吾罪也哉？吾亡也？」曰：「歸乎？」曰：「君死，安歸？」〔註 74〕君民者豈以陵民？社稷是主。臣君者豈為其口實？社稷是養。故君為社稷死則死之，為社稷亡則亡之，若為己死而己已亡，非其私昵，誰敢任之？且人有君而弒之，吾焉得死而焉得亡之？將庸何歸，卒與崔慶盟於大宮。然則嬰、伯將何歸？曰：伯也過，其蔽也愚；嬰也不及，其蔽也蕩。愚何尤焉，而蕩幾賊矣。《易》曰：「過涉滅頂，凶，无咎。」

〔註 73〕《左傳．文公十八年》。
〔註 74〕《左傳．襄公二十五年》。

葉八白易傳卷八

坎☵

習坎：有孚維心，亨，行有尚。何也？葉子曰：順境之值也，君子未始不履平康正直之事而操坦夷寬廣之心也。迫患難而行險僥倖之機起，遭險釁而閔窮畏禍之心生矣。以戚戚之憂心而出瑣瑣之危機，難不已甚乎？孰知安土而敦仁是為誠其身，樂天而知命是曰無心病？處險之道，誠無過是者。《傳》曰：「素患難，行乎患難。」〔註1〕不其至乎？昔者葉公子高問於仲尼曰：「事若不成，則必有人道之患。事若成，則必有陰陽之患。若成若不成而後無患者，惟有德者能之。子其有以語我乎？」仲尼曰：「天下有大戒二：其一命也，其一義也。子之愛親，命也，不可解於心。臣之事君，義也，無適而非君也。無所逃於天地之間，是之謂大戒。夫是以事其親者，不擇地而安之，孝之至也。夫事其君者，不擇事而安之，忠之盛也。自事其心者，哀樂不易施乎前。知其不可柰何而安之若命，德之盛也。為人臣子者，固有所不得已。行事之情而忘其身，何暇至於悅生而惡死？」〔註2〕是故焚廩實井，舜之遭變亦極矣，而床琴之樂不塞，喜樂之常不失。坐見頑嚚格而傲蒸蒸，為天下君矣，舜豈久於患難者哉？孔子圍於匡，七日而弦琴不輟，匡人其如孔子何？故曰：困而不失其所，亨往有功也。下至晉文公罹外之患，十有九年，艱難險阻，備嘗之矣。然且劬劬然以仁親為寶，而不以得國為心，秦召之而不敢入也。方懷安溺處，若將為

〔註 1〕《中庸》。
〔註 2〕《莊子・人間世》。

沒世之羈者，何其行之脫然而心之廣浩矣？及其時至而運起，則一戰而勝，歸為霸主，功在王室，澤在生民，何其偉也！然則新亭之傷心而揮淚，杜陵之歎老而嗟卑，志亦末矣。豈知聖人所以處憂患之道哉？《易》曰：「習坎：有孚，維心亨，行有尚。」

初六：習坎，入於坎窞，凶。何也？葉子曰：居患難之時，無行乎患難之道；生極亂之世，無撥亂反正之才。其「何能淑，載胥及溺」〔註3〕而已矣？晉王衍奉東海王喪還葬，石勒率輕騎追之，無一人得免者，執衍等坐之幕下，問晉故，推牆而殺之。唐末朝士三十餘人貶官於白馬驛，而朱全忠一夕盡殺之。其殆類是乎？《易》曰：「習坎，入於坎窞，凶。」

九二：坎有險，求小得。何也？葉子曰：易以成天下之功者，才也。才具矣而功之不易成者，時也。易以溺天下之才者，難也。難殷矣而猶有可以紓者，機也。時者，運之遭；機者，道之濟。是以未脫戰鬥擾攘之禍，而尚在播遷流離之中，適際天與人歸之會，而暫得弛擔息肩之地，古今不可謂無是也。劉玄德爭荊州未得，而法正來迎，其殆才以時厄而難以機紓者乎？然可以棲一身而未可以窺中原，可以息一時而未可以定四方，又安得出險之中哉？《易》曰：「坎有險，求小得。」

六三：來之坎坎，險且枕，入於坎窞，勿用。何也？葉子曰：昏暗而不足以審幾，柔脆而不能以振拔。行乎太平之世，有蹶步焉。況重險之地乎！進之逢猛虎之咥人，退之遇深淵之滅頂，前有凶嘯而不可支，後有讒賊而不克避，左右皆坑谷也，將何用哉？終身憂辱，以陷於死亡而後已。其漢末黨人之儔乎？黨人生昏亂之世，值閹人切齒之秋，遇靈帝不辨菽麥之主，不知藉茅儉德之道，而漫為口說之騰，臧否人物，污穢朝廷，撩蛇虺之頭，踐虎狼之尾，以至身被淫刑，家成破毀，不亦悲乎？《易》曰：「來之坎坎，險且枕，入於坎窞，勿用。」

六四：樽酒簋貳，用缶，納約自牖，終无咎。何也？葉子曰：君臣之義無所逃於天地之間，而咸有一德，自不必乎儀文之侈。故多儀不享也，而禮之薄者誠自存；文飾不尚也，而誠之益者道自寓。然則多難之地，患合之無自耳。同心同德，又何七介以相見，三辭三讓而後至〔註4〕邪？《淮南子》曰：「強哭者，雖病不哀；強親者，雖笑不和。情發於中而聲應於外。故釐負羈之壺飧愈

〔註 3〕參《解》初六注。
〔註 4〕參《遁》九三爻注。

於晉獻公之垂棘，趙宣孟之束脯賢於智伯之大鐘。」〔註5〕何也？禮豐不足以傚愛，而誠心可以懷近，此事君之節也。知事君之節，則知進言之方。是故攻其所蔽者，說雖百而不行；因其所明者，語未畢而已悟。故溺愛之私不足煩談說也，而善端之發見所當知；過正之失不必費詳辨也，而本心之明覺所當識。然則多故之秋，患未有所遇耳。既戒既孚，又何強之以所不欲聞而聒之以所不能察耶？何也？程子曰：「訐直強勁者率多取忤，而溫厚詳明者其說多行。故四老人之力，孰與張良群公以及天下之士？其言之切，孰與周昌、叔孫通？然而不從此而從彼。趙王太后愛其少子長安君，不肯使質於齊。大臣諫之雖強而不聽。左師觸龍以自託於趙長久富貴之說通之，則受命如響。」〔註6〕漢文思頗、牧之為將，馮唐因言魏尚之廢而復其守；晉武思諸葛之為臣，樊建因白鄧艾之冤以官其孫。崔發獲罪中人，李渤、張仲方屢千百言不省，而李逢吉從容一語，敬宗閔然。他日欲幸東都，給事中諫議積百十疏不聽，而裴度從容數語，即罷其往。楊炎片言移人主意，蔣伸獨對取宣宗相。何也？心之易為感通，而攻其蔽者說不入，通其明者言自行爾。故曰：三老之悟武帝，不如千秋之一言；五王之復唐嗣，不如王慶方之一對。《易》曰：「樽酒簋貳，用缶，納約自牖，終无咎。」

九五：坎不盈，祇既平。〔註7〕何也？葉子曰：天下之不能遽平者，天也；而撥亂以為正，壞險以為平者，人也。愚公之移山，精衛之填海，雖其材力之所不能勝，而天已哀其誠，人已壯其志矣。況材力果能勝之者乎！是故難之未已者，時也；漸次除治，芟夷而剪除之者，才也。唐憲宗之初，劉闢驕志於三川，王承宗負固於河北，田興詭順於魏博，吳少誠逆志於淮西，其時之險尚在也。然剛明果斷，志平僭亂，能用忠謀，不惑群議，卒收成功唐之威令，幾於復振。豈非志力兼舉，將能塞其陷以就於平乎？《易》曰：「坎不盈，祇既平。」

上六：係用徽纆，寘於叢棘，三歲不得，凶。何也？葉子曰：亂之極，天命去而不可挽；才之微，人事隳而不可支。此漢獻帝一劫於董卓，而乘輿棄草莽中；再劫於汜、傕，而飢餓不得食；三劫於曹操，而惴惴涕泣，度日如年，卒於華歆之逼，而身死不知其處。變所從來久矣。嗚嗚！傷哉！《易》曰：「係用徽纆，寘於叢棘，三歲不得，凶。」

〔註5〕《淮南子．齊俗訓》。
〔註6〕《伊川易傳．坎》六四爻注。
〔註7〕按：通行本下有「无咎」二字。

離☲

離：利貞，亨，畜牝牛吉。何也？葉子曰：惟后非賢不乂，惟賢非後不食，君臣之相麗，天地之大義也。然而有道焉。爾惟曲蘖，爾惟鹽梅，期望之正也。姑捨女所學而從我則瀆矣。責難於君，陳善閉邪，恭敬之大也。事是君以為容悅則媚矣。可不慎乎？雖然，望臣以正，君之道也。徒持以正而不順之以情，不幾於求之太過，責之太愨乎？漢宣之嚴急，唐德之苛迫，又君之戒也。是故溫言以相接，和顏色而受之，因其飲食聚會而制為宴享之禮，式歌《鹿鳴》、《湛露》以通夫上下之情，禮意之凝厚，藹然其可掬矣。事君以貞，臣之分也。徒執其貞而不通之以順，不幾於強之太甚，迫之太深乎？鬻拳之以兵諫，師經之以琴撞，〔註8〕又臣之罪也。是故盡禮以為恭，有孚以為發，因其入告於後而乃順之於外，有所將順其美而固曰我後之德，心跡之恭純，隤然其樂易矣。是可以不知乎？是以君子慎之焉，其惟唐、虞之世矣。君曰「予違，女弼」〔註9〕而臣即儆之曰毋怠毋荒〔註10〕，都俞喜起，藹然一堂之上，不啻家人父子之相親焉。斯後世之所弗及也已。嗚呼！觀於此而父子之相親，兄弟之相敘，夫婦之相合，朋友之相與，道可知矣。《易》曰：「離：利貞，亨，畜牝牛吉。」

初九：履錯然，敬之无咎。何也？葉子曰：入危邦而升亂世，小人之干祿也，無恥不足言也。伾、文之黨，君子黜之久矣。居文明之世，動觀光之心，其君子之急於功名者乎？急功名者，鎮之以道德之說，則可以動其心。趨事會者，開之以時勢之宜，則可以忍其性。韓退之三上宰相書，而陸敬輿勉之，卒為天下斯文之主。張橫渠獻兵論事，而范希文勸之，卒為一世大儒之宗。廣微魁天下於少年，敬仲戒之必念千里生民之計；希元以命訊日者，和叔教以須忘富貴利達之心。是故建安、青田俱為百世師。此君子之所以貴儆戒也。儆而戒之，能無進乎？曾南豐之論劉向曰：「向之學博矣，其著書及建言尤欲有為於世，忘其枉己而為之者有矣，何其徇物者多而自為者少也？蓋古之聖賢非不欲有為也，然而曰求之有道，得之有命，故孔子所至，必聞其政，而子貢以為非夫子之求之也，豈不求之有道哉？子曰：『道之將行也，與命也。道之將廢也，與命也。』豈不得之有命哉？令向知出此，安於行止以持其志能，擇其所學以盡精微，則其所至未可量也。是以夫子稱『古之學者為己』，孟子稱『君子欲

〔註8〕兵諫、琴撞二事見《小畜》六四注。

〔註9〕《尚書・益稷》。

〔註10〕《禮記・曲禮上》：「毋怠荒。」

其自得之，則取諸左右逢其原』，豈汲汲乎外哉？向之得失如此，亦學者之戒也。」〔註11〕王猛不知此道，而以功名事業為急，是以桓溫一不見知，即甘心苻氏，為之盡忠奮武，幾有中原之地。許衡不知此道，而敢於以道學之授受為說，是以不知間關歸宋，而甘心元氏，為之慇勤啟導。所謂權門之忠，公室之賊也。嗚呼！萬世罪人，而豈特一時之誤哉？《易》曰：「履錯然，敬之无咎。」

六二：黃離，元吉。何也？葉子曰：天子黜冥冥之行，士大夫申昭昭之節。百官吏人恥舞弄之詐，眾庶百姓無奸慳之俗，君子居其門而不為維皇之極，不協於中，可乎？是故居堯、舜之世為堯、舜之民者，曰「百姓昭明，協和萬邦，黎民於變時雍」〔註12〕也。居三代之世為三代之民者，曰「舊染污俗，咸與維新」〔註13〕也，曰「四海之內，咸仰朕德，時乃風」〔註14〕也，曰「群黎百姓，无為爾德」〔註15〕也。然則以三極之矩自持，以中庸之道自執，非矯戛也，居化成之天下，率吾性之本然而已矣。孔子中行於春秋，孟子執中於戰國，此則聖賢之出拔，無待而自興者夫。故曰：「衣裳，服者不昧於塵途，愛也。愛衣裳而不愛其容止〔註16〕，愛焉而不愛其言行，末矣。言行愛矣而不愛其明神，淺矣。故君子本仁為貴。神和德平而道通，是謂保真。」《易》曰：「黃離，元吉。」

九三：日昃之離，不鼓缶而歌，則大耋之嗟，凶。何也？葉子曰：達死生之分者，死期將至而不憂。劉元城夜半聞鐘聲，酣寢而熟睡是也。不達死生之分則必畏死，畏死則必貪生，貪生則必有非望之冀，反道之圖，僥倖苟免之計矣。此豈能免於禍哉？鳩摩羅什臨死，而令外國弟子誦三番神咒，其何益於死乎？何也？有可挽之天命，有當聽之天命。日入地而出，貞下有元也，是可挽也。夏少康之崎嶇亂離，以期復禹之跡，而還舊都商；武丁之求賢訪事，內反諸己，以思王道；周宣之撥亂反正，命召公伐淮夷，申伯、仲山甫順天下是也。日既中而昃，昃盡必夕，所當聽也。自邑告命，延其殘喘則已矣。燕丹不知大命之近止，而遣荊卿；姜維不知炎漢之已替，而九伐魏；侂胄不知失則之在宋，而復金仇；曹髦不知血食之非魏，而戰闕下。旋踵滅矣，奚為者哉？《易》曰：「日昃之離，不鼓缶而歌，則大耋之嗟，凶。」

〔註11〕《說苑序》。
〔註12〕《尚書．堯典》。
〔註13〕《尚書．胤征》。
〔註14〕《尚書．說命下》。
〔註15〕《小雅．天保》。
〔註16〕此一句，《申鑒．雜言下》作「衣裳愛焉，而不愛其容止，外矣」。

九四：突如其來如，焚如，死如，棄如。何也？葉子曰：善繼者必有遜讓之誠，善遜者必有順承之道。湯、武代虐以寬，漢高除秦苛法，興之亟也，奚疑焉？秦政一夷六國，遂滅百王之法；項籍逐殺子嬰，裂天下以封諸侯，獨為霸王。何暴惡哉！而秦政、項籍豈能久也？再若劉裕既平南燕，忿廣固久不下，欲盡坑之，以妻女賞將士。韓範極諫而止，然猶斬王公而下三千餘人，沒入家口萬餘。夫晉自濟江以來，威靈不振，戎狄橫鶩，虎視中原。劉裕始以王師剪平東夏，不於此際敬禮賢俊，撫慰罷民，使群士向風，遺黎企踵，而更恣行屠戮，以快忿心，跡其設施，曾姚、苻之不如，宜其不能蕩一四海，成美大之業，一再傳而即滅也。聖人明訓，豈苟然而已哉？《易》曰：「突如其來如，焚如，死如，棄如。」

六五：出涕沱若，戚嗟若，吉。何也？葉子曰：劉向有言：「存亡禍福，其要在身。聖人重誠，敬慎所忽。諺曰：誠無垢，思無辱。」〔註17〕夫不誠不思，而以存身全國者，亦難矣。況才不足而時已過者乎！何也？生於憂患而死於安樂，一定之理也。故成王興不造之悲，則三監之勢自撲；勤集蓼之思，則殷民之亂旋平。齊頃公尊驕蹇怠於其前，則敗師而蹙國；憂勤悲戚於其後，則聲問振諸侯。故曰：「福生於隱約，而禍生於得意。」〔註18〕不可誣也。不然何以曰「聖王以天下為憂，天下以聖王為樂；凡主以天下為樂，天下以凡主為憂」〔註19〕乎？《易》曰：「出涕沱若，戚嗟若，吉。」

上九：王用出征，有嘉折首，獲匪其醜，无咎。何也？葉子曰：帝王之用兵也，若雷霆之擊殺，大者逆，小者妖，螻蟻不及焉。是故湯誅其君，武取其殘，而旁牙小丑誠不足以血聖人之刃也。何也？天下之大勇，所以梟天下之渠雄，渠雄滅而天下定矣。天下之大知，所以照天下之潛慝，潛慝察而草薙彌矣。奚事纖纖之瑣屑為哉？伯者不知此義，往往遺其大而事其小，察於近而昧於遠。若齊桓不責鄭突之弒君簒國，而為宋伐郳；不讓狄人之入衛滅溫，而山戎是伐。是謂釋斬關而問穿窬，不務德而勤遠略。晉人不執元咺之訟君，乃合十二國而圍許；不問商臣之弒父，且會諸大夫而伐沈。是謂不能三年之喪而緦小功之是察，已則流且放而有無齒決之是問。其去聖人之知勇不亦遠乎？《易》曰：「王用出征，有嘉折首，獲匪其醜，无咎。」

〔註17〕《說苑・敬慎》。
〔註18〕《說苑・敬慎》。
〔註19〕《申鑒・政體》。

咸䷞

咸：亨，利貞，取女吉。何也？葉子曰：大矣哉，感應之道乎！神矣哉，感應之機乎！自天地之巨，以至螻蟻之微，其道貫而不能廢，其機神而不自知，是故天地交而萬物通，君臣交而其志同，父子兄弟夫婦朋友交相感應而其情意之相協、心志之相諧，有不言之妙焉。斯天地之大義也。雖然，感而應，應其感者，情也，天地萬物之所不能外也。以理感、以理應者，其天地萬物之所不可廢者與？是故明良之喜起，若堯、舜之君臣；慈孝之流通，若文、武之父子；友恭之篤棐，若武、周之兄弟；唱隨之和協，若舜與二妃之夫婦；恩義之兼盡，若孔、顏之朋友；斯不失其感應之常矣。若曰君臣之媚悅，父子之阿諛，兄弟之邪佞，夫婦之淫姣，朋友之燕溺，又豈所以為感哉？斯不可以語感，則有感而必通，感通而必正矣。斯道也，求其天地萬物男女之所由寄，君臣上下禮義之所由出，捨夫婦，奚以哉？是故以感通而格有家，則為琴瑟之友，鍾鼓之樂。夫婦之道不苦，而室家無相棄之患。以亨貞而用女歸，則為窈窕之淑，君子之逑。淫僻之罪不多，而居室有交愛之休矣。嬀汭之降，《關雎》之諷，不亦有明徵矣乎？不然，徇情則有宋伯子之私而不由其道，守節則為彭老生之刺而不諧其情矣。烏乎可？《易》曰：「咸：亨，利貞，取女吉。」

初六：咸其拇。何也？葉子曰：感於時而欲進者，君子觀光尚賓之心也；乘其時而上升者，資適逢世之會也。舜之玄德升聞，帝曰：「予聞久矣。」而復有四嶽之共舉。太公之鷹揚皤石，文王曰：「我知之舊矣。」而復有初夜之夢。是故曆數在躬，而後車以載，不終日焉。然則才知之士，雖有君民之志而草茅無廟堂之雅，雖有觀光之願而諸公乏同升之人，則亦何所能為也哉？日月之就徒切，而不脫煙霞之與居；塵埃之外之浮游徒勤，而不免污泥之與處矣。其諸賈誼有經濟之略，治安之志，而絳、灌不讓能，方且為長沙之擯；仲舒明王道，正人心，而公孫不推位，方且有膠東之行者乎？噫！此中山公子牟身處江湖之上而心在魏闕之下〔註20〕，詹子所以教之重生輕利也〔註21〕。《易》曰：「咸其拇。」

六二：咸其腓，凶，居吉。何也？葉子曰：不媒而自嫁，貞女不為也；無召而自行，貞士不屑也。伊尹有囂囂之志，孔明抱槁死之心，古之人蓋有感之

〔註20〕《莊子・讓王》。

〔註21〕《莊子・讓王》「瞻子曰：『不能自勝則從，神無惡乎？不能自勝而強不從者，此之謂重傷。重傷之人，無壽類矣！』」

而未遽動者矣。況無感而應者乎！其為士累孰甚焉？傳曰：鍾不叩而鳴則妖，石非言之物而言則怪。士不待感而動，枉己甚矣。枉己者，未有能直人者也。張師德兩及相門〔註 22〕，王拱宸夜過政府〔註 23〕，其視韋澳之不為呈身御史〔註 24〕何如？故曰動不如靜之為安，進不若退之為潔。《易》曰：「咸其腓，凶。居吉。」

九三：咸其股，執其隨，往吝。何也？葉子曰：君子所以貴於匹夫者，不可奪志也；其所以大過人者，獨立不懼也。身則隨人而動，不知有吾之身；志以隨人為主，我不知有吾志。若瞽者之附躄，若水母之依蝦，行止坐起無特操，若影之有所待而然，而我無與焉，曾是以為君子乎？古之人有行之者，尤仕莽，歆仕莽，雄以儒者而亦仕莽，其視龔勝之義為何如？攸從操，嘉從操，彧以王佐而亦從操，其視孔融之節為何若？《詩》曰：「齊子歸止，其從如水。」〔註 25〕士君子不能持挺挺之節而從人之志，如水委地而不可收，何其負天下之義哉！嗟乎！彼豈以富貴貧賤懷其志，死生利害怵其衷，以為隨眾者？生而富，利而貴，若祭仲、潘崇、胡廣、馮道之顯榮忤時者。死而賤，害而貧，若泄冶、伯宗、王嘉、陳東之戮。辱則遷，延苟且之計，果為媒福去禍之道乎？殊不知守道無一朝之患，而秉義者非殺身之資也。呂伯恭曰：「孔叔始終主齊，不變其說，而卒無纖芥之禍。申侯反覆趨利，且齊且楚，而竟殺之以說於齊。附丁傅者皆貴於哀帝之朝，而朱博以丁傅敗；獻符命者皆侯於王莽之世，而劉芬以符命誅。」〔註 26〕則君子亦介然自守，獨立不懼而已矣，奚中正若里克、原繁，詭隨若裴矩、士及哉？《易》曰：「咸其股，執其隨，往吝。」

九四：貞吉悔亡。憧憧往來，朋從爾思。何也？葉子曰：莊生有言：「方舟而濟於河，有虛船來觸舟，雖有惼心之人，不怒焉。有一人在其上，則呼張歙之。一呼而不聞，於是三呼邪，則必以惡聲隨之。向也不怒而今也怒，向也

〔註 22〕《宋史》卷二百八十二《王旦傳》：「諫議大夫張師德兩詣旦門，不得見，意為人所毀，以告向敏中，為從容明之。及議知制誥，旦曰：『可惜張師德。』敏中問之，旦曰：『累於上前言師德名家子，有士行，不意兩及吾門。狀元及第，榮進素定，但當靜以待之爾。若復奔競，使無階而入者當如何也。』敏中啟以師德之意，旦曰：『旦處安得有人敢輕毀人，但師德後進，待我薄爾。』敏中固稱：『適有闕，望公弗遺。』旦曰：『第緩之，使師德知，聊以戒貪進、激薄俗也。』」

〔註 23〕俟考。

〔註 24〕參《鼎》初六注。

〔註 25〕《齊風・敝笱》。

〔註 26〕《左氏博議》卷十《鄭殺申侯以說齊》。

虛而今也實。人能虛己以遊世，其孰能害之？」〔註27〕語云：弦有常音，故曲終則改；鏡無畜景，故觸形則照。是以虛己應物，必究千變之容；挾情適事，不睹萬殊之妙。何則？心體本虛空，虛空能應物；虛空則不思，不思得物應。故曰：聖人感天下之心，如寒暑雨暘，無不通，無不應者，貞而已矣。貞也者，虛其中以無我者也。若以思窮物，適以物窮思；若以物應心，適以心彌物。梁惠王小惠未幾，而即欲百姓之加多；桓溫征討未效，而遠責三秦豪傑之不至。不多不至，何足怪哉？故曰：以一人之聽覽而欲窮宇宙之變態，以一人之防慮而欲勝億兆之奸欺，役知彌精，失道彌遠。此唐德宗之所以多擾擾也。然則若之何？養心莫如虛，虛則能盡心。原思之不行於欲，是能制心矣，未可以語治心也。衛武之無斁於神，是能治心矣，未可以語養心也。仲弓之敬恕而無怨，是能養心矣，未可與語存心也。顏淵之克復而無悔，是能存心矣，未可與語盡心也。其惟孔子乎？無意，無必，無固，無我，與天地相似然，斯之謂太虛。《易》曰：「貞吉悔亡。憧憧往來，朋從爾思。」

六五：咸其脢，无悔。何也？葉子曰：爵祿束帛者，上之所賞也，出於口而無窮。鞭笞殺戮者，上之所罰也，行於天下而莫御。是人君之威福也。是故不令則已，令則雷厲而風飛；不禁則已，禁則風行而草偃。昔者齊宣王欲闢土地，朝秦楚，蒞中國，而撫四夷也。而孟子告之以發政施仁，使天下仕者皆欲立於齊之朝，耕者皆欲耕於齊之野，商賈皆欲藏於齊之市，行旅皆欲出於齊之塗，天下之欲疾其君者皆欲赴愬於齊之王。嗟乎！此英君之事而大有為之主之常務也。神散而昏不能鼓舞四方之豪傑，志卑而陋不能招徠天下之臣民，塊然死肉而已，其何以號令天下而予奪域中哉？周平、漢元、晉惠之流，誠不足數而道也。雖然，其亦異乎曹伯陽之所為矣。曹伯陽好弋，而公孫彊以弋說進。於是曹伯陽欲圖霸，而公孫彊以霸說陳。庸其材而遠志，弱其力而宏舉，淺其謀而深圖，卒之亡曹國而振鐸之祀忽諸。〔註28〕此又悔之不能追者也。《易》曰：「咸其脢，无悔。」

〔註27〕《莊子．山木》。

〔註28〕《史記》卷三十五《管蔡世家》：「靖公四年卒，子伯陽立。伯陽三年，國人有夢眾君子立於社宮，謀欲亡曹；曹叔振鐸止之，請待公孫彊，許之。旦，求之曹，無此人。夢者戒其子曰：『我亡，爾聞公孫彊為政，必去曹，無離曹禍。』及伯陽即位，好田弋之事。六年，曹野人公孫彊亦好田弋，獲白雁而獻之，且言田弋之說，因訪政事。伯陽大說之，有寵，使為司城以聽政。夢者之子乃亡去。公孫彊言霸說於曹伯。十四年，曹伯從之，乃背晉干宋。宋景公伐之，晉人不救。十五年，宋滅曹，執曹伯陽及公孫彊以歸而殺之。曹遂絕其祀。」

上六：咸其輔頰舌。何也？葉子曰：君子感人以德，小人感人以言，忠臣感君以心，佞臣感君以口。《傳》〔註29〕曰：「繁文以相假，飾辭以相悖，數譬以相移。外人之身，使不得反其意，則論便然後害生也。」文中子曰：「榮華其言，小成其道，難矣哉！」〔註30〕是故王孫滿之雄辨足以立摧楚莊問鼎之凶矣。〔註31〕而東萊尚責之曰：「遂使周人以強楚之凶尚畏吾之文告而不敢前，則異日復有跳樑畿甸者，政煩一辨士足矣。是狃寇而僥倖，直以三寸舌為可恃也。自後相習成風，治國則先文華而后德政，禦寇則先辨說而後甲兵，交鄰則先酬對而後信義。下逮戰國吞噬之際，猶用滿之餘策，虛張九九八十一萬之數以譎齊，左欺右紿，自矜得計。一旦秦兵東出，辨不能屈，說不能下，稽首不遑，甘心俘虜矣。」〔註32〕向之虛辭浮說，果可恃乎？是開其端者，滿之說也。揚雄、王通之著書立言，足以垂訓於後，足成一家之言矣。而東坤尚議之曰：「揚雄作《法言》，而言未必可法，何也？《論語》非所準也而準之。夫理宗夫聖而發，不必同體，而均謂之成訓，何事於準？以陷於僭王之誅而不自知也。君子行法以俟命，無少僭也。王通作《中說》，而說未必中，何也？六經非所續也而續之。夫言由乎衷而出，不必同貫，而均謂之常道，何事於續？以犯於亂華之計而不自省也。君子擇中而服善，無少亂也。雄也不知行法，從何以言？通也不知擇中，從何以說？古語有之：淫文破典。其是之謂與？」嗚呼！以滿之據理析辨而為禍如此，雄與通之明道翼聖而不經如此，況於公孫衍、張儀、淳于髡、陳賈之流乎！真所謂國賊也哉！故蘇子由曰：「吳自泰伯至壽夢，七世不通諸侯。自巫臣入吳，教吳乘車戰射，與晉、楚力爭，七世而亡。」〔註33〕燕亦國於蠻貊之間，禮樂微矣。春秋之際，未嘗出與諸侯會盟。至於戰國，亦以耕戰自守，安樂無事，未嘗

〔註29〕即《韓詩外傳》，見卷六。

〔註30〕《中說．周公篇》。

〔註31〕《左傳．宣公三年》：「楚子伐陸渾之戎，遂至於雒，觀兵於周疆。定王使王孫滿勞楚子，楚子問鼎之大小輕重焉。對曰：『在德不在鼎。昔夏之方有德也，遠方圖物，貢金九牧，鑄鼎象物，百物而為之備，使民知神、姦。故民入川澤山林，不逢不若。螭魅罔兩，莫能逢之，用能協於上下，以承天休。桀有昏德，鼎遷於商，載祀六百。商紂暴虐，鼎遷於周。德之休明，雖小，重也；其姦回昏亂，雖大，輕也。天祚明德，有所底止。成王定鼎於郟鄏，卜世三十，卜年七百，天所命也。周德雖衰，天命未改。鼎之輕重，未可問也。』」

〔註32〕《左氏博議》卷二十四《楚子問鼎》。

〔註33〕（宋）闕名《歷代名賢確論》卷二十三。

被兵。文公二十八年，蘇秦入燕，始以縱橫之事說之，自是交兵中國，無復寧歲，六世而亡。夫燕、吳雖南北絕遠，而興亡之跡大略相似。彼策士說客借人之國以自快於一時可矣，而為國者因而徇之，猖狂恣行，以速滅亡，何哉？夫起於僻陋之中而奮於諸侯之上，如商周先王以德服人則可。不然，皆禍也。嗚呼！口舌之患，一至此哉！雖然，公子目夷以辭得國，要離以辭得身，齊使以辭得為楚上客，鄭元璹以口伐可汗，富鄭公以辭折契丹，亦顧其言之何如耳。《易》曰：「咸其輔頰舌。」

恒䷟

恒：亨，无咎，利貞，利有攸往。何也？葉子曰：周公之言曰：「冬日之閉凍也不固，則春夏之長草木也不茂。」〔註34〕天地且然，而況於人乎！是故有三十年之久道，然後有天下之化成；有世積之忠厚，然後有仁及之草木；有十年之生聚、十年之教訓，然後有十年之吳沼；有十年發憤，然後有三策之天人；有九年之面壁，然後有億千萬劫之定慧；有三萬刻之沭浴抽添，然後有九轉之神丹。動生於靜，神啟於窮。嗚呼！遠矣乎！微矣乎！不畜而發，妄矣。不信體而順達，妄而已矣。「古之欲明明德於天下者，先治其國；欲治其國者，先齊其家；欲齊其家者，先修其身；欲修其身者，先正其心；欲正其心者，先誠其意；欲誠其意者，先致其知。致知在格物，物格而後知至，知至而後意誠，意誠而後心正，心正而後身修，身修而後家齊，家齊而後國治，國治而後天下平。」〔註35〕是豈有一毫之不達而一物之捍且格哉？故曰：有天德便可語王道。天德不德，欲達而塞；塞而不達，王道壅閼。申、韓之功名，管、商之功利，楊、墨之為我兼愛，面牆而已矣。《易》曰：「恒：亨，无咎，利貞，利有攸往。」

初六：浚恒，貞凶，无攸利。何也？葉子曰：不拯其隨，君子所不快也。而交之淺深，亦當量。切切偲偲，朋友之職分也。而情之可否，所當裁徒。執天下之大分而不顧危言之難受，徒貴天下之大義而不思大欲之難奪，寸寸而爭之，至丈不釋；銖銖而計之，至石不遺；不將求榮而反辱，求親而反疏乎？說雖足以福天下之蒼生而無所用，言雖足以損一身之疾病而無所補，君子所不貴也。昔者宋寧宗語朱子於人曰：「本以致之經筵，今乃事事欲聞。」〔註36〕朱

〔註34〕《韓非子．解老》。
〔註35〕《大學》。
〔註36〕參《小畜》上九。

子尚然，他可知矣。噫！安得如布衣柏耆以策干韓愈，而韓愈即以之說裴度，卒使承宗破膽而斂手削地乎？〔註37〕不然，將為叔帶之召，仲孫湫不敢發於十年之前，〔註38〕而富辰一諫，卒得之十年之後。〔註39〕君子以為時然後言，人之所樂聞矣。《易》曰：「浚恒，貞凶，无攸利。」

九二：悔亡。何也？葉子曰：性焉安焉之謂聖，則誠者之道難於得天；復焉之謂賢，則誠之者之功成於固執。成、康與文、武俱稱聖王，文、景與高、光同號賢君，曹參與蕭何同名賢相，仲尼與顏子同歸至人。之數君數臣者，豈可同日語哉？然而守成不變之操，較若畫一之軌，強立不反之功，非後世之所及也。是故得一善則拳拳服膺而勿失之者，其殆庶幾乎？守之而俟化矣。三月不違仁者，其庶乎？循之而不違，則誠矣。日月至焉者，遠矣哉！執之而不失，則仁矣。故曰：德惟一動，罔不吉。德二三，動罔不凶。〔註40〕又曰：「執德不恒，焉能為有？」〔註41〕又曰：「人而無恒，不可以作巫醫。」〔註42〕是故不息則久，久則徵，徵則悠遠，悠遠則博厚，博厚則高明者，聖人之業也；強而毅，毅而執，執而守者，賢人之事也。聖則心通道，賢則行罔愆。然則自愚而明，由不肖而賢者，可以自得矣。《易》曰：「悔亡。」

九三：不恒其德，或承之羞，貞吝。何也？葉子曰：晏子曰：「一心可以事百君，而百〔註43〕心不可以事一君。」《淮南子》曰：「兩心不可以得一人，一心可以得百人。」〔註44〕君子立身天地間而無常德焉，則不可以為巫醫矣，況處人倫之大道義之懿也哉！鮑永守義於故主，斯可以事新主矣；屈突通盡節於亡隋，斯不失為唐忠臣矣。何則？惟其心之一，故事兩君而無嫌；

〔註37〕《資治通鑑》卷二百四十《唐紀五十六》：「裴度之在淮西也，布衣柏耆以策干韓愈曰：『吳元濟既就擒，王承宗破膽矣，願得奉丞相書往說之，可不煩兵而服。』愈白度，為書遣之。承宗懼，求哀於田弘正，請以二子為質，及獻德、棣二州，輸租稅，請官史。」

〔註38〕《左傳・僖公十三年》：「十三年春，齊侯使仲孫湫聘於周，且言王子帶。事畢，不與王言。歸，覆命曰：『未可。王怒未怠，其十年乎。不十年，王弗召也。』」

〔註39〕《左傳・僖公二十二年》：「富辰言於王，曰：『請召大叔。《詩》曰：協比其鄰，昏姻孔云。吾兄弟之不協，焉能怨諸侯之不睦？』王說。王子帶自齊復歸於京師，王召之也。」

〔註40〕《尚書・咸有一德》。

〔註41〕《論語・子張》：「子張曰：『執德不弘，信道不篤，焉能為有？焉能為亡？』」

〔註42〕《論語・子路》。

〔註43〕「百」，《晏子春秋・外篇下》作「三」。

〔註44〕《淮南子・繆稱訓》。

惟其為彼也忠，故其在此也純一而不貳。不然，事君盡禮，既闕於夙心；不愛其親，遽彰乎物議。在周靡忠貞之節，奉隋愧竭命之誠。若劉昉、鄭譯之為者，寧不兩棄之乎？是故齊桓侵蔡伐楚，功亦偉矣。而執濤塗伐陳，旋踵見惑，不免揚子思斁之譏；〔註45〕楚莊伐陳討少西氏，名亦正矣，而縣陳貪富，轉目為盜，以致申叔奪牛之誚。〔註46〕季文子之責韓穿，亦曰：「信以行義，義以成命。小國所望而懷也。信不可知，義無可立，四方諸侯其誰不解體？《詩》曰：『女也不爽，士貳其行。士也罔極，二三其德。』七年之中，一予一奪，二三孰甚焉？士之二三，猶喪其偶，而況霸主！將德是以，而二三之，其何以長有諸侯？」〔註47〕於是諸侯貳於晉，晉人懼，會於蒲，以尋馬陵之盟。〔註48〕桓玄髮江陵，至歷陽，劉牢之自恃才武，擁強兵，欲假玄以除執政，復伺玄隙而自取之。參軍劉裕請擊玄，牢之不許。玄使何穆說之，牢之遂與之通，入京師，除百官，斬元顯、尚之、庾楷、張法順，以牢之為會稽內史。牢之曰：「始爾便奪我兵，禍其至矣！」告劉裕曰：「今將北奔高雅之，於廣陵舉兵，以匡社稷，卿能從義乎？」裕不應。於是牢之大集僚佐，議據江右以討玄。參軍劉襲曰：「事之不可者，莫大於反。將軍往年反王兗州，近日反司馬郎君，今又反桓公，一人三反，何以自立？」語畢趨出，佐史多散走。牢之懼，率部曲北走至新州，縊而死。〔註49〕嗚呼！執

〔註45〕揚雄《法言・先知卷第九》：「或問：『為政有幾？』曰：『思斁。』或問：『思斁？』曰：『昔在周公，徵於東方，四國是王；召伯述職，蔽芾甘棠，其思矣夫！齊桓欲徑陳，陳不果內，執袁濤塗，其斁矣夫！於戲！從政者審其思斁而已矣。』或問：『何思？何斁？』曰：『老人老，孤人孤，病者養，死老葬，男子畝，婦人桑之謂思。若污人老，屈人孤，病者獨，死者逋，田畝荒，杼柚空之謂斁。』」

〔註46〕《左傳・宣公十一年》：「冬，楚子為陳夏氏亂故，伐陳。謂陳人「無動，將討於少西氏」。遂入陳，殺夏徵舒，轘諸栗門。因縣陳。陳侯在晉。申叔時使於齊，反，復命而退。王使讓之曰：『夏徵舒為不道，弒其君，寡人以諸侯討而戮之，諸侯、縣公皆慶寡人，女獨不慶寡人，何故？』對曰：『猶可辭乎？』王曰：『可哉。』曰：『夏徵舒弒其君，其罪大矣，討而戮之，君之義也。抑人亦有言曰：牽牛以蹊人之田，而奪之牛。牽牛以蹊者，信有罪矣！而奪之牛，罰已重矣。諸侯之從也，曰：討有罪也！今縣陳，貪其富也。以討召諸侯，而以貪歸之，無乃不可乎？』王曰：『善哉！吾未之聞也。反之可乎？』對曰：『吾儕小人所謂取諸其懷而與之也。』乃復封陳。鄉取一人焉以歸，謂之夏州。」

〔註47〕《左傳・成公八年》。

〔註48〕《左傳・成公九年》。

〔註49〕《資治通鑒》卷一百十二《晉紀三十四》。

德之不可不恒如此。故鄧析之兩可〔註 50〕，里克之中立〔註 51〕，鄭朋之面從，呂布之屢叛，〔註 52〕皆無所容於天地之間也。故曰：忽欣驟忿，父不能以安其子；初正終譎，士不能以孚其朋。《易》曰：「不恒其德，或承之羞，貞吝。」

九四：田無禽。何也？葉子曰：莊子曰：「水之積也不厚，則其負大舟也無力。覆杯水於坳堂之上，則芥為之舟，置杯焉則膠，水淺而舟大也。」〔註 53〕傳曰：「枳棘非鸞鳳所棲，百里豈大賢之路？」〔註 54〕然則「函牛之鼎以烹雞，多汁則淡而不可食，少汁則熬而不熟」〔註 55〕。大器之於小用，豈在所宜也哉？古今聖賢厄此者多矣。身居抱關擊柝之任，誠不可以有夫參贊彌綸之功。故曰：「孔子嘗為委吏矣，則曰會計當而已矣。嘗為乘田矣，則曰牛羊茁

〔註 50〕劉向《別錄》：「鄧析好刑名，操兩可之說。」《審應覽・離謂》：「子產治鄭，鄧析務難之，與民之有獄者約，大獄一衣，小獄襦袴。民之獻衣襦袴而學訟者，不可勝數。以非為是，以是為非，是非無度，而可與不可日變。所欲勝因勝，所欲罪因罪。鄭國大亂，民口讙譁。子產患之，於是殺鄧析而戮之，民心乃服，是非乃定，法律乃行。今世之人，多欲治其國，而莫之誅鄧析之類，此所以欲治而愈亂也。」

〔註 51〕《國語・晉語二》：「驪姬告優施曰：『君既許我殺太子而立奚齊矣，吾難里克，奈何！』優施曰：『吾來里克，一日而已。子為我具特羊之饗，吾以從之飲酒。我優也，言無郵。』驪姬許諾，乃具，使優施飲里克酒。中飲，優施起舞，謂里克妻曰：『主孟啗我，我教茲暇豫事君。』乃歌曰：『暇豫之吾吾，不如鳥烏。人皆集於苑，己獨集於枯。』里克笑曰：『何謂苑？何謂枯？』優施曰：『其母為夫人，其子為君，可不謂苑乎？其母既死，其子又有謗，可不謂枯乎？枯且有傷。』優施出，里克闢奠，不飧而寢。夜半，召優施，曰：『曩而言戲乎？抑有所聞之乎？』曰：『然。君既許驪姬殺太子而立奚齊，謀既成矣。』里克曰：『吾秉君以殺太子，吾不忍。通復故交，吾不敢。中立其免乎？』優施曰：『免。』旦而里克見丕鄭，曰：『夫史蘇之言將及矣！優施告我，君謀成矣，將立奚齊。』丕鄭曰：『子謂何？』曰：『吾對以中立。』丕鄭曰：『惜也！不如曰不信以疏之，亦固太子以攜之，多為之故，以變其志，志少疏，乃可閒也。今子曰中立，況固其謀也，彼有成矣，難以得閒。』里克曰：『往言不可及也，且人中心唯無忌之，何可敗也！子將何如？』丕鄭曰：『我無心。是故事君者，君為我心，制不在我。』里克曰：『弒君以為廉，長廉以驕心，因驕以制人家，吾不敢。抑撓志以從君，為廢人以自利也，利方以求成人，吾不能。將伏也！』明日，稱疾不朝。三旬，難乃成。」

〔註 52〕楊萬里《誠齋易傳》卷九《恒》：「如鄭朋之兩從，呂布之屢叛，人誰納我？宜其無所容身也。」

〔註 53〕《莊子・逍遙遊》。

〔註 54〕《後漢書》卷七十六《循吏列傳・仇覽傳》。

〔註 55〕《後漢書》卷七十上《文苑列傳・邊讓傳》。

壯長而已矣。」〔註56〕以茲寶鼎，未受犧牛太羹之和，久在煎熬臠割之間，則於掀天揭地之功、尊主庇民之業何有哉？嗚呼！此張釋之「十年不得調」〔註57〕，揚雄「三世不徙官」〔註58〕，以為可哀也已。《易》曰：「田無禽。」

六五：恒其德，貞。婦人吉，夫子凶。何也？葉子曰：《家語》曰：「女子順男子之教而長其理者也，是故無專制之義而有三從之道。」〔註59〕《郊特牲》曰：「婦人從夫者也，幼從父兄，嫁從夫，夫死從子。是婦人者，從一以終其身者也。」故伯姬以成九年歸宋共公。十五年，共公卒，嫠居三十有四載。其時蓋六十矣，雖無姆傅避火全生，未害其正也。然而不以己可全之故而違天下之常義，則禮之重於生，辱之甚於死。蓋審乎死生之度而辨乎榮辱之境矣。求仁得仁，未可謂之女而不婦。若夫夫也者，以智率人者也。夫而從婦，將何以率教為哉？噫！三綱一理也。夫而從婦，其弊甚矣。君而從臣，禍敗可勝言哉？故《管子》曰：「主有三術。愛人不私賞也，惡人不私罰也，置儀設法以度量斷者，上主也。愛人而私賞之，惡人而私罰之，倍大臣，離左右，專以其心斷者，中主也。臣有所愛而為私賞之，臣有所惡而為私罰之，倍其公法，損其正心，專聽其大臣者，危主也。故明主之所操者六：生之，殺之，富之，貧之，貴之，賤之。此六柄者，主之所操也。主之所處者四：一曰文，二曰武，三曰威，四曰德。此四位者，主之所處也。藉人以其所操命曰奪柄，藉人以其所處命曰失位。」〔註60〕嗚呼！奪柄失位，而國其國矣乎？昔周公戒成王，以「自今我其立政」〔註61〕。夫不自為政，而委於臣下，是以國之利器示人而不知寶也。故三家橫於魯文之世，而東門氏又甚於三家之橫，其原皆由於文公怠懦不君之所致。即位之初，伯主之會，鄰國之好未嘗親之，卒以大夫往。閏月不告月，常月不視朔。怠惰昏懦，不出寢門舉手，以聽強臣之所為，卒使諸大夫互相結援，外恃大國，內懷國人，而自封殖，公室漸弱，而權歸一人也。一身未瞑，二子為戮，妃妾不能相保。齊簡公釋其國之柄，而專任其大臣，將相攝威擅世。私門成黨，而公道不行。故使陳成、田常、鴟夷子皮得成其難，使呂氏絕嗣而陳氏有國。司城子罕相宋，謂宋君曰：「夫國家之安危，百姓之治

〔註56〕《孟子・萬章下》。

〔註57〕《史記》卷一百二《張釋之列傳》。

〔註58〕參《遯》初六注。

〔註59〕《孔子家語・本命解第二十六》。

〔註60〕《管子・任法第四十五》。

〔註61〕《尚書・立政》。

亂，在君行賞罰。夫爵賞賜予，民之所好也，君自行之；殺戮刑罰，民之所怨也，臣請當之。」君曰：「善。寡人當其美，子受其怨。自知不為諸侯笑矣。」國人皆知殺戮專制之在子罕也，大臣親之百姓畏之，居不至期年，子罕遂劫宋君而專其政。〔註62〕故曰：權者，大物也。上不能制而授之下，則下彊而上弱；中國不能制而授之夷狄，則夷狄彊而中國弱。晉平公尊為邦君，而授權於大夫，此溴梁之會內有變而不知；〔註63〕身主夏盟，而授權於夷狄，此宋之盟外有患而不悟。〔註64〕雖然，尤有甚焉。周公將與王孫蘇訟於晉，王叛王孫蘇，而使尹氏與聃啟訟周公於晉。〔註65〕夫周公大臣，王孫蘇卿士也，二臣有訟，不之王而之晉，已非人道。匡王非惟不之罪，反使人於晉助所厚者之訟，惴惴然恐其不伸以天子之尊，顧乃企足翹首，待晉之予奪以為輕重，是尚為能君天下乎？又有甚焉。唐山南西道節度使於頔因討淮西，大募戰士，繕甲厲兵，聚斂財貨，有據漢南之志。誣鄧州刺史元洪贓罪，德宗為之流端州。頔覆奏洪責太重，德宗復以洪為吉州長史。又怒判官薛正倫，奏貶之。比敕下，頔怒已解，覆奏留為判官。德宗一一從之。〔註66〕漢隱帝時，西京留守王守恩雖貪鄙聚斂，而郭威即以投子，命白文珂代之。文珂、守恩皆漢大臣，而威以一樞密，使投子更置之，如更戍卒。文珂不敢違，守恩不得拒，威既處之不疑，而隱帝亦卒置之不問。嗚呼！此豈所謂詔王以八柄御群臣者乎？故曰：自隱至昭二百年，而尹氏世執周政，故有子朝之難而專廢立之權。自宣至襄五十餘年，而崔氏世為大夫，故有莊公之弒而有篡殺之禍。春秋之時，尊莫如周，強莫如齊，而世卿之禍乃如此，其所由來遠矣。嗚呼！積勢之所劫固如此哉！然則君固不貴自用，而威福則惟辟作之；君固貴乎從臣而斷制，則己由之以順為正，以一守順。丈夫而為婦人之事，大君而假利器與人，則凶於而家，害於而國，亡失乎而天下，而不知矣。嗚呼！「政由甯氏，祭則寡人」〔註67〕，大政在家，寄

〔註62〕《淮南子・道應訓》、《韓詩外傳》卷七。

〔註63〕《春秋・襄公十六年》：「三月，公會晉侯、宋公、衛侯、鄭伯、曹伯、莒子、邾婁子、薛伯、杞伯、小邾婁子於溴梁。戊寅，大夫盟。晉人執莒子、邾婁子以歸。」《公羊傳》：「諸侯皆在是，其言大夫盟何？信在大夫也。何言乎信在大夫？徧刺天下之大夫也。曷為遍刺天下之大夫？君若贅旒然。」

〔註64〕《左傳・襄公二十八年》：「夏，齊侯、陳侯、蔡侯、北燕伯、杞伯、胡子、沈子、白狄朝於晉，宋之盟故也。」

〔註65〕《左傳・文公十四年》。

〔註66〕《資治通鑒》卷二百三十五《唐紀五十一》。

〔註67〕《左傳・襄公二十六年》。

生之君。「王與馬，共天下」，其亦可哀也哉？《易》曰：「恒其德，貞。婦人吉，夫子凶。」

上六：振恒，凶。何也？葉子曰：垂成之功，非震撼擊撞之所能勝；久安之業，豈播蕩搖動之所可犯？故曰：處靜者如捧盈，懼其動也；處動者如操舟，願其靜也。處動者猶願其靜，靜而頻動也，可乎？傳曰：「貫澤之會，桓公有憂中國之心，故不召而至者，江人、黃人也。葵丘之會，桓公震而矜之，叛者九國。震之者何？猶曰振振然。矜之者何？猶曰莫我若也。」〔註68〕靜之極，守之終，震而矜之，振而駭之，不幾於功虧一簣乎？習鑿齒曰：「齊桓一矜其功，叛者九國。曹操暫自矜伐，天下三分。此皆勤之於數十年之內而棄之於俯仰之頃。」〔註69〕此之謂也。《易》曰：「振恒，凶。」

〔註68〕《公羊傳・僖公九年》。
〔註69〕《三國志》蜀書一《劉二牧傳》裴松之《注》引《漢書春秋》。

U0104850